# La Méthode Bon Chien

## Éduquer et socialiser son chien

Laetitia OuafMag

# Préambule

Il me semble utile de commencer par vous présenter ce en quoi je crois. Si vous n'êtes pas entièrement d'accord avec les quelques idées que je vais vous exposer, ne vous inquiétez pas : vous pourrez quand même utiliser la Méthode Bon Chien.

Personnellement, j'ai lu – et je lis toujours – beaucoup de livres sur le chien et son éducation et je n'ai jamais été totalement d'accord avec l'un de ces livres. Pourtant, ces livres m'ont bien aidée. On a beau apprendre et apprendre, il subsiste toujours une part d'émotion pour tout ce qui concerne le chien. C'est une première chose à laquelle je crois : il y a forcément des liens avec notre histoire personnelle, peut-être avec notre propre éducation ainsi qu'avec notre personnalité. Particuliers, professionnels, scientifiques, nous avons tous des convictions qui trouvent en partie leurs racines dans les sentiments que nous ressentons pour nos chiens et dans ce qui fait notre identité. J'ai essayé d'en tenir compte.

Nous pouvons, vous et moi, ne pas avoir exactement la même vision du chien. Il est d'ailleurs plutôt rare, avec cet animal, d'être d'accord sur tout. Mais pour que mes propositions fonctionnent, pour vous et votre chien, vous devrez vous intéresser sincèrement à lui, croire en vous-même et rester en phase avec ce que vous ressentez. C'est plus important que d'adhérer à l'intégralité des notions que je développe.

Vous devrez peut-être aussi faire quelques efforts... Si tel est le cas, alors je vous aiderai, c'est promis. Mais je vous aiderai également à rester vous-même : si vous vous forcez à être ce que vous n'êtes pas, vous ne tiendrez pas sur la durée. Quand on a un chien et des problèmes, il est souvent nécessaire de faire chaque jour de petits efforts et la principale raison à cela, c'est que nous ne pouvons pas communiquer avec nos chiens comme nous communiquons avec les gens. Ceci dit, si un effort vous demande d'aller à l'encontre de votre personnalité, il sera sans doute nécessaire de procéder différemment.

Pour la plupart d'entre nous, traiter son chien comme un chien[1] est à la fois ce qui demande le plus d'efforts et ce qui peut donner le plus de résultats satisfaisants sur son comportement.

Voici d'autres choses auxquelles je crois.

Je crois que le recours à la force physique vous empêche d'obtenir ce que vous voulez. Par « force physique », je n'entends pas ici le fait de « taper » son chien. Beaucoup, en effet, utilisent la force au quotidien pour des situations extrêmement banales et sans « violence » à proprement parler ; par exemple, pousser son

---

1 « Traiter son chien comme un chien » : j'utilise fréquemment cette expression ! Ne soyez pas choqué(e) : elle signifie simplement, pour moi, ne pas (pas trop!) traiter son chien comme un être apte à élaborer des raisonnements intellectuels complexes propres aux humains.

chien couché sur le canapé, le tirer par le collier pour le faire monter dans la voiture, tirer sur la laisse pour le forcer à avancer, exercer une pression sur son arrière-train pour l'obliger à s'assoir... Je le crois parce que, chez les mammifères, forcer dans l'autre sens est un réflexe. Ce phénomène a même un nom : « réflexe d'opposition » (ou « opposition réflexe »).

Je crois aussi qu'il règne une confusion généralisée à propos du chien. Je le constate via le nombre affolant de préjugés qui circulent à son sujet. La plupart de ces idées reçues ont une même origine : une conception du chien et de son comportement basée sur le loup qui, selon moi, est un animal tout à fait fascinant mais qui n'a rien à voir avec les animaux qui vivent sous nos toits. La confusion vient aussi du manque d'information sur la diversité des approches possibles. En effet, les méthodes sont très diverses[2]. En outre, certains éducateurs, pourtant formés de la même façon, ont des manières de travailler qui sont différentes. D'autres utilisent les mêmes méthodes, mais avec d'importantes nuances. Je ne crois pas qu'il y ait une façon unique de procéder. Je crois qu'il est crucial, en revanche, de se « mettre à jour » et de refuser la violence.

Comme de nombreux autres domaines, l'éducation du chien évolue constamment grâce à

[2] Sachez que mon livre s'intitule « méthode » par convention et qu'il est un peu plus un « système ». D'après Wikipédia, un système est « un ensemble d'éléments interagissant entre eux selon certains principes ou règles », ce qui correspond assez bien à ce que j'ai souhaité présenter.

des travaux, des découvertes... Hélas, nombreux sont les professionnels du chien à ne jamais se mettre à jour. Et puis, ce que certains proposent est parfois tellement déroutant, et même révoltant, que je suis bien contente d'être assise quand je les lis ou les entends (sinon, je m'écroulerais par terre). Comme l'écrit si bien Alexandra Semyonova[3] dans son Mythe n° 95, *Les éducateurs savent de quoi ils parlent* : « Tous les éducateurs n'ont pas eu de véritable formation à propos du comportement animal. Nombreux sont ceux qui commencent en emmenant leur propre chien au club ou à l'école pour découvrir comment l'éduquer (...). Ils font ce qu'on leur dit sans trop poser de questions (...). Le « positif » chez certains éducateurs positifs, disparaît aussitôt que le chien fait quelque chose d'inattendu ou dès que l'éducateur commence à être frustré (...). C'est le moment où ils commencent à raconter leurs histoires de hiérarchie et de personnalités dominantes chez les chiens. C'est le moment où des éducateurs positifs peuvent décider qu'il est temps de punir. »

Même si cet extrait ne concerne pas les clubs canins en France, il s'y applique totalement. Et même s'il existe de très, très bons professionnels qui, bien sûr, ne correspondent pas du tout à cette description, il mc paraît réaliste de dire que non, les éducateurs canins ne savent pas toujours de quoi ils parlent. J'en ai moi-même rencontré plusieurs qui m'ont conseillé l'impensable,

[3] Alexandra Semyonova, The 100 silliest things people say about dogs (traduit par moi).

notamment secouer ma chienne par la peau du cou quand je n'étais pas contente ou utiliser « un journal » pour la taper. Ces personnes, vous les écoutez si vous ne savez pas qu'il existe d'autres moyens de parvenir à vos fins, mais aussi si vous manquez de confiance en vous. Et si je pense que ce livre va vous apporter de nombreuses informations utiles, j'espère bien qu'il va aussi vous aider à prendre ou reprendre confiance, si ce n'est pas ou plus le cas.

Est-ce que je sais, moi, de quoi je parle ? Évidemment, personne ne détient aucune « vérité » ; tout le monde se trompe, y compris la science. Celle-ci ne cesse-t-elle pas d'évoluer et ce qui est tenu pour vrai pendant 10, 15, 20 ans... n'est-il pas un jour remis en question ? Je peux vous garantir au moins deux choses. La première, c'est que je ne cesse jamais de me remettre en question. La seconde, c'est que je me forme constamment. Par conséquent, je ne tiens pas *tout* définitivement pour acquis et je vous invite à faire de même. Néanmoins, il y a bien des connaissances validées et des procédés dont nous savons qu'ils ne fonctionnent pas ou qu'ils fonctionnent en générant des effets secondaires néfastes sur nos chiens.

Je crois que beaucoup de gens s'imaginent qu'encourager les comportements qui nous conviennent afin qu'ils se reproduisent, et ne faire que cela, sans punition et sans ce concept de « hiérarchie à respecter », c'est se mettre des barrières. Mais en fait, c'est le contraire : toute une panoplie de nouvelles options s'offre à vous !

Je crois qu'en utilisant une approche résolument moderne, ni « douce » ni « positive » (pour moi ces mots ne veulent pas dire grand-chose) mais *moderne*, vous n'avez plus du tout besoin de punir ni même d'interdire, mais cela n'est pas facile à comprendre. Il est possible d'éduquer son chien sans jamais punir, du moins intentionnellement, et c'est la meilleure chose à faire. Oui, je dis bien « jamais ». Et je ne compte pas vous interdire d'interdire mais plutôt vous montrer que cela n'a aucun intérêt en soi. Je crois aussi qu'un chien s'éduque jour après jour, sans pour autant avoir systématiquement besoin de faire des « séances » ou des « sessions », même si c'est efficace pour faire des séries de répétitions.

Favoriser les comportements plaisants doit se faire dans la vie quotidienne. Si vous donnez à votre chien ce qu'il veut le plus, vous y arriverez et si j'utilise régulièrement la nourriture dans mes démonstrations et exemples, je vous montrerai que ce n'est pas du tout la seule chose qu'un chien peut vouloir.

Enfin, je crois que l'une des habitudes les plus essentielles de toutes pour avoir un chien sympa – juste un chien sympa et pas un chien parfait (de toute façon, cela n'existe pas !) – c'est de faire en sorte que votre chien n'ait pas peur de vous. Jamais. Vous retrouverez cela sous de multiples formes à travers ce livre, parce que j'y crois vraiment dur comme fer.

Et vous, que croyez-vous ? Aujourd'hui, aucune solution globale n'est proposée pour l'éducation des chiens : personne ne nous apprend ce qu'il faut faire. Tout dépend de la volonté, de la curiosité, de la motivation de chacun à s'informer. C'est en grande partie pour cette raison que certains se sentent parfois démunis. Et c'est aussi pour cela que, quand on les interroge sur leur approche, beaucoup de gens ne savent généralement pas trop quoi répondre. Lorsque l'on vous demande comment vous éduquez votre chien, on s'intéresse essentiellement à la manière dont vous le motivez à vous obéir. En utilisant la menace, la réprimande, la punition ? Ou en utilisant uniquement ce qu'il veut obtenir ? En ne générant que des émotions positives chez lui ?

Je vous propose d'apprendre à motiver votre chien en lui montrant que vous obéir fait partie de ce qu'il y a de plus génial dans sa vie de chien. Pour que votre chien soit heureux de vous obéir, il faut qu'il obéisse de lui-même, ni contraint, ni menacé. Cela ne se fait pas en un claquement de doigts, mais je vous parie que c'est plus basique et plus amusant que ce que vous imaginez !

# Qui suis-je ?

Je m'appelle Laetitia. J'ai 38 ans, une chienne qui s'appelle Lila et deux chats, William et Barnabé. Je suis l'auteur des articles du site ouafmag.com que j'ai créé en 2012, dans le principal objectif de vous aider à rendre votre chien plus heureux. Je pense que quand vous avez un chien, son bonheur et le vôtre deviennent intimement liés, de mille et une façons. Sur mon site, j'essaie de présenter les points de vue les plus modernes sur le chien et de combattre les idées reçues.

Lorsque j'ai adopté ma chienne, en 2010, elle avait un an. Elle ne savait rien faire, elle avait peur de beaucoup de choses et elle avait largement dépassé la période idéale pour rendre un chien sociable encore assez « facilement ». Elle ne savait pas comment se comporter avec les autres chiens, les chats, les enfants, les personnes âgées, les hommes, les adolescents... donc avec presque tous les êtres vivants ! Nous avons suivi un long parcours toutes les deux, semé d'embûches mais aussi rempli de petites victoires.

J'avais une expérience de terrain, mais peu de connaissances théoriques lorsque ma chienne est entrée dans ma vie. Alors j'ai cherché des informations. Au début, les ressources que j'ai trouvées faisaient sans cesse référence au loup et à la « dominance »... On me donnait des conseils que je réprouvais totalement, comme lui tremper le museau dans son urine pour lui apprendre la propreté. Je me suis ensuite tournée vers la littérature anglo-saxonne dans laquelle j'ai trouvé bien plus de ressources modernes. C'est alors que j'ai pris conscience du manque de bonnes informations dont souffre notre société, globalement en retard sur les pays anglo-saxons- même si, depuis récemment, je constate de réelles avancées.

Le jour où j'ai considéré que nos plus gros problèmes étaient réglés, j'ai décidé d'écrire notre histoire, à Lila et moi. Puis je me suis dit « tout le monde s'en fiche de ton histoire, autant donner des conseils concrets ». Ce livre a dès lors beaucoup changé pour devenir un guide pratique.

Par la suite, de plus en plus de personnes faisant appel à mes conseils, j'ai décidé de suivre une longue formation professionnelle. Elle me donnera la capacité d'exercer l'éducation canine (mais ce dont je rêve vraiment, c'est de m'investir dans le domaine de l'adoption et peut-être créer ma propre association).

J'avais de très graves problèmes, mais aujourd'hui, je suis fière de ma chienne et un peu de moi également. En fait, peu de choses dans ma vie m'ont rendue aussi fière que d'être parvenue à la rendre plus équilibrée. Je souhaite de tout cœur que vous ayez bientôt de nombreuses raisons d'être fier(e) de votre chien et de vous-même.

# Comment fonctionne cette méthode ?

- **Sections.** La Méthode Bon Chien est découpée en 5 sections contenant chacune plusieurs parties. Elle se lit de façon chronologique, comme n'importe quel livre. Je vous conseille de suivre le programme étape par étape pour une meilleure efficacité.
- **Exercices et Quizz.** Vous trouverez des techniques détaillées pas à pas et des exercices à travers tout le livre, mais chaque section se termine par une série d'exercices spécifiques ainsi que par un quizz qui vous permettra de tester vos connaissances. À chaque question, il n'y a qu'une seule réponse possible même s'il vous semble que deux réponses pourraient convenir !
- **Chien adulte ou chiot ?** La Méthode Bon Chien a été initialement rédigée à partir d'une expérience avec un chien adopté adulte et s'adresse globalement au chien adulte (de plus de 6 mois environ). De nombreuses personnes m'ont toutefois affirmé avoir pu mettre en pratique la plupart des propositions avec leur chiot.
- **Mises à jour.** J'évolue, j'étudie et j'apprends constamment. La Méthode Bon Chien est donc régulièrement mise à jour. La version actuelle date du **25 octobre 2015**. Les remarques et suggestions de mes lecteurs sont aussi en grande partie ce qui me permet d'améliorer ce livre. N'hésitez pas à m'écrire si vous avez des suggestions :

contact@ouafmag.com. Je suis seule aux commandes du site ouafmag.com : il n'y a que moi qui puisse lire votre message et vous répondre.

# Table des matières

# SECTION 1 – Réussir l'éducation de son chien

Les propositions contenues dans cette première partie ont pour but de vous aider à intégrer pleinement le fait que votre chien n'a pas naturellement le désir de vous satisfaire et elles visent à multiplier les expériences agréables pour votre chien. Il s'agit de la meilleure façon de le rendre plus fiable, plus prévisible, plus obéissant et avant tout, plus en confiance. Les personnes qui n'ont pas de graves problèmes avec leur chien ont ceci en commun : elles ont « travaillé » dans le respect du bien-être de leur animal.

Éduquer un chien, c'est aussi – et d'abord – vivre une relation enrichissante avec lui. J'entends par là que, lorsque vous faites l'effort d'apprendre à votre chien quelque chose qui vous paraît difficile, comme ne plus aboyer sur les autres chiens, c'est un moyen d'avoir un meilleur chien, mais aussi et toujours d'améliorer la relation entre lui et vous. Éduquer un chien fait partie de la vie de tous les jours. Tout ce que vous faites permet à votre chien d'apprendre. Ainsi, le simple fait de vous assoir dans votre fauteuil devant la télévision lui a peut-être appris que fauteuil = je vais me coucher dans mon panier car il ne va plus rien se passer pendant 2 heures !

Pensez-vous qu'éduquer un chien se limite à une série de choses à faire pendant une période donnée et que tout ira bien ensuite ? Il se produit alors le même phénomène que lors de l'achat d'un meuble en kit ou d'un appareil électro-ménager. Une fois qu'il est assemblé, le meuble est utilisable. Une fois qu'il est branché, l'appareil fonctionne. Une fois qu'il est éduqué, le chien est opérationnel.

Je sais pertinemment ce n'est pas ce que vous pensez de votre chien !! Je vous invite toutefois à envisager son éducation comme un moyen de mieux vous connaître tous les deux, et pas uniquement comme un moyen de régler des problèmes.

Vous verrez, cela fonctionne beaucoup mieux !

# 1. Votre chien est un égoïste

« *Dogs are completely and innocently selfish* », Jean Donaldson.

## A. Humain trop humain !

Les préjugés sur le chien peuvent représenter des obstacles majeurs à une vie agréable avec lui – tout comme les préjugés sur certaines races. Je le constate sans cesse et sans répit. Beaucoup de ces préjugés sont en lien avec l'anthropomorphisme, un comportement humain difficile à maîtriser – mais pas totalement impossible et je compte vous le prouver. Ce comportement consiste à attribuer au chien des capacités intellectuelles et des sentiments qu'il ne peut pas avoir, comme l'ont démontré la biologie et la neurobiologie, entre autres. Si le chien a des émotions similaires aux nôtres, il les traite néanmoins de manière totalement différente. Ainsi, il ne peut pas se dire « il faut que je fasse du sport pour être moins stressé ». Autre exemple : le chien ressent de la joie ; il ne sait toutefois pas ce qu'est « la joie ». Il ne peut pas se dire « je suis de bien meilleure humeur qu'hier ».

D'un point de vue scientifique, les émotions chez l'homme et chez le chien sont étudiées via l'activité du cerveau, la sécrétion d'hormones et les comportements que les émotions entraînent. Pour les deux espèces, il reste de nombreuses théories à établir et plus d'un mystère à élucider. Aujourd'hui, on sait toutefois que le système émotionnel humain occupe une large place dans le cerveau, tandis que, dans le cerveau du chien, cette place est petite. Des messages sont envoyés par les sens dans une partie du cerveau, une espèce de multicouche appelée « cortex », provoquant divers phénomènes : cette partie du cerveau est 5 fois plus petite chez le chien que chez l'homme.

La principale conséquence, c'est l'incapacité du chien à analyser ses émotions, contrairement à l'homme. Cela entraîne, chez le chien, **l'absence de toute arrière-pensée.** C'est un fait biologique.

Nous sommes capables d'identifier nos émotions et nous pouvons, sauf en cas de stress extrême ou de dépression, par exemple, contrôler nos émotions et ajuster nos comportements. Ainsi, si vous ressentez une émotion de joie, face à votre voisin qui vous invite au barbecue entre voisins dimanche prochain, vous connaissez la raison pour laquelle vous êtes enchanté(e). Vous passerez un bon dimanche. Malgré cette joie, vous ne prenez pas votre voisin dans vos bras pour le serrer fort contre vous. Tandis que de nombreux chiens ne se font pas prier pour sauter de joie sur des gens qui se passeraient parfois bien d'un tel contact !

Le chien ne peut ni identifier, ni analyser, ni gérer ses émotions pour les adapter à nos règles de bienséance. Toutefois, quand cela nous pose problème dans certains contextes, cet animal est apte à :

- apprendre à se maîtriser, essentiellement en apprenant de nouveaux comportements à manifester suite à certaines émotions ressenties ;

- apprendre à ressentir une émotion positive au lieu de ressentir une émotion négative.

Deux brefs exemples pour concrétiser cela : un chien submergé de joie à l'arrivée d'une personne chez vous peut apprendre à faire autre chose que lui sauter dessus ; un chien qui grogne à l'arrivée d'une personne chez vous peut apprendre que cet évènement est en fait synonyme de réjouissances.

Outre le fait que les émotions de l'homme sont à un niveau de complexité remarquablement supérieur à celles du chien, les 5 sens de cet animal sont différents des nôtres. Il perçoit le monde encore plus différemment de ce qu'on ne l'imagine. Tout en étant très proche de nous, il est aussi très différent. Et il est important d'en prendre pleinement conscience pour le traiter d'une façon bienveillante.

Ainsi, je vous donne ce premier conseil : prenez les choses telles qu'elles sont et non pas comme vous aimeriez qu'elles soient. **Observez les comportements de votre chien sans chercher à les interpréter comme vous le feriez avec une personne.** Pour être en mesure de faire cela, souvenez-vous que les sens de votre chien le font vivre dans un monde quelque peu... différent du vôtre (cf. *I-1-J. Les Sens de votre chien*) et prenez du recul vis-à-vis de ce qu'il peut ressentir.

Cela vous aidera à faire face aux principaux préjugés relatifs aux émotions du chien, qui concernent surtout (liste non exhaustive) :

- la jalousie

- la culpabilité
- la vengeance

Ce que nous, les humains, sommes capables de penser, n'est pas toujours très « joli joli » et nous avons la fâcheuse manie de croire que nos chiens peuvent faire pareil.

### *a) La jalousie*

Mon chat Barnabé est très, très affectueux. J'adore lui parler d'une façon ridicule car, à coup sûr, il s'approche de moi. Si ma chienne est dans les parages, elle est interpellée. Si mon chat ne vient pas me voir, elle continue de vaquer à ses occupations. S'il vient, alors elle vient aussi, toute frétillante. De mon point de vue d'humain, j'interpréterais volontiers ce comportement de la manière suivante : elle est jalouse et se fait toute mignonne pour pouvoir me supplier « moi aussi ».

Sachant ce que je sais du chien aujourd'hui, il est plus probable que ma chienne soit en train de profiter, tout simplement, de ce moment de détente, de cette opportunité d'être câlinée, car cela fait partie de ses besoins. Plusieurs interprétations sont possibles pour ce comportement qui fait penser à la jalousie. Et c'est peut-être bien une forme de jalousie, comme tendent à le montrer de récentes études[4].

---

[4] Harris CR, Prouvost C (2014) Jealousy in Dogs. PLoS ONE 9(7): e94597. doi:10.1371/journal.pone.0094597

Cela dépend de chacun de nous et nous ne pouvons pas nous empêcher d'interpréter ce que fait notre chien parce que cela nous fait ressentir quelque chose. Ce que je vous conseille simplement, c'est **de ne pas vous arrêter à cette première impression. C'est rarement la bonne.** Ayez toujours le réflexe, une fois l'émotion passée et l'interprétation de votre choix développée dans votre esprit, de prendre du recul.

Personnellement, je préfère n'importe quelle explication à celle qui dit que le chien est jaloux de la même façon que les humains peuvent l'être. Ce point de vue pousse à mal se comporter envers les animaux. La jalousie demande une capacité de réflexion que les animaux n'ont pas. Ce n'est pas une émotion, comme la peur ou la joie. C'est une émotion « secondaire », comme disent les psys. Elle implique un processus cognitif dont les chiens ne sont pas capables[5].

Stanley Coren, psychologue et spécialiste du chien et de la relation homme chien, résume bien les choses[6] : « la jalousie et l'envie chez les chiens ne sont pas aussi complexes qu'elles ne le sont chez les êtres humains. (...) les chiens sont sensibles à ce qui est « juste » (...), mais pas à ce qui est

---

[5] Une émotion secondaire serait déjà plus proche du « sentiment » en étant la suite, la réaction ou le résultat d'une émotion primaire. Selon Robert Plutchik, l'un des plus grands spécialistes des émotions, la jalousie est une émotion « secondaire » ou « complexe » : issue de la peur et de la colère.

[6] Dans l'un de ses articles sur psychologytoday.com.

« équitable ». Cette affirmation résulte d'une expérience démontrant que les chiens sont sensibles au fait de ne pas être récompensés pour leurs efforts alors qu'au même moment, d'autres sont récompensés ; mais que les récompenses soient égales n'importe pas... Des enfants ne laisseraient pas passer cela ! ».

Revenons à notre câlin canin-félin. J'ai deux mains. Je peux caresser le chien et le chat. En général, ma chienne finit par s'en aller et me laisser papouiller le matou. Si je considérais qu'elle est jalouse, notre vie ensemble serait différente. Il est probable, d'ailleurs, qu'elle ne se passerait pas aussi bien. Je pourrais, par exemple, lui ordonner « à ta place ». Elle associerait possiblement mon chat à quelque chose de désagréable parce qu'à chaque fois qu'il serait près de moi, elle serait repoussée ; au lieu de l'associer à des moments plaisants. En la considérant comme « jalouse », je risquerais d'envenimer leur relation qui est plutôt bonne.

C'est toujours très utile d'essayer de considérer la jalousie chez le chien d'une autre manière, d'essayer de chasser ce qui nous vient tout de suite à l'esprit, car ce sont des choses généralement trop alambiquées pour bien comprendre les comportements « poussifs » de nos chiens.

### *b) La culpabilité*

Pour de nombreuses personnes, l'air coupable du chien après une « bêtise » est la preuve que le chien comprend qu'il a mal agi. Penser cela, c'est ignorer l'un des fondamentaux du comportement du chien et son langage. Un chien que l'on gronde prend une position renfrognée qui donne l'impression qu'il a compris ce qu'il ne faut pas faire. Mais s'il se ratatine, c'est parce qu'il a peur. Quand un chien a l'air coupable, il ne fait qu'envoyer des « signaux d'apaisement » dans l'espoir de voir disparaître la menace qui pèse sur lui. Concrètement, il « dit » qu'il est inoffensif (*ne me fais pas de mal*).

Si vous rentrez chez vous, qu'il a fait une « bêtise » et que vous pensez le voir à son attitude, ce n'est pas parce qu'il sait qu'il a commis une faute : il a pris l'habitude de vous voir vous énerver. Il anticipe vos réactions en essayant de vous envoyer le signal « calme-toi ».

Il a fait une association : votre colère = je me fais tout petit pour calmer le jeu. Cela va recommencer parce que, quand vous êtes fâché(e), vous n'apprenez rien à votre chien, sauf une chose : il vaut mieux se faire tout petit. Le fait qu'un chien baisse la tête quand il se fait gronder n'a rien à voir avec la culpabilité qui est le sentiment d'avoir fauté. Il s'agit là d'un « truc d'humain » et non d'un « truc de chien ».

### *c) La vengeance*

La plus grosse « bêtise »[7] que ma chienne Lila ait jamais faite – et la seule je crois, mais qui

---

[7] J'utilise le mot « bêtise » par commodité. Selon moi, les

m'a coûté très cher – a été de grignoter le fil d'un radiateur, au tout début. Je suis partie quelques heures. À mon retour, de mon point de vue d'humain, j'aurais dû penser : « vexée d'être restée seule, elle a détruit le fil (petite peste !!!) » - j'avoue que « petite peste » m'a traversé l'esprit en voyant le coût des réparations quelques jours plus tard.

Pensez-vous que ma chienne ait fait cela pour me « donner une leçon » ? Les animaux, aussi intelligents soient-ils, ont-ils la capacité biologique à élaborer de tels raisonnements ? Il a été prouvé que non.

Son comportement était une réaction à une émotion qu'elle a ressentie à ce moment-là, sans doute le besoin de s'apaiser elle-même cette fois-ci (au lieu d'apaiser autrui). Quoi que ce soit, ce n'est certainement pas le fruit d'une réflexion. Frustrée, angoissée, elle a libéré son stress sur ce qui était le plus accessible et « grignotable », assurant ainsi son bien-être.

### B. Pourquoi est-ce si difficile ?

Je pense qu'il est important de tenir compte de la relative simplicité des émotions du chien (par rapport aux nôtres). Vous finirez alors

---

chiens ne font pas de bêtises à proprement parler, parce qu'ils ne font que subvenir à leurs besoins ou assurer leur bien-être quand ils détruisent, renversent la poubelle, urinent dans la maison, etc. Ils n'ont pas conscience que c'est « mal ».

toujours par classer ses réactions dans l'une ou l'autre de ces catégories :

- combler ses besoins
- assurer son bien-être ou sa sécurité/la sécurité de ce qui lui est cher

Cette classification ne fait pas du chien un animal simple. Aucun animal n'est simple, même la mouche. Cela n'en fait pas non plus un animal bête. Aucun animal n'est bête. Réfléchir de cette façon ne consiste en aucun cas à « rabaisser » le chien. Il s'agit de remettre ses émotions à leur juste place et de ne plus surestimer le chien – ce qui cause beaucoup de dégâts. Vous devenez plus efficace pour régler vos pires problèmes. Ce n'est pas facile, à cause de la proximité que nous avons avec eux et peut-être à cause de la nature humaine, tout simplement.

Certains disent que nous voyons le mal partout. D'autres pensent que nous ramenons toujours tout à nous-mêmes. Je ne suis pas très au point sur ces sujets-là mais je crois, oui, que nous sommes une espèce particulièrement agressive et que nous faisons de l'anthropocentrisme[8].

Depuis que la merveilleuse aventure « Bon Chien » a commencé, j'ai eu l'occasion de m'entretenir avec plusieurs professionnels. J'ai sympathisé avec quelques personnes à qui j'ai

---

[8] Anthropocentrisme : « conception philosophique qui considère l'homme comme l'entité centrale la plus significative de l'univers et qui appréhende la réalité à travers la seule perspective humaine. » (Wikipédia.fr)

avoué que parfois, je suis frustrée. Je suis frustrée de consacrer une grande partie de mon temps à essayer de faire prendre un peu de recul aux personnes qui manquent de discernement (essentiellement à cause d'idées reçues). Ces professionnels m'ont tous répondu que... c'est exactement ce en quoi consiste une grosse partie de leur travail : éduquer les gens.

J'ai même rencontré deux professionnels (un moniteur de club et un éducateur) qui ont jeté l'éponge. Non pas à cause des chiens, mais des personnes. Voici les confidences qui m'ont été faites récemment : « le problème, ce n'est pas les chiens » et « si seulement y'avait pas les gens » ou encore « les chiens comprennent tellement plus vite que leurs humains » !

Avec du recul, de l'information et une stratégie qui respecte le spécimen unique qui vit avec vous, un travail quotidien porte ses fruits. Sauf quelques très rares cas plus complexes, la réelle difficulté ne vient ni des chiens, ni des stratégies à mettre en place. Elle vient des propriétaires de chiens. L'accepter, c'est faire un bond en avant vers la résolution de n'importe quel problème. Après une sorte de « recadrage », le travail peut commencer. Beaucoup s'en sortent extrêmement bien et vite avec les éléments de connaissance fondamentaux qui leur manquaient. Ces humains qui ont besoin d'être réorientés ont uniquement, sans le savoir, l'esprit pollué, se créant alors eux-mêmes des barrières.

En effet, modifier les comportements de son chien n'est pas compliqué en soi et ne demande pas d'avoir fait des études poussées en biologie et en science du comportement, mais nécessite avant tout d'avoir les deux pieds sur terre et de voir son chien comme un chien. N'y voyez pas de mépris de ma part. Le chien n'est pas un enfant, un loup ou un robot. C'est tout ce que « traiter son chien comme un chien » signifie. Ce n'est qu'ainsi qu'on le traite avec le respect, la bienveillance et la dignité qu'il mérite.

## C. Comment modifier le comportement d'un chien ?

### *a) Renforcer ou punir ?*

Tout d'abord, il faut essayer de comprendre le comportement du chien. Comprendre permet de stopper votre imagination. Vous cessez alors d'interpréter les divers comportements problématiques de votre chien derrière ce filtre (déformant) des concepts humains qui n'ont aucune utilité ou font mal agir. Puisque vous lisez mon livre, vous souhaitez vous remettre en question. Voici donc de quoi aller plus loin.

Avec plus de 30 ans d'expérience, Jean Donaldson est une spécialiste du chien qui fait partie des experts les plus connus et respectés. *The Culture Clash : A Revolutionary New Way to Understanding the Relationship Between Humans and Domestic Dogs* (1996) fait partie des best-sellers internationaux sur l'éducation du chien. Dans les toutes premières pages de l'ouvrage, certains passages peuvent heurter notre égo. En effet, bien que ce livre date du milieu des années 1990, certains concepts sont extrêmement difficiles à faire passer, aujourd'hui encore !

Dans les premières pages du livre de J. Donaldson – « la méchante » comme certains la surnomment – on lit cette phrase : *les chiens sont complètement et innocemment égoïstes.* Les toutes premières phrases du livre parlent du chien selon la vision édulcorée de Walt Disney. Ce chien-là, dit-elle, est « très intelligent, a des valeurs morales, est capable de faire des projets et de mettre en œuvre des vengeances, de résoudre des problèmes complexes et de comprendre la valeur des objets[9]. » Comme l'écrit J. Donaldson : **le chien ne pense qu'à lui, en priorité.** Si vous souhaitez régler vos problèmes, vous devez en prendre pleinement conscience.

Pour vous y aider, il est important de savoir qu'éduquer un chien efficacement consiste d'abord à essayer de respecter un ensemble de règles de « fonctionnement », des règles biologiques et des règles comportementales. La science comportementale est une vraie science. Complexe, en pleine évolution et récente par rapport à d'autres, elle n'est pas une science exacte. Elle a néanmoins donné lieu à diverses disciplines et à de multiples théories de l'apprentissage, dont plusieurs se sont révélées extrêmement efficaces, aboutissant à d'autres théories, mais aussi à des méthodes concrètes.

L'une de ces théories s'appelle le « conditionnement opérant ». Développée par Skinner dans les années 1950, elle a donné naissance à de nombreuses méthodes d'apprentissage pour les animaux et les hommes - pour l'apprentissage des langues étrangères, par

---

[9] Traduit par mes soins.

exemple. Renforcement et punition sont des outils du « conditionnement opérant ». Pour faire simple, cette théorie dit que **le comportement est une réponse à une motivation**.

Pour citer à nouveau Jean Donaldson : « la première chose à faire, quand on veut éduquer n'importe quel animal, c'est de trouver ce qui le motive. Pas de motivation, pas d'éducation. »

**Avec le renforcement positif, la motivation est agréable.**

Nous verrons exactement de quoi il s'agit, mais je peux d'ores et déjà vous préciser qu'il s'agit de donner au chien ce qu'il veut. Exemple : donner une caresse quand le chien s'est assis. Cela va *renforcer* le comportement qui consiste à s'assoir.

La *punition* positive, en revanche, consiste à donner quelque chose que le chien ne veut PAS (exemple : donner une tape sur le museau quand le chien a sauté). Quant à la punition négative, elle consiste à retirer quelque chose que le chien veut. Exemple : arrêter de jouer quand le chien a griffé. Comme l'écrit Alexandra Semyonova dans *The 100 Silliest Things People Say About Dogs*, à propos de cette punition négative, elle peut avoir de mauvaises conséquences : « au lieu d'introduire activement un stimulus déplaisant, on en enlève un de plaisant (comme un jouet). Même ce type de punition peut avoir de mauvais effets secondaires. Si vous enlevez des choses à votre chien, vous brisez les règles de la politesse canine et vous montrez que vous n'êtes pas digne de confiance. Il peut commencer à ne plus avoir confiance en ce que vous allez faire quand vous vous approchez de lui. »

**Le renforcement a pour but de faire se reproduire un comportement. La punition a pour but de faire cesser un comportement.**

La punition n'est pas toujours quelque chose de physiquement violent et ce n'est pas toujours intentionnel de notre part. Par exemple, je punis ma chienne avec une punition négative quand j'arrête de la caresser alors qu'elle commence à s'agiter. Je n'y pense même pas, c'est un genre de réflexe inconscient.

C'est une première chose à comprendre pour être efficace : nous ne maîtrisons pas tout ça à 100% h24. Mais plus vous êtes conscient de ce que vous faites et de ce que votre chien en apprend, mieux vous vous en sortez. **Et punir est désagréable par essence.**

Enfin, dans sa théorie du conditionnement opérant, B. F. Skinner a aussi développé la notion de *renforcement négatif.* C'est lorsqu'un comportement est encouragé mais cette fois-ci, en *enlevant* ce que le chien ne veut *pas.* Par exemple : un chien est forcé à s'assoir car quelqu'un appuie sur son derrière et cette sensation désagréable pour le chien s'arrête quand il est assis.

TOUT fonctionne : renforcement positif, renforcement négatif, punition positive et punition négative. Oui, tout cela permet d'obtenir des résultats. Maintenant, la seconde chose importante à comprendre, c'est que l'utilisation de quelque chose de désagréable, et fréquemment **même sans violence**, a le plus souvent des conséquences néfastes. Principales[10] conséquences néfastes : *évitement, faire les choses en cachette, peur, confusion, résistance, passivité, diminution des initiatives, associations indirectes*. Cette dernière conséquence est l'un des pièges les plus sournois qui puissent exister (*cf. I-1-D. Associations*).

Et je ne sais pas vous, mais moi, j'ai un chien en grande partie parce que je veux créer une belle relation, et je n'ai pas envie de la gâcher.

Le chien est un animal très proche de nous sur de nombreux points, un animal qui partage notre vie, de nombreux moments de notre vie – pour certains d'entre nous, des journées entières. Quel animal peut nous fixer du regard et remuer la queue quand on lui sourit ? C'est fou d'avoir ce genre d'interactions avec un animal, n'est-ce pas ? Ce n'est certainement pas facile, mais je vous encourage à faire cet effort : détachez-vous du chien de Walt Disney ! Jean Donaldson, qui paraît « trop dure » à certains, n'utilise pourtant aucun moyen de coercition, aucune violence, aucun moyen de punition.

---

[10] Exemples de Karen Pryor.

Elle apprend des comportements aux chiens. Pour cet « apprentissage comportemental », elle utilise un système uniquement basé sur la récompense. Elle, et tous les professionnels modernes, sont mille fois plus doux, sympas, agréables, aimants, sensibles et bienfaisants avec les chiens que toutes les personnes qui refusent de voir les choses telles qu'elles sont et mettent le chien au même niveau que l'homme en termes d'intelligence et d'émotions.

### *b) Une action pour atteindre un but*

Pour citer James O'Heare : **ce qu'il y a de plus important à se rappeler, c'est que les chiens, comme nous autres, font ce qui fonctionne pour obtenir ce qu'ils veulent.** Dès lors, quand vous êtes face à un problème avec votre chien, de multiples options sont possibles, qui consistent globalement en 2 types de solutions :

- **Changer ce que le chien veut**
- **Changer ce qui fonctionne pour avoir ce qu'il veut**

Il vous faut tenir compte d'éléments concrets si vous voulez comprendre ce qui se passe quand une habitude vous échappe ou lorsqu'un évènement vous laisse perplexe, et surtout ne plus tenter d'interpréter le comportement de votre chien uniquement avec votre point de vue d'humain, comportement qui n'est jamais rien d'autre qu'une action pour atteindre un but. Parmi ces éléments, deux sont essentiels : ce qui se passe avant qu'un comportement ne se produise et ce qui se passe juste après. Qu'est-ce qui a déclenché le comportement et quelle est la conséquence pour le chien avec ce comportement ?

Sachez que parfois, si vous ne comprenez pas tout c qui se passe, ce n'est pas grave. L'essentiel est de répondre à ces questions : **que veut-il ?** Comment faire pour qu'il veuille autre chose ou comment lui montrer une autre façon de l'obtenir ? Ceci s'applique à TOUS les comportements de votre chien. Prenez n'importe quel comportement de votre chien qui vous pose problème actuellement : vous constaterez que vous pouvez commencer à réfléchir à ces questions.

Avant de passer à la suite, laissez-moi vous poser une question. Avez-vous parfois l'impression que votre chien ne comprend absolument rien de ce que vous souhaitez ? Qu'il ne fait absolument aucun cas de ce que vous lui demandez de faire ? Que vous êtes en train d'envoyer un message à une autre planète ? Je parie que oui.

Si cela doit vous arriver encore, dites-vous bien que c'est parce que vous avez oublié ce que vous avez lu dans ces premières pages de la Méthode Bon Chien : vous avez oublié que *c'est un chien*. C'est si vite arrivé... !!! Je vous rappelle ce qu'est un chien comparativement à une personne, pour l'essentiel : il n'a pas les mêmes sens que vous, il ne ressent pas exactement les mêmes choses que vous, il ne fait rien dans le but de vous satisfaire, il n'élabore pas de raisonnements complexes pour s'excuser de vous avoir contrarié ou fomenter une vengeance, il agit pour atteindre des buts parce qu'il veut ou ne veut pas quelque chose.

Désormais, voyons concrètement comment procéder pour changer la façon dont un chien demande quelque chose qu'il veut et pour changer ce que veut un chien.

### *c) Changer ce qui fonctionne pour avoir ce qu'il veut*

Ceci est souvent possible sans même utiliser de friandise ni parler. Je vais vous décrire trois cas concrets.

Commençons par quelque chose que les chiens veulent fort mais qu'ils ont tant de façons de demander : l'attention de quelqu'un. Puis je vous proposerai un exemple qui implique de la nourriture, la nourriture faisant partie des choses que le chien désire le plus. Enfin, le dernier exemple sera plus élémentaire, avec un chien qui veut simplement sortir.

*EXEMPLE 1 : le chien veut l'attention de quelqu'un en lui sautant dessus*

Veuillez noter qu'il existe d'autres façons d'apprendre à un chien à ne pas vous sauter dessus. Ceci n'est qu'un exemple. Je vous en donnerai un autre juste après.

Walter, le chien d'une amie, me saute dessus à chaque fois que je vais la voir. Il est très amical et ce croisé boxer a une bonne tête très sympa ! La plupart des gens lui font la fête en retour ! Mais notez que certains lui font la fête parce qu'ils n'osent rien faire d'autre... D'autres personnes le repoussent sans hésiter. Il saute sur la mère de mon amie, elle le caresse. Il saute sur le copain de mon amie, il le repousse. Il saute sur sa voisine, elle crie. Tous ces comportements encouragent Walter à continuer.

La caresse est sûrement ce que Walter veut le plus, mais être repoussé lui convient aussi : c'est une forme d'attention (il est touché, on lui parle ou on rigole, etc.). Quant au cri, ça le rend encore plus foufou. Mon amie me dit qu'elle en a marre. Elle a tout essayé. Je la crois. Quoi qu'on fasse, Walter saute. Un jour, elle me demande « Et toi, alors ? Tu ne saurais pas ce qu'on peut faire par hasard avec un chien têtu comme ça ? ». Je lui explique que son chien n'est pas têtu. Malgré les apparences. Le problème est plus simple. Walter a appris que **sauter lui est utile**.

Il a appris que sauter fonctionne pour obtenir des caresses ou autre chose, qui lui convient de toute façon bien mieux que d'être ignoré. Ah oui !, me dit mon amie, on a bien essayé de l'ignorer ! Ça ne marche pas non plus. Oui, mais mon amie n'a pas saisi ce que Walter doit vraiment comprendre :

- Sauter sur quelqu'un ne fonctionne pas (c'est inutile)
- Faire autre chose fonctionne (c'est utile)

(pour obtenir ce qu'il veut). Lisez attentivement. Ce n'est pas compliqué. Il suffit que vous compreniez le principe qui se cache derrière tout cela.

Je m'engage à venir voir mon amie tous les jours jusqu'à ce que cela fonctionne. En contrepartie, elle s'engage à ne recevoir personne chez elle jusqu'à bien comprendre ce qu'il faut faire. Le pacte est scellé. Je suis obligée de passer lui rendre visite sinon les visites assez irrégulières qu'elle reçoit ne suffiront pas. Et personne n'ignore un chien aussi bien que moi (je plaisante ! Je vais vous expliquer la vraie raison !).

Elle habite à trois pâtés de maison de chez moi et travaille à mi-temps. Je passe tous les matins quand je sors ma chienne, et je repasse en soirée. Je sonne, je laisse ma chienne au garage, j'entre dans la maison. Walter me saute dessus. Je l'ignore. Mais savez-vous ce que c'est que d'ignorer un chien de presque 30 kg, musclé comme un sportif de haut niveau avec une bouille trop craquante et qui est trop, trop, trop content de vous voir ? Oui, c'est dur...

Après avoir expliqué correctement ce qu'« ignorer un chien » signifie, presque tout le monde peut le mettre en application. Ceux qui ne le peuvent pas ne doivent plus venir jusqu'à ce que cela fonctionne – ce qui est très rapide avec cette technique. Et si quelqu'un doit passer, il faut alors à tout prix éviter l'accueil dans ce contexte qui **renforce le comportement du chien : pendant l'apprentissage, le chien ne doit plus avoir l'occasion d'apprendre le contraire de ce que vous lui apprenez !** J'ai donc demandé à mon amie de ne recevoir personne pendant tout ce temps pour éviter de renforcer le mauvais comportement et aussi pour qu'elle puisse voir ce qu'« ignorer un chien » signifie tout en étant capable de donner des instructions précises à ses prochains visiteurs.

Vous n'ignorez pas un chien sans réunir les 5 conditions suivantes :

1- Aucun contact visuel

2- Aucun geste pour le repousser
3- Aucun son qui sort de votre bouche
4- Aucune mimique faciale
5- Aucun mouvement.

C'est ainsi qu'il n'obtient... RIEN.

Voici ce qui se passe :

Lundi : Walter me saute dessus, je suis une statue de marbre. Il essaie 3 fois puis va directement dans le salon pour m'attendre de patte ferme. Mon amie et moi allons vite nous assoir sans rien dire (sans faire ces choses que l'on fait d'habitude en arrivant chez quelqu'un, comme poser sa veste et discuter dans l'entrée). Walter vient me montrer son popotin frétillant quand je suis sur le canapé. Je le caresse doucement sans rien dire. Mais je le caresse longuement.

Mardi : Walter me saute dessus, je suis une statue de marbre. Il essaie 3 fois encore : il me saute dessus. C'est le même « cirque » que la veille. Je fais attention à ne pas l'exciter encore plus. Je vais vite mais calmement m'assoir, et je le caresse une fois assise. Il me montre à nouveau son derrière, ce qui fait ricaner mon amie. Mais je lui demande d'arrêter, car il ne faut pas qu'elle ne ricane si jamais cela fonctionne, c'est-à-dire, s'il fait ça quand j'arrive. Je n'en ai alors aucune certitude : en termes de comportement « à exploiter », je prendrai ce que le chien m'offrira. Je suppute que ce chien m'offrira son derrière...

Mercredi : Walter s'habitue à me voir passer 2 fois par jour. Et il me saute dessus 3 fois le matin, mais 2 fois le soir. Il frétille nerveusement quand il repose les pattes par terre. Je crois qu'il n'est pas assez calme pour le caresser. Je le caresse une fois assise dans le salon. Je vais au rythme de Walter, pas au mien.

Jeudi : Walter me saute dessus 2 fois (miracle). Il y met bien moins de force que la veille. Il faut dire que « son truc » **commence à ne plus marcher...** Il frétille, mais il est nettement moins agité que lundi. Il part directement dans le salon où nous allons nous assoir rapidement, mais toujours dans le calme.

Vendredi : Walter me saute dessus 1 fois très brièvement (alléluia). Il ne me fait plus du tout reculer. Il est beaucoup moins nerveux.

Samedi : Walter ne me saute pas dessus. Là, je me baisse pour le caresser. Je me baisse immédiatement en entrant chez mon amie. Je le caresse doucement pour ne pas l'énerver et je ne parle pas. J'essaie de ne pas croiser son regard et d'avoir une expression neutre sur le visage. Il se laisse caresser et me propose vite son popotin.

Rebelote dimanche : Walter a compris.

Mais soyons clairs. Walter n'a pas compris que « sauter sur les invités est mal poli ou énervant ». Si vous voulez que cette technique fonctionne, pour ce problème ou un autre, vous devez absolument intégrer ce que ce chien a véritablement compris ici :

- Sauter sur quelqu'un ne fonctionne pas
- Montrer son popotin fonctionne.

Et oui, dans cet exemple, le comportement naturel n'est peut-être pas « glamour », mais c'est ce que Walter a, en quelque sorte, « songé » à essayer : m'offrir son derrière. C'est un peu comme s'il s'était dit : « Que faire pour me faire caresser puisque sauter ne marche plus ? Et si j'essayais de lui montrer mon derrière ? Après tout, ça marche déjà bien dans le salon... »

Je ne pensais pas y arriver au bout d'une semaine. Je ne savais pas que Walter montrerait son derrière. En plus de l'ignorer en bonne et due forme, ses visiteurs ont maintenant l'obligation de caresser le popotin de Walter dès qu'il le leur présente. Une semaine avec 2 répétitions quotidiennes : c'est ce qu'il a fallu à Walter pour comprendre, et à moi pour lui montrer qu'il pouvait faire autre chose. Mais c'est lui qui a pris l'initiative de le faire. Je n'ai rien fait d'extraordinairement brillant, à part :

- M'engager à répéter
- Rester de marbre, encaisser le « choc » et résister à la tentation de le caresser, rire, râler, etc.
- Capturer le bon comportement pour que l'on puisse s'en servir.

Je n'ai utilisé aucune friandise. Aucun ordre. Rien du tout. Je n'ai rien utilisé à part une chose essentielle pour éduquer un chien : **ce qu'il fait de lui-même pour obtenir ce qu'il veut.** Encore faut-il que cela se produise. Quand cela ne se produit pas, il faut créer les bonnes conditions, jouer avec les éléments du contexte, pour **donner au chien l'opportunité de réussir**.

Maintenant, Walter accueille les visiteurs de sa propriétaire en leur montrant son derrière. Certains pensent qu'il est « soumis ». Ma foi, si ça leur fait plaisir, qu'ils pensent ce qui les arrange !

Pour appliquer ce principe avec votre chien, il faut que vous soyez d'accord avec ce qu'il veut et **simplement pas d'accord avec la façon dont il tente de l'obtenir.** Il faut faire en sorte qu'un comportement différent se produise – parce qu'il comprend que ce qu'il fait ne marche pas, il a de lui-même ce comportement différent. Enfin, il faut « capturer » ce comportement différent pour lui donner ce qu'il veut. C'est ainsi qu'il le refera. Maintenant, pour ce comportement spécifique de « sauter sur les gens », je vous avais promis de vous proposer autre chose.

Cette fois-ci, vous n'utilisez pas ce que le chien fait de lui-même mais **vous lui proposez directement d'avoir un comportement différent et bien sûr ce comportement empêche l'autre comportement de se produire**. C'est l'apprentissage de l'ordre « bonjour » :

a) Au calme, présentez-lui votre main que vous trempez éventuellement dans un paquet de croquettes si nécessaire et votre chien doit la renifler. Récompensez-le immédiatement dès que sa truffe touche votre main (friandise) sans rien dire.
b) Quand, systématiquement, il touche cette main que vous lui tendez avec sa truffe, introduisez le signal vocal « bonjour », pile au moment où il touche votre main. Faites plusieurs séries de répétitions trois fois par jour.

c) Cet ordre est facile et généralement, il ne faut pas beaucoup de répétitions pour que « bonjour » signifie, pour le chien, *viens toucher ma main avec ta truffe*. N'oubliez pas de tendre la main !

Il faut bien expliquer à vos invités que vous avez appris cet ordre à votre chien et ce, avant qu'ils n'arrivent chez vous.

Il y a diverses façons de traiter ce problème de chien qui fait trop la fête. Si vous avez compris le principe, vous pouvez trouver vos propres astuces. L'essentiel étant de vous adapter à votre chien. Par exemple, Walter n'est pas un chien extrêmement persévérant et nous avions des conditions idylliques, du fait que je passais le voir tous les jours, deux fois par jour. **Il s'est vite lassé** de moi et je ne lui faisais plus autant d'effet au bout d'une semaine. Avec un chien plus persévérant et/ou dans des conditions moins idéales, l'ordre « bonjour » est peut-être plus efficace. C'est néanmoins plus dur avec un chien de petite taille. Cela vous demande de beaucoup vous baisser.

Ainsi, lorsque vous réfléchissez à une solution à un comportement, prenez toujours en compte « les bases de la base ! » :

- Est-il *physiquement* facile (pour le chien mais parfois aussi pour vous et vos proches) de faire faire quelque chose au chien vis à vis de sa morphologie ?

- Est-il *psychiquement* facile de faire faire quelque chose au chien vis à vis de l'intensité de son émotion ?

*EXEMPLE 2 : le chien veut manger en se précipitant vers la nourriture*

Au tout début, lorsque j'ai adopté ma chienne, mon problème numéro 1 était… mes chats. Après six mois d'efforts, les choses ont commencé à se mettre en place. Six mois de plus et le risque de bagarre avait, pour ainsi dire, disparu. Sauf quand j'allais dans la cuisine pour prendre une petite friandise pour chats. De temps en temps, mes chats ont un bonbon. Dès qu'elle entendait le bruit du sachet de friandises, ma chienne se précipitait à mes pieds en une fraction de seconde. J'ai bien essayé de tousser fort pour couvrir le bruit, mais c'était peine perdue… Le problème était que l'un de mes chats accourait aussi. Moins vite qu'elle, certes, mais il venait quand même.

Une telle situation est parmi les pires possibles quand vous avez deux animaux qui ne se sont pas encore adaptés l'un à l'autre. Et même quand ils se tolèrent très bien, il s'agit d'une situation très à risque : ils veulent la même chose !!!

Reprenons notre « schéma » :

- Ma chienne veut un bonbon pour chat
- Pour l'avoir, elle vient à mes pieds dans la cuisine
- Au début, je lance son bonbon au chat ce qui évite qu'il ne s'approche trop

- Et je donne le bonbon au chien.

Je veux (il est très important de savoir exactement ce qui est souhaité) que ma chienne reste là où elle est quand elle entend le bruit du sachet. Et plus tard, je ne veux plus donner de bonbon pour chat à ma chienne. Non, je ne suis pas cruelle : elle a ses propres bonbons !

Je vais d'abord modifier la façon dont elle obtient le bonbon. Je ne le donne qu'au chat, toujours en le lançant assez tôt pour qu'il ne s'approche pas aussi près de moi que le chien. Ma chienne n'essaie pas d'attraper le bonbon lancé au chat. À cette époque, elle est en train d'apprendre à ne pas toucher ce qui est par terre, mais surtout, je crois qu'elle vient d'apprendre d'elle-même qu'on ne badine pas avec William. Mon autre chat est bien plus cool, mais lui, il ne faut pas le contrarier... Tandis que William croque sa friandise, je m'éloigne avec un bonbon que je donne à ma chienne – qui me suit – une fois qu'elle est sur son coussin. Je répète cela tous les jours. Au bout de 5 jours, **ma chienne a compris qu'elle n'a jamais de bonbon quand elle vient. En revanche, elle en a un quand elle est à « sa place ».** Elle ne s'approche plus.

Le 5$^{e}$ jour, j'ai pris le sachet de friandises pour chats. Ma chienne s'est levée (déjà bien moins vite que d'ordinaire, se rendant compte que « son truc » ne fonctionnait plus...) et mon chat est arrivé dans la cuisine. Le 6$^{e}$ jour, j'ai dit « à ta place » en prenant le sachet. Et elle est allée à sa place – elle connaissait déjà cet ordre. Je suis alors vite allée lui donner le bonbon.

Pourquoi ne pas ordonner tout de suite « à ta place » ? Parce que c'est souvent plus difficile. Le chien n'a pas encore compris que *ce qu'il fait ne marche pas.* S'il n'a pas compris, il essaie encore et encore. C'est dans ces moments que vous avez l'impression, parfois, que les chiens « font exprès » de ne pas comprendre, alors qu'en réalité, nous ne leur offrons pas l'opportunité de réussir.

Nous oublions l'étape intermédiaire : leur faire comprendre, d'abord, que ce qu'ils font ne fonctionne pas. En ordonnant directement « à ta place », le chien y va sans se coucher, en restant sur le qui-vive, prêt à foncer pour réessayer ! Peine perdue.

Résultat pour ma chienne avec le bonbon pour chat :

- Foncer dans la cuisine ne lui permet pas d'obtenir ce qu'elle veut
- Elle a ce qu'elle veut à chaque fois qu'elle est sur son coussin autrement dit sa « place »
- L'ordre « ta place » fonctionne parce que c'est ce qu'elle veut faire
- Elle veut le faire parce que ça lui permet d'obtenir ce qu'elle veut.

La seconde phase a consisté à supprimer la friandise. Quand je donne une friandise au chat, ma chienne n'en a pas. Tel est mon objectif final. Pour l'atteindre, j'ai remplacé le bonbon une fois sur deux par autre chose : on joue avec une balle. Pendant plusieurs semaines, ma chienne allait directement à sa place au bruit du sachet ! Puis « constatant » que cela ne fonctionnait plus, et

« sachant » que venir dans la cuisine ne fonctionnait pas non plus, elle n'est plus jamais venue. J'ignore en réalité si c'est ce qui s'est passé dans son cerveau, mais c'est désormais devenu une nouvelle habitude. Je ne lui ai pas interdit de venir. J'ai remplacé un comportement par un autre, une mauvaise habitude par une bonne habitude à mes yeux.

Bonbon pour chat = bonbon pour chat, pas « bonbon pour Lila » ! Allez faire comprendre ça à un chien en lui ordonnant directement « ta place » ou en lui refusant tout bonbon. C'est trop difficile ! Vous vous dites peut-être que c'est long. Pourtant, c'est définitivement acquis. Alors que si vous empruntez un raccourci – comme ordonner tout de suite au chien « à ta place » alors qu'il n'en a pas du tout envie, ou bien supprimer radicalement le bonbon, ce qui risque de lui faire essayer autre chose (et de le frustrer) – plusieurs années rythmées de « à ta place ! » et de « non ! », ou de subterfuges comme tousser pour camoufler le bruit du sachet, fermer la porte vite fait bien fait et que sais-je encore seront nécessaires.

*EXEMPLE 3 : le chien veut passer la porte en forçant*

Votre chien est derrière la porte et vous ouvrez la porte. Il se précipite dans l'ouverture. Il semble qu'il pourrait s'arracher la peau pour passer s'il le fallait. Ou alors il pleure. Ou gratte. Ou il vous saute dessus entre deux tentatives de sortie. Vous savez maintenant ce que vous devez lui apprendre :

- Forcer le passage = fermeture de la porte

- Autre comportement = ouverture de la porte.

Puisque votre chien est un « brutus », vous pourriez penser qu'il faut être une brute aussi pour qu'il comprenne qu'on ne force pas le passage. En fait, cela n'a aucun intérêt parce que le chien n'apprend rien de cette façon. Tout ce qu'il peut apprendre ainsi, c'est un réflexe, un réflexe de protection, un réflexe de protection contre vous. Pour éviter ce triste phénomène, n'essayez pas d'empêcher votre chien de faire quelque chose en le punissant après coup. Montrez-lui plutôt comment agir sans lui faire peur.

Vous attendez de votre chien qu'il comprenne que forcer ne fonctionne pas. Évidemment, il ne s'agit pas de rester les bras croisés en attendant que cela se passe, mais bien de faire en sorte que cela se produise. Comment savoir qu'il a compris ? Cela dépend du chien, mais s'il reste debout sans bouger devant la porte qui s'ouvre (légèrement), votre chien a compris puisqu'il ne force plus.

Maintenant qu'il sait que rien ne fonctionne – la porte se referme quand il fait ce qui ne vous convient pas, et c'est suffisant pour qu'il comprenne –, ne faites et ne dites rien d'autre. Vous pouvez ensuite lui montrer quoi faire pour que la porte s'ouvre. Il s'agira de quelque chose qui vous convient et qui, par conséquent, lui convient à lui aussi : c'est idéal. Quand, et seulement quand votre chien a visiblement compris, vous pouvez lui dire « assis » par exemple (à condition qu'il connaisse déjà cet ordre). Il s'assoit. Et là, vous ouvrez la porte. Moyennant quelques répétions, votre chien apprend :

- forcer le passage = fermeture de la porte
- assis = ouverture de la porte

De cette façon :

- Votre chien a un grand intérêt à s'assoir avant de sortir (il obtient ce qu'il veut).
- Vous y trouvez aussi votre intérêt (c'est bien plus agréable).
- Votre chien n'a pas peur de vous.

Sans crier, sans forcer, sans même toucher votre chien, vous lui avez appris que s'assoir fait s'ouvrir la porte. Il ne fera plus ce qui ne marche pas et refera ce qui marche bien. Et ce ne sera pas par réflexe pour éviter des cris ou autre chose, mais bien parce que c'est ce qu'il veut faire.

Notez qu'il faut, avec certains chiens, de nombreuses répétitions avant de parvenir à vos fins. Et parfois, alors que vous avez répété des semaines pour obtenir un nouveau comportement, un autre comportement qui vous paraissait pourtant plus délicat, ne vous demande qu'une demi-journée.

### *d) Changer ce qu'il veut*

Changer ce qu'un chien veut obtenir est autrement plus complexe que changer la façon dont il veut obtenir quelque chose. C'est néanmoins tout à fait possible.

Walter, le chien de mon amie, est vraiment une crème de chien. Malheureusement, il est un tantinet froussard. Cela se remarque surtout quand mon amie le promène dans son lotissement, plein de petites rues avec de grands portails en bois : on ne peut pas voir ce qui se passe derrière. Alors Walter marche le plus loin possible des portails. Il tire (tout le temps ou presque). Mon amie a honte et mal au bras, mais ce n'est pas le plus grave : il tire et marche au bord du trottoir, risquant de se faire heurter par une voiture. Walter risque sa vie, et pourrait également provoquer un accident.

Si un chien se trouve derrière un portail, il se fige sur place, aboyant et refusant d'avancer. Pour qu'il ne veuille plus de la distance entre lui et les portails, mais qu'il accepte de marcher d'une façon plus sûre pour tous, il a fallu lui apprendre qu'il n'y a pas de raison d'avoir peur. Évidemment, un chien peureux comme ça ne peut pas apprendre du jour au lendemain qu'il n'y a pas de raison d'avoir peur. Il apprend donc progressivement à avoir de moins en moins peur. Le jour où il semble qu'il a nettement moins peur, c'est le jour où, au lieu de fuir, il est content.

En effet, il ne suffit pas de supprimer le comportement gênant. Sinon, seule la forme changera et pas le fond ! **Il faut changer ce que le chien ressent.**

Il faut modifier sa peur pour la transformer en une émotion différente : la joie. Transformer une émotion négative en émotion positive. **C'est**

**ainsi que le chien va vouloir autre chose.** Pour atteindre ce résultat, **il est impératif que le chien n'ait plus l'occasion de constater que ce qu'il fait fonctionne.** Pour Walter, qui a peur des portails derrière lesquels on ne voit rien, je supprime tout contexte dans lequel il a l'occasion de s'éloigner vers le bord du trottoir.

Je commence donc par une rue avec des portails à grille ou sans portail. Je lui apprends « tu as le choix » parce que « tout va bien ». Quel est son choix ? Pour commencer, c'est facile : il n'a qu'un seul choix, c'est de marcher près de moi ! C'est ce qu'il apprend. Il le fait déjà bien avec sa propriétaire à plein d'endroits qu'il trouve plus sûrs ; j'ai juste à peaufiner. Plus tard, il aura le choix de marcher près de moi ou de s'éloigner parce qu'il y aura à nouveau des portails. Oui, mais attention, à ce moment-là :

- Nous aurons déjà beaucoup travaillé la marche au pied en laisse dans des conditions optimum.
- La réintroduction des portails n'aura pas lieu en passant par la pire rue du quartier : c'est une rue dans laquelle il n'y a qu'un seul portail en bois et je m'éloigne du trottoir bien avant d'y arriver (je traverse la rue). Je m'arrête devant le portail, de l'autre côté de la rue. Walter le voit, mais n'a pas peur : il est trop loin pour avoir peur. Je fais en sorte que cet instant soit très plaisant. Je lui donne une friandise que m'a fournie mon amie, et je lui fais des papouilles et des mamours.

C'est une progression bien maîtrisée dont je donnerai d'autres exemples dans la Section 2 « Réussir la socialisation ».

Je répète cela pendant 12 jours. Et à partir du 13e jour, je ne traverse plus la rue pour éviter de grands portails opaques. Je marche juste à côté du trottoir pour ne pas être trop près. Walter a à peine tiré, ce qui lui a valu d'être rappelé près de moi avec une friandise à la clé. Marcher « normalement » (pour le chien = à moins d'un mètre de moi) lui vaut des récompenses. Il le fait quand rien ne lui fait peur, et un peu moins bien plus près d'un portail, mais bien mieux qu'au début.

Mon amie est là et observe le changement. Elle continuera seule et, après un mois (en évitant de passer par les rues où il y a effectivement un gros chien derrière un portail !), Walter a appris : passer devant un portail = bonbon suprême - le top du bonbon, celui qu'il n'a quasiment jamais en d'autres circonstances et qui est meilleur que les autres. Le portail est synonyme de quelque chose de fantastique.

Il n'y a que de cette façon qu'un chien peureux peut surmonter ses peurs. Même si c'est imparfait (c'est un chien, pas un robot programmable), c'est nettement mieux. Aujourd'hui, Walter marche normalement. Il s'éloigne de certains portails, mais, le reste du temps, il marche tout près de sa propriétaire qui veille bien à s'écarter des portails « à risque » (opaques et avec un chien derrière). En cas de « portail à risque », Walter ne se fige plus pour aboyer. Il continue d'avancer. Parce qu'« avancer » = grande satisfaction. Parce que cela s'est d'abord produit dans des conditions faciles pour lui.

Il ne veut plus obtenir la même chose qu'avant (distance). Il ne veut plus l'obtenir :

- Parce qu'il a vu, d'abord, que ce n'était pas la peine
- Parce qu'il y a mieux à obtenir (récompense pour marcher sans tirer).

Nous avons changé ce que veut Walter. Je ne vous cache pas que c'est parfois très long. Cela consiste à habituer un chien à réagir différemment en créant une nouvelle association, comme portail=bonbon. Avec une peur intense, il faut prévoir des semaines ou des mois parfois, pour que l'émotion change (et oui, il arrive qu'elle ne change jamais complètement). Les mots de jargon pour ceci sont *désensibilisation* et *contre-conditionnement* : 1) on enlève la peur, ce qui permet au chien 2) de faire autre chose que ce qu'il a l'habitude de faire (en théorie, parce qu'en pratique, ça peut se faire en même temps).

## D. Association

À travers ces exemples, j'ai mis en lumière une notion fondamentale, mais très simple et qui vous sera utile chaque jour avec votre chien : l'association.

Intégrer cette notion vous permettra d'être « armé(e) jusqu'aux dents » pour une bonne éducation, juste et respectueuse de l'animal ! Pour le chien, les éléments de son environnement, des personnes vivantes aux objets inertes en passant par les animaux ou les lieux, font naître des émotions.

Quelqu'un ou quelque chose est associé à une émotion.

**TOUT est associé à une émotion.**

Quand une émotion pose problème, elle est le plus souvent négative, comme la peur. Mais une émotion positive peut poser problème aussi quand elle s'exprime de façon trop intense. Quand ma chienne voit ma mère, elle est tellement contente qu'elle pleure, hurle et saute partout. Il n'y a aucune ambiguïté : c'est de la joie. Mais il y a un problème : ma mère se fait écorcher la peau des bras et des jambes et des pieds si elle porte une jupe et des sandales. (J'y travaille...).

Voici 3 exemples d'associations qui ont lieu dans la tête du chien : une qui se fait toute seule (à votre insu), une qui se fait par apprentissage et une qui se fait par apprentissage pour modifier une émotion déjà en place :

1- Tous les midis, l'un de mes lecteurs boit son café, fume sa cigarette et sort son chien. Inéluctablement. Le chien vient s'installer dans le panier de la cuisine depuis le panier du salon ou peu importe où il est, quand il entend la petite cuillère remuer dans la tasse à café. Il se lève au moment où son humain écrase sa cigarette dans le cendrier et va vers la porte d'entrée. Le chien a associé : café = sortie proche et cigarette finie = sortie imminente. Une émotion positive.

Désormais, si ce monsieur a le malheur de faire autre chose après avoir écrasé sa cigarette, comme aller aux toilettes ou passer un appel sur son portable, son chien est tout stressé.

2- Quand vous voulez apprendre le clicker à un chien, non pas « utiliser le clicker pour apprendre un ordre », mais bien apprendre au chien que le son du clicker signifie qu'il va recevoir une récompense, vous lancez des friandises par terre et vous appuyez sur le bouton du clicker pour faire le son « clic ». Le son « clic » ne signifie rien de spécial pour les animaux tant qu'on ne leur apprend pas à faire cette association. Après quelques répétitions, les chiens comprennent que « clic » = bonbon. Une émotion positive. On peut alors commencer à apprendre des choses à son chien avec le clicker.

3- Tous les week-ends ou presque, l'une de mes lectrices reçoit ses beaux-parents pour déjeuner. Pendant longtemps, son chien grognait sur son beau-père quand il entrait dans la maison et allait se coucher en baissant la tête. Pendant 2 ou 3 mois, ma lectrice a demandé à son beau-père de venir avec une balle et de la lancer à son chien (très joueur) quand il entre dans la maison. Le chien a associé : beau-père = on joue. Une émotion positive a remplacé une émotion négative.

Enfin, plus haut, je vous parlais d'**associations indirectes**, un piège sournois. C'est quand vous voulez apprendre une association à votre chien et qu'en fait, parce que plusieurs choses se passent au même moment, votre chien fait une tout autre association.

C'est particulièrement fréquent lorsque quelqu'un a recours à des choses désagréables pour renforcer ou atténuer la fréquence d'un comportement, avec la punition et le renforcement négatif. Par exemple (punition positive ici) : quelqu'un donne un coup sur la laisse pour que son chien arrête de tirer. La personne pense que son chien va comprendre que *tirer = douleur* donc, il va arrêter de tirer. Peut-être bien que le chien commence à moins tirer en laisse, mais il a fait une autre association : mon humain est synonyme de souffrance. Il peut faire toutes sortes d'associations. Par exemple, il peut comprendre que tirer = douleur et que mon humain = douleur mais aussi qu'endroits x et y = douleur, si le coup sur la laisse se produit à endroits x et y, chaque jour, parmi d'autres associations possibles.

Mais puisque l'humain est toujours là, peu importe l'endroit et ce qu'il s'y passe, la probabilité que se produise l'association *humain = douleur* est forte. Ceci a été maintes fois démontré dans des études avec des chiens et permet d'expliquer, en bonne partie, pourquoi les chiens avec lesquels vous utilisez la violence se mettent à avoir peur de vous et vous évitent ou vous menacent (au cas où certains auraient besoin de preuves pour s'en assurer !).

### E. Réflexe versus Apprentissage

C'est une différence majeure qu'il vous faut connaître. Walter s'écartait des portails par réflexe. S'il marche normalement la plupart du temps maintenant, c'est grâce à l'apprentissage.

Certains problèmes secondaires se règlent vite avec ce qu'on appelle le « conditionnement classique ». Le conditionnement classique est différent du conditionnement opérant dont je vous parlais plus haut : vous savez, cette théorie selon laquelle le comportement est une réponse à une motivation, que ce soit pour obtenir quelque chose de sympa ou éviter quelque chose de moins sympa. Le conditionnement classique est une histoire de réflexes d'habitude. On dit aussi « réflexes acquis » en opposition aux réflexes innés[11].

Je dis « t'as faim ? » à ma chienne tous les soirs avant de lui donner son repas pendant 2 ou 3 jours. Elle comprend vite que « t'as faim ? » est un signal signifiant qu'elle va manger. Quand je dis « t'as faim ? », elle a le réflexe de sauter du canapé ou de vite rentrer du jardin.

[11] J'ai acquis le réflexe d'appuyer sur la pédale de frein au feu rouge. Mais quand ma pupille se rétracte à la lumière, c'est un réflexe inné.

Toutefois, les réflexes ne suffisent pas à bien éduquer un chien. Il faut, pour autant de comportements que possible, **que votre chien prenne sa propre décision d'agir de telle ou telle façon, parce que c'est ce qu'il a appris à faire.** C'est bien plus sûr. C'est ce qui s'est passé dans les exemples que je vous ai donnés précédemment. C'est un comportement, c'est intentionnel – contrairement au réflexe qui n'est pas une intention, juste une réaction !

Imaginez : j'apprends à conduire et, au lieu de m'apprendre à m'arrêter au feu rouge, mon moniteur d'auto-école oublie totalement cette partie du programme. Quand je vais prendre le volant, je vais vite comprendre qu'il faut freiner au feu rouge, vu qu'il arrive des voitures de tous les côtés. Mais comme je ne l'ai pas appris, je vais le faire à la dernière minute : mince, j'avais oublié ! Je vais le faire aussi parce que l'environnement m'oblige à le faire. Cela dépendra des circonstances. C'est ce qui se passe avec les chiens qui n'ont que des réflexes.

Tous les problèmes que nous avons avec nos chiens ne mettent pas forcément les personnes ou les autres chiens en danger. Mais dans tous les cas, les « mauvais » comportements du chien n'ont qu'un seul et unique avenir : ils dégénèrent. Ils peuvent vous obliger à modifier vos habitudes ou votre maison, et vivre votre chien comme une contrainte. Ils peuvent vous pourrir la vie, vous faire ressentir de la peine, de la culpabilité, de l'agacement ou encore de la honte. **Si vous ne modifiez pas les comportements indésirables et que vous vous contentez de**

**créer des réflexes d'habitude, ils recommenceront encore et encore.**

Vous pouvez apprendre à votre chien à vouloir autre chose que ce qu'il veut actuellement. Vous pouvez apprendre à votre chien une autre façon d'obtenir ce qu'il veut. Vous pouvez le faire sans rien utiliser d'autre que la motivation agréable (tu fais ce que je veux, tu auras ce que tu veux). Vous pouvez vous passer de motivations désagréables comme les menaces (punition positive) et le chantage (punition négative). Vous pouvez vous passer de la force physique.

Vous développez une relation plus forte, plus solide, plus belle, plus juste et plus humaine que toutes ces personnes qui vous disent qu'en utilisant le renforcement positif :

- Vous sous-estimez les capacités intellectuelles de votre chien
- Vous êtes faible parce que vous n'êtes pas capable de vous faire obéir sans nourriture
- Vous êtes trop gentil.

Oubliez intelligence et bêtise, force et faiblesse, méchanceté et gentillesse. Ces concepts ne vous sont d'aucune utilité directement pour l'éducation.

La gentillesse… Je vais préciser ce point tout de même. Vous vous montrez gentil(le) par amour et c'est tout naturel, je fais pareil. Mais n'oubliez pas que cela n'aide pas fondamentalement à éduquer un animal. Cela vous permet de créer un cadre de confiance efficace, mais pas à apprendre. Ici, je mets donc en opposition les mesures concrètes d'apprentissage aux câlins, bisous et

« permissions » de faire ceci ou cela parce qu'il le « mérite » ou encore parce que « je pense qu'il me sera reconnaissant en retour ». Je suis gentille avec les animaux et vous l'êtes aussi, j'en suis sûre, mais il s'agit maintenant d'être réaliste. Ils ne communiquent pas comme nous.

Si vous voulez vraiment vous faire comprendre, il faut probablement oublier certains codes et en adopter de nouveaux. Par exemple, ce n'est pas parce que vous parlez gentiment à un chien (cela, je vous invite à le faire, mais pas dans le but « d'éduquer » !) ou que vous lui donnez des gourmandises à table qu'il semble désirer tellement fort (cela, je vous invite à ne plus du tout le faire, car c'est vraiment mauvais pour sa santé !), que votre chien va se montrer coopératif en retour.

Votre chien est innocemment égoïste : il agit dans son intérêt, comme tout autre animal – intérêt qui est de satisfaire ses besoins, de manger, de se protéger, d'être caressé... Ses besoins sont multiples. Il est doué d'intelligence et d'émotions, mais il est un animal et vous êtes un être humain. Votre intelligence et vos émotions sont biologiquement plus complexes. Cela ne fait pas de vous un être « supérieur ». Cela fait juste de vous un humain responsable d'un animal.

Considérer que votre chien est un égoïste ne vous empêche pas de l'aimer. N'oubliez pas : il ne sait même pas ce que signifie « être égoïste » ! Cela vous rappelle simplement que c'est un animal qui ne fonctionne ni ne communique comme vous.

Le chien a des capacités d'apprentissage phénoménales. Il est parfois victime de ses instincts et de ses émotions qu'il ne contrôle pas. Il est aussi parfois victime aussi de ses sens. Certains chiens plus que d'autres. Votre chien ne fait jamais rien pour vous mettre en colère, vous manipuler ou vous amadouer, contre toute apparence. Il ne fait que ce qui fonctionne pour avoir ce qu'il veut. Ne l'oubliez plus jamais.

Sans votre aide, votre chien ne pourra jamais savoir comment faire pour demander différemment ou vouloir obtenir autre chose. Pour cela, il vous faut également connaître la règle numéro 1 pour bien éduquer un chien. J'en ai parlé dans mes exemples avec Walter. On a parfois l'occasion de le faire 10, 100, 1000 fois par jour. Plus on le fait, mieux on atteint nos objectifs.

### F. Anticiper

Que signifie « anticiper » ? Cela veut dire prévoir, supposer ce qui va arriver et adapter sa conduite à cette supposition (Dictionnaire Larousse). Votre chien, lui, il fait cela tout le temps. Il est extrêmement habile pour prévoir ce que vous allez faire. C'est pour cela qu'il s'est si bien adapté à vous. De quoi votre chien a-t-il besoin pour anticiper ? Cette question est intéressante parce que vous aurez plus ou moins besoin des mêmes choses pour mieux anticiper avec lui.

- Il a besoin de comprendre les messages que vous lui envoyez

- Il a besoin d'analyser des éléments qui ne vous concernent pas directement, des éléments du contexte.

***Il a besoin de comprendre les messages que vous lui envoyez.*** Si vous êtes trop imprévisible, votre chien ne sait jamais vraiment ce que vous allez faire ni ce que vous voulez qu'il fasse. Mais si vous dites ou faites la même chose tous les jours pour obtenir quelque chose de sa part, il est facile pour lui de « prévoir et adapter sa conduite ». Exemple. Vous ne mettez vos grosses bottes à crampons que pour aller au jardin. Votre chien va vous attendre derrière la porte qui donne sur le jardin au moment même où vous sortez les bottes du placard. Vous ne l'avez pas fait exprès, mais vous lui avez appris que bottes = on va au jardin.

Agir ainsi est plus facile pour le chien que pour nous. En effet, s'adapter à nos messages est vital pour lui et instinctif. Mais nous aussi, nous pouvons parvenir à mieux comprendre les messages qu'envoient nos chiens.

***Il a besoin d'analyser des éléments qui ne vous concernent pas directement.*** Il existe des milliards d'exemples permettant d'illustrer comment un chien peut déduire ce qui va se passer. Mais remettons nos bottes à crampons. Quand vous mettez vos grosses bottes à crampons, parfois c'est pour aller au jardin et, parfois, c'est pour aller bricoler dans le garage. Votre chien a un grand intérêt à vous suivre au jardin, mais pas au garage, où vous faites généralement beaucoup de bruit avec la perceuse, la visseuse, la ponceuse... et où, en plus, vous ne vous occupez jamais de lui.

Il lui arrive peut-être de se tromper, mais la plupart du temps, il ne se met pas derrière la porte du jardin quand vous avez décidé d'aller bricoler. Peut-il lire dans vos pensées ???

Non, il observe d'autres éléments. Souvent, ces éléments nous échappent et nous avons l'impression que nos chiens ont un sixième sens. Par exemple, il a compris que vous n'allez pas au jardin si vous avez mis de vieux habits que vous ne mettez que pour faire du bricolage (entre autres éléments peut-être, ce n'est que pour l'exemple).

Et vous, de quoi avez-vous besoin pour anticiper ? Pareil :

- Vous devez mieux connaître son langage pour prévoir ce qu'il va faire. Le meilleur exemple est l'apprentissage de la propreté. Il nécessite de beaucoup anticiper ! Ce n'est qu'un exemple parmi d'autres, mais apprendre la propreté à son chiot est l'initiation parfaite à ce qui fera partie de la vie quotidienne pour les 10 ou 15 prochaines années : les mouvements, postures, sons, regards, etc. de votre chien, peuvent vous indiquer ce qui est le plus susceptible de se produire. Anticiper demande de connaître un minimum le langage du chien et d'être observateur, parce que chaque chien est différent et que les signaux qu'il envoie dépendent du contexte dans lequel il se trouve. Quand il a envie de faire pipi, votre chien tourne en rond (parmi d'autres possibilités). Anticiper consiste, dans ce cas, à ne pas attendre le moment où il tourne en rond.

- Vous devez analyser d'autres éléments que votre chien lui-même. Le comportement de votre chien ne dépend pas que de sa race ou son passé. Il dépend d'une combinaison de multiples éléments : son environnement (qui comprend lui-même de multiples éléments !), des prédispositions, des apprentissages... **Si vous vous focalisez uniquement sur votre chien, des éléments importants peuvent vous échapper quand vous avez un problème.** C'est souvent la raison pour laquelle l'on pense à des choses compliquées avant de penser à des choses simples, comme anticiper un peu plus, ou que l'on ne parvient à envisager aucune solution. En effet, son caractère, son passé, sa race... ne sont pas les seuls éléments ; ils ne sont même pas des éléments importants pour trouver une solution à un problème. Pour mieux comprendre : votre chien sait que vous allez bricoler grâce aux habits que vous portez quand vous allez chercher vos bottes à crampons. Ce n'est pas parce que vous avez la passion du bricolage transmise par votre père qui la tenait lui-même de son grand-père, etc.

Pour éduquer son chien, il est possible d'anticiper énormément, pas seulement sur ce qu'il s'apprête à faire là, maintenant, tout de suite. Il arrive même qu'en évitant que quelque chose se produise, un « mauvais » comportement s'éteigne de lui-même.

Pour cela, il est nécessaire de maîtriser les facteurs qui déterminent son comportement. C'est par exemple possible si votre chien, fasciné par la litière du chat, n'y a plus physiquement accès. Un peu de sport ou plus de divertissement, et votre chien, qui n'a plus l'occasion de renifler la litière, oublie que ce qu'il y a dedans se mange. Il ne fait pas cela parce qu'il est sale, désobéissant ou que c'est un loup qui s'ignore.

Il le fait surtout parce que c'est possible.

Anticiper permet souvent de rendre le « possible » impossible.

Les « bêtises », les fugues, les bagarres et aussi les accidents. Vous ne pouvez pas tout prévoir. Il arrive des « bêtises », des fugues, des bagarres et des accidents aux gens très, très vigilants, hyper-prévoyants et qui connaissent bien le chien, son langage et ce qui détermine son comportement. Mais si vous avez des ennuis avec votre chien, vous devriez sans doute anticiper plus souvent ce qu'il va faire. Sans compter qu'anticiper permet aussi de faire quelque chose d'absolument crucial pour éduquer son chien : le récompenser pile au bon moment.

### G. Mieux connaître le langage de votre chien

Le chien communique d'une façon plus complexe qu'il n'y paraît. Beaucoup de gens pensent que le chien est un animal facile à décrypter. Ceci vient en partie du fait que, depuis des générations, son comportement est expliqué en fonction du comportement du loup, et en partie du fait que ses mouvements, mimiques, expressions (surtout de la face) sont similaires aux nôtres. Mais très souvent, ces signaux de communication, qui nous rappellent ce que nous faisons nous-mêmes, ne signifient pas la même chose pour le chien. De plus, leur signification peut changer selon les circonstances (le contexte).

Le chien n'est, en réalité, pas plus facile à comprendre qu'un chat. Si cette affirmation vous heurte, procurez-vous un livre moderne (qui ne fait pas référence au loup !) sur le langage du chien. Ce que je viens de vous dire ne vous choquera plus, vous pouvez me croire. **La plupart du temps, nous interprétons les messages que le chien envoie comme bon nous semble.** Parfois nous visons juste, parfois non !

Voici 5 éléments qui peuvent vous aider à mieux appréhender le langage du chien et à vous méfier de ces plaquettes qui vous présentent des postures affirmant que telle ou telle action du chien a nécessairement telle ou telle signification. Ce n'est pas cela, le langage du chien.

### *a) Le contexte*

Au-delà d'un ensemble de signaux qu'il envoie avec des postures et différentes parties de son corps, votre chien communique principalement en fonction des contextes. Le contexte est indissociable des signaux envoyés par votre chien : quand, où, que se passe-t-il, qui est présent... Il est même parfois possible de tenir compte du temps qu'il fait, de l'heure de la journée... Et rappelez-vous que certains éléments nous échappent totalement, comme les messages que les chiens s'envoient avec leurs hormones ou encore les odeurs que seul votre chien peut sentir.

Ces contextes peuvent modifier le sens de ce que vous observez, ou même changer complètement le message envoyé.

Exemple : votre chien tourne la tête. Il a peut-être vu quelque chose, mais dans certains contextes, il le fait pour « dire » : je ne souhaite pas de contact avec toi dans l'immédiat. Renifler le sol peut aussi signifier cela. Tout comme plein d'autres choses que fait le chien. Mais pas dans tous les contextes systématiquement.

### *b) Les comportements appris*

N'oubliez surtout pas cet élément essentiel : certains comportements se reproduisent parce que nous les encourageons sans même nous en rendre compte. Tous les chiens peuvent faire certaines choses, mais certains ne le font jamais ou seulement quand ils sont petits – ou quand ils arrivent chez vous adultes, après avoir vécu avec quelqu'un d'autre. Ensuite, le comportement disparaît, car il n'a pas été encouragé.

Exemple : votre chien vient toujours mettre son museau sous votre bras pour le soulever quand vous êtes en train de lire sur votre canapé. Il comprend que ce comportement lui est utile : vous le caressez. Vous lui apprenez, sans vous en rendre compte, que vous empêcher de lire est ce qu'il faut faire alors que vous aimeriez qu'il apprenne le contraire.

On apprend, de cette façon, beaucoup de choses à un chien... sans le vouloir ! Et on se demande : mais pourquoi fait-il ça ? Nous pouvons ainsi encourager un chien à reproduire un comportement à cause d'un simple mouvement de réflexe que nous avons jour après jour.

### *c) Les messages ambigus*

Les signaux que le chien envoie ont globalement 3 buts :

- Montrer qu'il est d'accord ou pas d'accord pour un rapprochement ou un contact (physique, mais parfois aussi olfactif, etc.)
- Apaiser ou s'apaiser lui-même
- Se défendre ou défendre ce qui lui est cher.

Hélas, c'est loin d'être aussi simple. D'abord, le chien peut se tromper. Par exemple, il peut vouloir se défendre contre quelqu'un qui s'approche de lui alors que cette personne ne lui veut aucun mal.

De plus, le chien peut envoyer des messages ambivalents, voire contradictoires.

Exemple : un chien grogne en montrant ses crocs, mais en mettant ses oreilles en arrière. Il envoie à la fois un signal d'agression et un signal destiné à apaiser. Il est dans le doute.

### *d) Le spécimen*

Le langage du chien dépend beaucoup du spécimen lui-même (de chaque chien). Une part de génétique est responsable de sa façon de communiquer. Mentionnons aussi ce qu'il a vécu dans ses premières semaines de vie, mais également l'environnement auquel il s'est adapté. Tant de facteurs rendent un chien unique.

Exemple : certaines races de chiens utilisent plus leur voix que d'autres. Mais un chien peut « vocaliser » de façon excessive, essentiellement parce qu'il a été encouragé à le faire. À l'inverse, un chien d'une race réputée pour vocaliser peut utiliser sa voix moins que prévu par le standard officiel, notamment si l'environnement dans lequel il vit ne nécessite pas d'utiliser sa voix. Dans ce cas, le fait de ne pas aboyer s'apparente à un comportement appris, à la différence que ce n'est pas forcément directement avec vous. Ainsi, dans un environnement pauvre en stimuli (par exemple une maison calme, sans enfants et sans autres animaux, etc.), un beagle ou une autre race réputée pour vocaliser peut très bien ne jamais avoir de raison d'aboyer.[12]

### *e) Vous !*

Nul doute que de meilleures connaissances nous aident à mieux comprendre les animaux en général. Cependant, mieux communiquer avec son chien ne dépend pas que de théories scientifiques ou d'une encyclopédie de postures.

---

[12] Je simplifie pour l'exemple. C'est, en fait, un peu plus complexe. Le langage du chien est vraiment un sujet complexe !

Mieux communiquer avec son chien dépend aussi de :

- L'attention qui lui est portée au quotidien
- La patience dont on fait preuve
- La volonté de pourvoir à son besoin – vital – de se sentir en sécurité chez lui.

La compréhension du chien dépend donc aussi du respect de l'animal, de l'amour et de la confiance qu'il y a entre vous. Bien souvent, les erreurs apparaissent lorsque trop d'importance est accordée à l'un ou l'autre de ces 5 éléments.

Nous sommes encore trop nombreux à :

- Ne pas tenir compte du contexte et nous référer systématiquement à des postures.
- Oublier que c'est surtout en vivant avec nous que nos chiens apprennent la manière dont ils doivent se comporter.
- Considérer que les messages qu'ils envoient sont toujours simples et dénués d'ambiguïté.
- Nous baser uniquement sur la race ou nous en remettre à ce qui s'est passé dans leurs deux/trois premiers mois – ou dans la « vie d'avant » pour un chien adopté adulte.
- Nous fier uniquement à un livre, une théorie, un auteur[13], en négligeant nos

[13] Mon livre n'échappe pas à cette règle : ne prenez pas tout ce que vous lisez pour acquis. Je vous donne des outils de compréhension pour que vous puissiez vous faire un peu

propres observations et notre ressenti – l'inverse est tout aussi risqué.

### H. Les éléments déterminants pour réussir

Le comportement de votre chien dépend d'un ensemble complexe de facteurs. Plus vous pouvez identifier de facteurs influençant un comportement donné, mieux vous allez vous en sortir. Je vous rappelle que pour ce faire, cela se passe « ici et maintenant » : là où cela se produit, au moment même où cela se produit. Pas dans les livres, ni dans le passé, ni dans votre imagination – je ne vous blâme pas, j'ai moi-même une imagination débordante ; je voudrais vous montrer qu'il n'est pas nécessaire d'être docteur en sciences du comportement et encore moins en génétique, pour avancer vers la réussite.

**À la question « pourquoi mon chien fait ceci ou cela ? », il n'y a que rarement une seule et unique réponse. Or, pour trouver des solutions à nos problèmes, nous avons globalement tendance à nous focaliser sur une seule cause : le chien**.

Son caractère (exemple : il ne revient pas au pied parce qu'il est têtu), son passé (exemple : il grogne sur les autres chiens parce qu'il s'est fait agresser quand il était petit), sa race (exemple : il court après les chats parce que c'est un terrier) ne

---

plus confiance. Votre chien est unique. Vous êtes unique. Votre relation avec lui est unique !

sont pas les seuls facteurs possibles, ni même les plus importants.

Le lieu, les signaux envoyés par les différentes parties du corps, la taille des chiens en cas de problèmes de socialisation et la distance à laquelle un chien commence à réagir, le mouvement/l'immobilité d'un animal ou d'une personne, le nombre d'animaux ou de personnes présentes... ce sont des éléments généralement très importants même s'il y en a d'autres - des facteurs qui s'appliquent à tous les chiens et également des facteurs qui dépendent de chaque chien.

Lorsque vous analysez ces éléments, il n'est pas toujours primordial de comprendre le « pourquoi ». Du moment que vous avez repéré les éléments qui contribuent à un contexte facile pour l'apprentissage, ou ne serait-ce que pour obtenir l'attention de votre chien dans un premier temps, c'est un pas vers l'amélioration du comportement.

Voici un exemple qui, je l'espère, sera parlant.

Trois mois environ après l'arrivée de ma chienne dans ma vie, je me suis installée pour quelque temps à proximité du centre-ville d'une grande ville. Il y avait, dans ce quartier très populaire, des personnes Sans Domicile Fixe à tous les coins de rue. Ma chienne s'approchait systématiquement de ces hommes assis sur les trottoirs. Toutes les personnes à qui j'ai parlé de ce phénomène, m'ont dit qu'elle avait dû vivre avec un « SDF » avant d'atterrir à la fourrière. A priori, cela ne faisait aucun doute. Puis j'ai remarqué qu'il ne s'agissait pas du tout des SDF eux-mêmes.

Dès lors que quelqu'un était assis par terre, elle se mettait dans tous ses états. C'était on ne peut plus flagrant avec les SDF et ils étaient remarquablement nombreux. Mais il n'y a pas que les SDF qui s'assoient par terre dans la rue.

C'est plus rare, et c'est pour cela que je ne l'ai pas remarqué tout de suite, mais il y a aussi des groupes d'adolescents qui le font. Je l'ai toutefois remarqué un peu plus rapidement avec les employés municipaux, les ouvriers du bâtiment et les géomètres, qui sont les autres personnes pouvant être assises ou accroupies en ville.

Si j'ai mis du temps à faire cette observation, c'est essentiellement parce que j'étais obnubilée par cette histoire de SDF. Par ailleurs, ma chienne qui ressemble tout à fait à un chien des rues, avait un succès fou auprès d'eux et j'ai eu maintes fois l'occasion de m'arrêter pour discuter, de chiens, évidemment - et nombre de SDF sont intarissables sur le sujet. Ainsi, j'étais comme emportée dans une espèce de spirale de pensées et ne faisais qu'imaginer sa vie d'avant, compatir au sort de ces hommes et m'émouvoir sur les liens qui les unissent à leurs chiens... Mes amis, les SDF eux-mêmes, le physique de ma chienne et son comportement : tout me poussait à n'envisager que cette hypothèse qu'elle venait de la rue.

À quoi servait cette hypothèse ?

À rien.

Je ne me souviens pas exactement de ce qui a provoqué le déclic mais il me semble que c'est au fil de mes lectures que j'ai commencé à comprendre.

**Alors, j'ai cessé d'imaginer son passé et je me suis concentrée sur les éléments concrets que j'avais à ma disposition.**

Bien plus que les questions « D'où vient-elle ? Qu'a-t-elle pu vivre avant ? Appartenait-elle vraiment à quelqu'un qui vivait dans la rue ? », ce sont les questions suivantes (et bien entendu, leurs réponses !) qui m'ont aidée à atténuer ce comportement :

1- Avec quelle personne assise ou accroupie qui se retrouve donc à sa hauteur, ma chienne a-t-elle **de moindres réactions** (ne s'approche pas tout de suite, ne s'approche pas trop près, ne se met pas à gigoter follement) ? Réponse : surtout les personnes en train de manipuler un outil qui fait du bruit, assez souvent les personnes qui portent un gilet fluorescent ou un uniforme, parfois les adolescents s'ils sont calmes et pas tout à fait assis par terre mais sur un rebord ou un muret.
2- Quelle est **la première chose** qu'elle fait dans ce cas ? Réponse : elle tire un peu sur la laisse en avançant son museau ou s'arrête pour remuer la queue mais en restant à bonne distance.
3- A quel moment est-il **trop tard** pour intervenir (elle entre en transe !) ? Réponse : au moment où la personne la regarde ou me regarde.

Très honnêtement, je ne peux pas m'expliquer précisément les causes de ce comportement. Malgré tout, je suis parvenue à l'atténuer. À chaque fois que je me retrouvais dans cette situation, j'ai, dans **une première phase**, rassuré ma chienne avec une caresse, ou une friandise quand la réaction était vraiment très faible et j'ai commencé à éviter les situations à risques (le plus souvent en changeant de trottoir) ou bien à l'ignorer totalement à défaut de pouvoir faire autre chose si jamais cela devait se produire malgré ma vigilance.

Dans une **deuxième phase**, peut-être bien deux ou trois semaines plus tard, j'ai commencé à la rappeler vers moi et je ne poursuivais mon chemin que lorsqu'elle était revenue - alors qu'au début, j'avais plutôt tendance à vouloir accélérer le pas et j'ai même tiré sur la laisse à plusieurs reprises, notamment lorsqu'elle s'approchait de personnes fortement alcoolisées. Lorsqu'elle revenait, elle avait une récompense, peu importe si j'avais dû insister plusieurs fois. Dans une **troisième phase**, j'ai introduit « on y va » au moment de repartir.

La **quatrième et dernière phase** a été découpée en plusieurs étapes : je répète ce processus (reviens vers moi – récompense – on y va) avec les personnes qui portent un gilet fluorescent ou un uniforme, les adolescents calmement assis sur un muret, et dans tout un tas d'autres situations en allant progressivement **vers celles qui la mettent dans tous ses états.**

Au final, ma chienne ne réagit plus lorsque nous croisons une personne ou un groupe de personnes assise(s) ou baissée(s). Il reste des situations délicates (auxquelles elle ne résiste pas, et veut s'approcher), par exemple toute personne en train de réparer une voiture va systématiquement l'intriguer. Mais pour ce qui se produit le plus souvent, j'ai un certain contrôle de la situation.

J'aimerais vous donner de nombreux autres exemples mais je m'arrête ici. Il y a des comportements que je ne m'explique pas. Il y a un grand nombre de choses que j'ignore à propos de cette chienne et peut-être bien que cela pourrait m'aider. Mais ce qui m'aide le plus, c'est indubitablement d'observer les éléments déterminants d'ici et maintenant, les choses les plus concrètes qui se produisent sous mes yeux pour tourner certains contextes à mon avantage et me donner toutes les chances de réussir.

S'il est vrai que l'on peut faire les mauvais choix par manque d'information sur les fondamentaux du comportement canin et sur le langage du chien, on ne peut pas se tromper si l'on identifie clairement les facteurs de réussite et si l'on procède d'une façon progressive pour amener le chien à se comporter différemment.

### I. Comment tu t'appelles ?

**C'est un vrai problème que d'utiliser le nom de son chien au lieu de lui dire quoi**

**faire.** Le nom du chien devient alors totalement inutile. Pour votre chien, c'est un mot qu'il entend tout le temps et qui ne signifie absolument plus rien. Alors que si vous l'utilisez uniquement pour obtenir son attention, son nom a du sens.

Imaginons que je passe une journée avec une personne qui s'appelle Marie. Elle conduit un peu vite et, dans sa voiture, à chaque virage, je m'écrie « Marie !! » Elle me dit qu'elle veut arrêter de fumer et, à chaque fois qu'elle allume une cigarette, je déplore « Mariiiiie... ». J'ai mal à la gorge et quand elle ouvre la fenêtre, je dis « Maaariiie ? ». Je l'invite au restaurant et lorsque nous regardons le menu, je demande « Marie ?! »...

Dans certaines situations, Marie peut comprendre ce que j'exprime. Elle peut comprendre que je lui dis de ralentir sur la route, que je lui reproche de fumer et d'ouvrir la fenêtre. Mais qu'ai-je voulu lui dire au restaurant ? Je suis la seule à le savoir. Qu'est-ce que tu veux commander ? Regarde les prix comme ils sont élevés ? As-tu remarqué qu'il n'y a pas de menu végétarien ?

Tout comme il ne s'agit pas d'une façon adéquate de communiquer avec quelqu'un, ce n'est pas une façon adéquate de communiquer avec votre chien. Dans certaines situations, il comprend, mais pas dans toutes les situations. Son nom est devenu un ordre. Cet ordre ne peut pas fonctionner pour tout. Ainsi, vous dites que votre chien ne vous écoute pas, mais en réalité, vous avez rendu cela impossible !

Si votre chien s'appelle Max, ne dites pas « Max ! » quand vous voulez dire « ça suffit ! » ou « au pied » ou « tais-toi » ou « assis »... **Prenez tout de suite l'habitude de dire son nom puis de donner l'ordre.** Dites « Max ! Ça suffit ! », « Max ! Au pied ! », « Max ! Tais-toi ! » ou « Max ! Assis ! »...

### J. Les sens de votre chien

Je vais terminer cette partie « Votre chien est un égoïste » par un très bref aperçu des sens de votre chien. Vous devez toujours en tenir compte. Ils doivent faire partie de votre réflexion pour trouver des solutions à vos problèmes de comportement. Ils font partie de ce qu'est votre chien, avec ses instincts, sa morphologie, ses hormones... Ici, je vous propose quelques généralités pour vous faire une meilleure idée du monde dans lequel vit votre chien mais, selon sa race, votre chien a peut-être des spécificités sensorielles qu'il vous faut mieux connaître.

**Lorsque vous connaissez mieux ses sens, vous comprenez mieux... tout un tas de choses bizarres que peut faire votre chien !**

#### *a) Toucher*

Chez le chien, le sens du toucher est similaire au nôtre car il a aussi des terminaisons nerveuses et il ressent la douleur. Il y a toutefois des différences, notamment le fait qu'il lèche pour obtenir des informations sur une personne, un chien, un objet... - pour analyser tout ce qu'il y a dessus. Rappelez-vous toujours que le langage du chien dépend fortement du contexte ; lécher peut aussi être une simple marque d'affection.

Le chien a besoin d'être touché, mais pas comme nous. Nous sommes habitués à serrer des mains, prendre ceux que nous aimons dans nos bras, les taper dans le dos etc., tandis que le chien se sert bien moins de ce sens du toucher pour exprimer son affection (nous sommes habitués culturellement mais aussi naturellement, parce qu'utiliser ses mains/ses bras, c'est un comportement de primates). Le chien, lui, **s'approche ou garde ses distances**. Vous pouvez rester à côté de quelqu'un que vous n'appréciez pas, par exemple dans le métro. Et vous pouvez témoigner votre affection à quelqu'un qui se trouve à l'autre bout de la planète, par exemple par téléphone. Le chien ne fonctionne pas de cette façon.

Ainsi, une grande différence entre le chien et l'humain, se trouve « en amont » du toucher, dans la notion de distance/proximité. Proximité/distance : c'est une notion fondamentale à maîtriser pour bien éduquer son chien et développer une relation de confiance avec lui. Observez quand votre chien veut un rapprochement ou de la distance ; essayez d'en tenir compte et s'il est nécessaire qu'il se laisse approcher et/ou toucher et qu'il ne veut pas OU s'il est nécessaire qu'il s'éloigne et ne veut pas, optez toujours pour une solution sans force et sans violence, quitte à ruser mais sans jamais le trahir (par ex., vous pourriez perdre sa confiance si vous agitez un bout de jambon sans le lui donner alors qu'il est venu !).

Autre chose de très important, à mon avis. Le chien a des vibrisses, ces « moustaches » sur le museau et dessous, pour s'orienter dans l'espace, mais aussi pour le sens du toucher. Parce que les informations reçues par le cerveau du chien sont en grande partie issues de ce que perçoivent ces vibrisses, la face du chien est un endroit du corps extrêmement sensible. C'est pour cette raison qu'il ne faut pas trop caresser un chien sur le museau, lui taper sur la tête ou approcher son visage de très près. Ceci n'est jamais agréable pour un chien qui, souvent, tourne la tête (exactement comme pour dire « je ne veux pas ») ou détourne le regard. Evidemment, ce n'est pas dramatique de lui toucher la truffe de temps en temps et beaucoup de chiens aiment les papouilles et gratouilles sur le crâne ! Certains s'habituent même aux bisous.

Mais d'une façon générale, la face n'est vraiment pas le meilleur endroit pour exprimer votre affection à votre chien. Soyez attentif à ses réactions quand vous le touchez à tel ou tel endroit : vous allez trouver les meilleurs endroits de son corps pour le gratter, le caresser, lui donner une tape amicale ou lui faire des bisous si vous ne pouvez pas vous en empêcher.

**Le toucher est le sens du chien le plus méconnu et le moins respecté, en général, par les humains.**

### *b) Odorat*

Le chien possède 100 millions à plus de 200 millions de cellules olfactives selon les races. Nous en avons 5 millions. Nous les humains, nous sommes vraiment nuls en cellules olfactives ! Non seulement peuvent-ils sentir mieux que nous et de très loin, mais en plus, les chiens détectent des odeurs spécifiques parmi plein d'autres odeurs. Ça leur permet, par exemple, de sentir de bonnes choses dans les poubelles ou les déjections... et, plus glamour peut-être, de sauver des vies ou détecter de la drogue ou des bombes. Les chiens sentent des maladies comme le cancer. Les cellules cancéreuses ont un biomarqueur que le chien peut détecter (et signaler avec un dressage spécifique). Comme le taux de glycémie chez les diabétiques ou les crises d'épilepsie : on a déjà mis en place des programmes dans plusieurs pays pour que des chiens détectent tout cela et le signalent visuellement (par ex., on leur apprend à s’assoir s’ils ont senti un truc).

**L’odorat du chien est si développé que si nous avions ce nez, franchement, le monde nous serait totalement insupportable.**

### *c) Ouïe*

Il faut savoir que l'oreille humaine perçoit les sons les plus aigus jusqu'à 20 000 Hz et le chien lui, les perçoit jusqu'à 60 000 Hz (à peu près). Concrètement, cela rend votre chien sensible aux aigus et notamment à une voix plus aiguë, qui peut souvent servir à capter son attention plus facilement.

Le chien fait bouger ses oreilles pour capter les sons plus éloignés et aussi les sons plus bas, imperceptibles pour l'homme (c’est plus difficile avec des oreilles tombantes !). Il repère les sons un peu comme les odeurs : il distingue un son parmi d'autres, ce que nous ne pouvons pas faire aussi bien. C'est ça, son vrai talent auditif : détecter des bruits parmi d'autres.

C'est pour cela que l'on dit que le chien entend bien mieux que nous, même si ce n'est pas tout à fait exact. Dans de nombreuses circonstances, votre chien va entendre à peu près les mêmes choses que vous en termes de volume. En revanche, il peut isoler ce que vous ne percevez pas, comme la voix d'une personne connue parmi un brouhaha.

### *d) Vue*

Le chien a un type de cône en moins que l'homme dans l'œil : il ne perçoit pas la différence entre le rouge et le vert mais en fait, je crois qu'on n'est pas encore sûr si c'est leur cerveau qui traite les couleurs différemment ou si c'est vraiment leurs yeux qui ne voient pas les couleurs comme nos yeux. Le chien perçoit des choses à la télé, depuis que les télés d'aujourd'hui ont un mode plus rapide de transmission des images.

On sait que le chien voit les couleurs mais pas aussi bien que l'homme. Egalement, le chien voit un peu sur les côtés. On pense que le chien ne voit pas tellement mieux que l'homme dans le noir et qu'il voit un peu flou ou perçoit moins bien les détails, surtout à distance. Il ne voit pas de très loin si ça ne bouge pas.

Le chien est sensible au mouvement et certaines races sont sélectionnées (reproduites de génération en génération) pour pouvoir y être extrêmement sensibles.

Votre chien est sensible aux gestes que vous faites. Prenez l'habitude d'accompagner un ordre d'un geste précis. Un geste spécifique pour chaque ordre. Cela aide beaucoup les chiens à apprendre durablement des ordres.

### *e) Goût*

Le chien a 10 dents de plus que nous mais tellement de papilles gustatives en moins ! Le goût est un sens que le chien utilise bien moins que les autres. Le chien renifle pour savoir s'il doit manger quelque chose, alors que l'homme a besoin de goûter pour se faire une opinion. Le sens du goût lui permet de sentir la différence entre sucré/salé. Il sait ce qui est amer, acide ou épicé... mais rien à voir avec les capacités gustatives humaines (et les aspects culturels qui nous font apprécier le caviar ou la sauce piquante). Le goût est un sens peu développé chez le chien en comparaison aux autres et souvenez-vous que votre chien n'a pas la même culture que vous. Vous pouvez donner un gramme de foie gras à votre chien. Il va probablement l'apprécier. Mais il semblera apprécier tout autant, peut-être même plus, un morceau de poulet discount du supermarché.

## 2. Qu'est-ce qu'un chien adulte ?

Question idiote ? Pas vraiment ! Nous ne parlerons pas ici de l'âge du chien. Ce qui doit retenir votre attention, c'est ce qui définit le chien adulte par rapport au chiot du point de vue de l'éducation. En 5 points, qui s'appliquent à n'importe quel chien adulte et donc, forcément, au chien que vous avez adopté ou que vous avez élevé, découvrez ce qui compte réellement.

### A. Oublier les mauvaises habitudes – se concentrer sur les bonnes

Le chien adulte a eu le temps de développer des comportements devenus des habitudes, qu'elles soient « bonnes » ou « mauvaises ».

Interdire (non !) dans le but d'éradiquer une mauvaise habitude : cela ne fonctionne PAS. Vous pouvez interdire, à la seule et unique condition de prendre le chien sur le fait. **Mais il faut absolument savoir que répéter les interdictions ne suffit pas à apprendre.**

Encourager le chien à faire quelque chose « autrement ou ailleurs » (ou autre chose) FONCTIONNE !

Faire en sorte que le chien prenne de bonnes habitudes **qui remplacent** les mauvaises : cela fonctionne très, très bien. Je vous ai donné de multiples exemples, avec ma chienne ou Walter, et vous avez pu le constater, le véritable « problème », c'est qu'il faut répéter chaque jour en gardant son calme.

### B. Oublier le passé – se concentrer sur le présent

Le chien adulte a une histoire, un passé jalonné d'événements. Ils sont banals pour la plupart : rencontres quotidiennes en promenade, petits rituels à la maison... Les évènements ont permis à des habitudes de se développer. Que ces évènements soient à l'origine de mauvais comportements chez le chien n'est pas grave : il n'a juste rien appris et peut encore apprendre. Parfois, les évènements sont stressants. C'est plus grave. Parfois aussi, ils provoquent un stress durable et l'on peut dire alors que ces évènements sont « traumatisants ».

Ce qui compte le plus, c'est le comportement de votre chien aujourd'hui. Il ne vit pas son passé comme vous vivez le vôtre.

Il est plus que probable que si votre chien (adopté ou pas) vous paraît « perturbé », c'est en raison d'une mauvaise socialisation et non pas à cause d'un traumatisme. La peur chez le chien évoque fréquemment un traumatisme, mais la plupart du temps, il s'agit d'un manque de socialisation. Les comportements un peu « sauvages » ou « brutaux » peuvent également évoquer un passé (ou un caractère) difficile, mais dans la très grande majorité des cas, il s'agit d'un problème d'éducation.

## C. Oublier le non – se concentrer sur le oui

Le chien adulte n'a plus un cerveau qui enregistre aussi vite que celui du chiot qui vient d'être sevré. Il faut s'entraîner plus longuement (pas toujours !), par exemple, pendant un mois au lieu de deux semaines. Un plus grand nombre de répétitions est nécessaire pour apprendre des ordres parfois simples comme « assis ». Si le chien adulte n'apprend plus « comme avant », cela ne l'empêche toutefois pas d'apprendre. Il est d'ailleurs plus concentré que le chiot quand vous lui apprenez un ordre. Il est globalement moins distrait. Nous avons toujours des atouts de notre côté avec les chiens adultes, quelle que soit leur histoire. Ces atouts, c'est à nous de les repérer et de les exploiter.

Les méthodes modernes d'éducation canine, qui utilisent des techniques dites « positives » (sans punition), permettent à tous les chiens adultes d'acquérir de bons comportements de façon durable. C'est souvent plus rapide avec un chiot, mais il arrive que cela ne fasse aucune différence.

Pour acquérir ces comportements, il est indispensable de privilégier le « oui ! » **Grâce au « oui ! », vous reconnaissez que votre chien a fait quelque chose de bien et vous l'encouragez à le refaire.** Le « non ! » signifie que vous reconnaissez que votre chien a fait quelque chose de mal. On peut dire que le « non ! » améliore la forme sans jamais traiter le problème de fond.

### D. Oublier les faux obstacles – se concentrer sur les facteurs de réussite

Le chien adopté adulte est ce que les personnes qui l'avaient avant vous en ont fait. Si personne ne s'en est occupé, il est le résultat d'un animal livré à lui-même. Et si vous avez toujours eu ce chien, vous êtes responsable de ce qu'il est aujourd'hui – mais vous verrez qu'il n'est plus question, désormais, de culpabiliser. En connaissant les facteurs de réussite et en oubliant les fausses excuses, vous deviendrez efficace. Je peux en témoigner, car c'est ce qui m'est arrivé : j'invoquais des excuses et ne voyais que des obstacles, au tout début avec ma chienne Lila (elle a déjà un an, elle vient peut-être de la rue, elle est passée par une fourrière...).

Le chien adulte se comporte comme on le lui a appris. Cela ne dépend ni de sa race, ni de son caractère. **Certains traits génétiques sont responsables de son tempérament, ses sens, ses instincts, ses aptitudes... L'éducation est responsable de son comportement.**

Le caractère de votre chien influence plutôt ses aptitudes (réactivité, concentration, flair, etc.). Un tempérament peut rendre l'apprentissage plus long et laborieux. En aucun cas, il n'empêche l'apprentissage.

### E. Oublier les a priori – se concentrer sur la réalité

Le chien adulte ne peut pas toujours apprendre avec les mêmes techniques que celles utilisées pour les chiots. Certains résultats ne peuvent plus être obtenus aussi parfaitement qu'avec un chiot. C'est particulièrement vrai pour la socialisation. C'est pour cela que je vous disais, lorsque je me suis présentée à vous : « ma chienne avait largement dépassé la période idéale pour rendre un chien sociable encore assez facilement ».

Plus le chien avance en âge, plus il faut être patient (pas toujours !). Cependant, et aussi surprenant que cela puisse paraître, beaucoup, beaucoup de chiens qui ont plus de 5, voire 10 ans, apprennent de tout nouveaux ordres.

Le chien apprend toute sa vie. Il en a le potentiel. À nous d'utiliser ce potentiel.

Il faut surtout :

- Tenir compte du stade actuel de développement du chien. L'adolescence peut vous compliquer la tâche. Le vieux chien n'a plus les mêmes capacités physiques. Le chien adulte peut avoir eu le temps de développer certaines peurs qui devront être traitées avant de passer à l'étape suivante.
- Avoir des priorités pour se fixer des objectifs raisonnables. Lorsque vous atteignez un but – exemple : « mon chien n'aboie plus sur les enfants qui marchent calmement » – vous pouvez envisager d'aller plus loin – exemple : « apprenons-lui maintenant à ne plus aboyer sur les enfants qui courent » – ou décider que ce sera suffisant – ex :

« je n'ai pas d'enfants et n'en reçois pas chez moi, restons-en là ». Cela dépend des difficultés rencontrées avec votre chien pour atteindre ce premier but, de votre motivation à persévérer et de l'environnement dans lequel vous et votre chien évoluez au quotidien.

Qu'est-ce qu'un chien adulte ?

Du point de vue de l'éducation, un chien adulte est simplement un chien à qui vous apprenez de bonnes habitudes, tout en sachant que ses comportements déplaisants sont majoritairement liés à son éducation et l'environnement, soit immédiat (contexte) soit en général (lieu de vie). C'est parfois difficile à croire tant il a de mauvaises habitudes, mais je vous assure que c'est bien la réalité. C'est un énorme obstacle que de penser : « un chien adulte ne perd pas certaines mauvaises habitudes » ou « un chien adulte est victime de son passé ».

Je ne veux pas vous dire qu'il suffit de « vouloir pour pouvoir », mais je pense que les gens qui ont des problèmes avec leur chien ont souvent besoin de revenir à des choses plus concrètes.

Pour vous, à partir de maintenant :

- **Les futures bonnes habitudes sont plus importantes que les mauvaises habitudes d'aujourd'hui**

- **Le « oui » est plus important que le « non »**
- **Les facteurs de réussite sont plus importants que les facteurs d'échecs (qui souvent n'en sont pas)**
- **La réalité est plus importante que l'imaginaire.**

Avec tout cela, suis-je en train de vous dire que ce que votre chien a vécu, ce qu'il a appris (avec ou sans vous), sa race, ses prédisposions génétiques et son caractère bien à lui, n'ont aucune importance ? Pas du tout. Il n'est pas question de dénigrer la personnalité de votre chien, un éventuel incident ou ses gènes.

Mais dans la quasi-totalité des cas, ce n'est pas en vous questionnant sur ces sujets-là que vous pouvez résoudre un problème. Il faut vous poser les bonnes questions. Vous souvenez-vous de quelles questions il s'agit ?

- Que veut-il ?
- Comment changer la façon dont il le demande ?
- OU comment changer ce qu'il veut ?

## 3. Vos objectifs

Quels sont vos rêves et vos espoirs pour ce chien que vous adoptez adulte ou que vous avez décidé de « reprendre en main » ? Quels qu'ils soient, vous devez établir des priorités. Vous ne parviendrez pas à éduquer un chien adulte sans identifier clairement, dans votre esprit, les buts à atteindre. Vous pourriez être surpris(e) de ce dont vous serez capable avec votre animal, une fois que vous aurez franchi une première étape. Vous devrez, peut-être, vous montrer raisonnable ; peut-être également réaliserez-vous que vous pouvez franchir l'étape suivante.

Il est extrêmement important d'établir des priorités. Et le fait de prendre à bras le corps un et un seul problème aura possiblement un impact positif quand vous vous occuperez du prochain problème. En traitant vos problèmes un par un, tout se mettra en place progressivement.

C'est comme un puzzle. Vous avez besoin des autres pièces pour obtenir un bon résultat, mais il n'est pas facile de placer plusieurs pièces du puzzle en même temps. Bien sûr, si vous avez le temps, vous pouvez apprendre « assis » et « donne la patte » au cours de la même semaine et, en outre, apprendre à descendre du canapé et à rendre la nourriture récupérée par terre. C'est possible, et plus encore.

Mais quand les problèmes de comportement sont nombreux, focalisez-vous sur ce qu'il y a de plus dangereux, d'abord. Dangereux pour vous et les gens, d'abord. Dangereux pour les autres chiens. Dangereux pour votre chien.

Ou tout cela à la fois...

## A. Priorités pour tous

### *a) Bien vivre en société*

Quels que soient vos qualités et vos défauts, vous savez vivre en société. Vous savez faire preuve de politesse ou d'amabilité au bon moment. Vous ne partez pas vous cacher dans la cuisine quand vos amis amènent un(e) inconnu(e) à la maison. Vous ne lui dites pas « dégage de chez moi ! » :) Si vous ne le faites pas, c'est parce que vous l'avez appris. C'est exactement pareil pour votre chien : il doit apprendre le savoir-vivre.

Ne vous fatiguez plus à étudier la dominance, ne vous posez pas mille questions sur la prédisposition génétique et ne passez par votre temps à tenter d'élucider le passé. Pensez **« savoir-vivre »**, et l'efficacité n'en sera que renforcée.

**Le chien est un animal sociable, mais il nous appartient de lui montrer en quoi cela consiste.** Aucune race n'est plus sociable qu'une autre. C'est au propriétaire du chien d'apprendre à son chien à être sociable. C'est comme apprendre la politesse à un enfant. Vous lui donnez de bons outils pour bien vivre sa vie.

On peut dire que les comportements socialement acceptables pour un chien s'acquièrent via la « socialisation » et voici ce qui m'a personnellement beaucoup aidée à ce sujet :

- Cela ne se fait pas en multipliant les expériences à tout prix, au nom de la sacro-sainte « expérience ». D'autant plus que les bains de foule et les diverses mises en situation peuvent rendre les expériences mauvaises. Or il n'y a rien de pire que de faire vivre de mauvaises expériences à son chien jour après jour. Même quand elles sont a priori « banales », si elles se répètent, ces mauvaises expériences empirent les choses. Et progressivement, vous vous rendez compte qu'alors que votre chien fréquente d'autres chiens tous les jours, il est de moins en moins sociable !
- Cela commence chez vous. Vous n'avez pas appris à être sociable en étant « offert(e) » à la foule ! Vous êtes allé(e) à l'école où – même si certaines pratiques peuvent être remises en cause ! – certains principes importants vous ont été inculqués. Mais cela a, en réalité, commencé ailleurs. Cela a commencé chez vous, avec les personnes qui vous ont élevé(e). Certains d'entre nous ont eu moins de chance que les autres, mais nous avons tous eu quelqu'un, tôt ou tard, qui nous a appris à être humain avec les

humains – d'ailleurs, le plus tôt est le mieux, comme pour les chiens !!! Rendre son chien sociable, cela commence donc à la maison, avec vous et les personnes de votre foyer.

### *b) Avoir un chien prévisible*

J'entends par « chien prévisible » un chien qui n'a pas de réactions inattendues.

De votre côté, vous ne vous jetez pas soudainement sur votre conjoint quand il/elle s'assoit à côté de vous sur le canapé du salon, parce que cela vous oblige à vous pousser pour lui faire de la place. C'est pareil pour votre chien : il ne doit pas avoir de réactions brusques ou virulentes. Aucune. Avec aucun être humain. C'est une priorité quand on a un chien, quelle que soit sa race. Et même s'il n'est jamais prévisible à 100 %, un chien en confiance chez lui est mille fois plus prévisible.

J'ignore pourquoi, mais un nombre inquiétant de personnes souhaite des recettes toutes faites pour éduquer leur chien : des listes d'ordres, des schémas pour apprendre des ordres de A à Z, des astuces pour l'ordre X et l'ordre Y... Bien sûr, les ordres sont importants. Certains sont essentiels ! Mais pour avoir un chien prévisible, pour avoir un chien obéissant, la base, le socle, le fondement n'est pas une série d'ordres.

C'est la confiance qu'il vous accorde.

Contrairement à ce que certains clament, MOINS un chien a peur de vous, PLUS vous en faites ce que vous voulez ! Je vous le dis d'une façon plus conventionnelle à présent : **moins un chien a peur de vous, plus il est coopératif.**

### B. Avoir un chien agréable à vivre

Pourquoi « avoir un chien agréable à vivre » ne figure-t-il pas dans les « priorités pour tous » ? Parce que nous avons tous notre propre définition du mot « agréable ». Certes, certaines choses sont considérées par la majorité d'entre nous comme agréables, mais avoir un chien agréable à vivre dépend de choses très personnelles. Voici les pièges dans lesquels il ne faut pas ou plus tomber, quelle que soit votre conception du mot « agréable ».

#### *a) Faire des choix pour les bonnes raisons*

Ce que l'on permet ou interdit résulte parfois de choix très personnels, comme dormir avec son chien, le laisser monter sur ses genoux, etc. Malheureusement, trop nombreux sont ceux qui ne font pas ce qu'ils aimeraient faire, croyant que leur chien veut les dominer et sera moins obéissant. Par expérience, avec les clients de la Méthode Bon Chien qui ont bénéficié d'un suivi personnalisé et avec les internautes, j'ai une liste longue comme le bras à vous fournir en ce qui concerne ces mauvais choix. Quelques exemples : je ne caresse mon chien que lorsqu'il a fait quelque chose de bien, je ne lui donne sa gamelle que lorsqu'il s'est assis, il ne monte pas sur le lit, il mange après moi...

Il existe des choix personnels dont il ne faut pas se priver pour les mauvaises raisons. Tout le monde n'a pas envie de dormir avec son chien, ce que je comprends parfaitement. Si c'est parce qu'il ronfle ou que cela vous semble peu hygiénique, cela me semble légitime. Si c'est parce que vous croyez qu'il va se prendre pour le dirigeant suprême de l'univers parce qu'il est un genre de loup, vous vous compliquez l'existence et risquez d'engendrer une relation tronquée avec lui.

Mais, à l'inverse, il est également important de ne pas « permettre » pour les mauvaises raisons ! Exemple : je fais dormir mon chien dans la chambre parce qu'il aboie la nuit !

Seule une personne bien informée sur ce qui est vraiment important et efficace peut avoir un chien agréable, quelles que soient les décisions prises, même celles qui ne plaisent pas à d'autres personnes !

### *b) Les limites du désagréable*

Jusqu'à quel point tolérez-vous que les ordres et comportements essentiels au savoir-vivre soient moins bien exécutés ? C'est là que se situent les limites du désagréable. Car le bon comportement ne dure pas toute la vie, il se dégrade peu à peu (différemment d'un chien à un autre) si vous n'êtes plus aussi exigeant(e) et discipliné(e), si vous oubliez de dire « oui » et recommencez à dire « non » parce que, c'est vrai, c'est moins fatiguant.

Il est parfois nécessaire de réviser ce que l'on a appris ou d'améliorer ce qui est imparfait. En réalité, presque tout peut être amélioré chez le chien adulte. Et lorsque vous butez contre un obstacle qui vous paraît insurmontable, il suffit simplement, la plupart du temps, de vous y prendre autrement…

## 4. Qu'est-ce que l'éducation canine moderne ?

Il est primordial de comprendre la différence entre les techniques d'éducation canine d'hier et d'aujourd'hui.

Plusieurs approches existent pour éduquer votre chien, dont la « méthode traditionnelle ». Reposant en partie sur le principe de la punition, **elle vise à lui faire comprendre à quel moment il se comporte mal.**

Elle semble avoir des avantages avec ses résultats rapides, mais son fondement même est contesté. Elle produit par ailleurs des « dommages collatéraux » qu'il est important de connaître.

La méthode traditionnelle d'éducation canine fonctionne de la manière suivante : récompenser le chien lorsqu'il adopte le comportement souhaité et le sanctionner dans le cas contraire. Comment récompenser ? Cela dépend des éducateurs... et des chiens : de nombreux professionnels adaptent leurs récompenses aux chiens qu'on leur confie.

Comment sanctionner ? Il existe des règles et des accessoires.

La méthode traditionnelle demande d'utiliser des accessoires pour appliquer la punition positive, par exemple la laisse ou le collier étrangleur. Il est aussi possible d'utiliser la force de ses bras ou encore des bruits qui font peur, etc.

Sanctionner un mauvais comportement pour apprendre ce qui est mal demande de respecter certaines procédures :

- La sanction (comme la récompense) doit intervenir au bon moment pour être utile. Trop tard, une sanction n'est pas comprise (selon la théorie de cette approche).
- Une punition doit être adaptée en fonction du chien (sa personnalité ou sa race, entre autres, donc on punit souvent plus sévèrement les gros chiens plus forts physiquement...) et de la faute commise (car le chien bien sûr, est capable de comprendre que c'est grave d'avoir grignoté vos baskets à 100€ mais très, très grave d'avoir grignoté vos escarpins à 200€...).
- Trop faible, une sanction peut être répétée 15 à 20 fois sans résultats concluants. Trop forte, elle peut bloquer le chien.

Par exemple, pour apprendre au chien à marcher en laisse avec la méthode traditionnelle, l'on donne, avec la laisse, des coups appelés

« coups de sonnette », et ce jusqu'à ce qu'il comprenne. Pour lui apprendre à s'assoir, on peut utiliser la laisse, en tirant. Le chien est récompensé lorsqu'il prend la bonne position. S'il ne réalise pas le mouvement souhaité, davantage de force physique le fera s'assoir.

L'aspect brutal de la méthode traditionnelle rebute de plus en plus de propriétaires de chiens. Elle est en effet susceptible de « casser un chien » : son caractère est inhibé (il obéit par la peur). Dans tous les cas, il obéit en partie par la peur avec l'utilisation de l'une ou l'autre forme de punition.

L'image du chien et sa place dans la société ont énormément changé ces dernières années. En outre, certains accessoires de la méthode traditionnelle sont désormais bannis des clubs canins et autres organismes.

Les colliers sont au cœur du débat « pour ou contre la méthode traditionnelle d'éducation canine », ils ne sont toutefois pas l'unique indice pour savoir si un éducateur canin travaille ou non avec la méthode traditionnelle : beaucoup ne les utilisent pas et appliquent la punition sous d'autres formes.

Le collier à griffes ou collier à piques est de plus en plus banni par les professionnels. Pas par tous. À côté de lui, le collier électrique, dit « collier de dressage », et le collier étrangleur, dit « collier sanitaire », passent pour des saints, surtout avec leurs jolis noms bien commerciaux. Mais leurs conséquences sont identiques. « Correctement utilisés par un professionnel, ces colliers donnent des résultats rapides » : ce même argument « correctement utilisé par un professionnel » est employé pour d'autres formes de punition. Eh oui, savoir tirer, pousser, taper, attraper le museau, secouer... c'est tout un art...

Des résultats rapides avec des conséquences CATASTROPHIQUES.

Infliger une quelconque souffrance à son chien est intolérable pour de plus en plus de personnes. Rappelez-vous que cela engendre également une association dans la tête du chien : **son propriétaire est devenu synonyme de souffrance.**

Les éducateurs canins font tous de leur mieux. Ce sont toujours des personnes qui aiment les chiens. Beaucoup d'éducateurs canins traditionnels sont des gens passionnés qui vous expliquent leur point de vue sans tergiverser. Mais ils ont en commun une façon d'envisager le chien impliquant un rapport de force. Parce qu'elle utilise des techniques coercitives, la méthode traditionnelle suppose le recours à la force physique et psychologique afin d'installer un rapport de dominant/dominé.

Les éducateurs de la vieille école indiquent que, si le chien n'écoute pas, c'est qu'il est « dominant ». Sinon, sa race est en cause.

**Les éducateurs modernes disent que si le chien n'écoute pas, c'est qu'il y a un problème avec la technique et qu'il faut donc essayer d'une autre manière.**

Cela change tout !

Ainsi, les pionniers du clicker et quelques grandes figures de l'éducation canine comme Pat Miller (qui a pourtant commencé sa carrière avec des méthodes de force et qui a fini par prendre un tournant radical) disent même que foncièrement… le chien ne désobéit pas : s'il ne fait pas ce que vous voulez, c'est simplement qu'il faut vous y prendre autrement.

Précision : le fait qu'un éducateur soit « moderne » ne dépend pas de son âge ou du nombre d'années d'expérience. Certains éducateurs appliquent depuis 30 ans des méthodes ultra-modernes et s'intéressent régulièrement aux progrès de la science ; d'autres, relativement jeunes, ont choisi d'ignorer certains faits. Considérer le chien comment un descendant du loup et refuser de le considérer comme une espèce à part entière est souvent quelque chose qui se transmet de génération en génération.

## 5. Soyez moderne

### *a) Remettez-vous en question*

Cela peut être difficile à comprendre pleinement, mais lorsque l'on se heurte à un obstacle en éduquant son chien, il est nécessaire de modifier la façon dont on agit. Mais voici une bonne nouvelle : le changement à mettre en place concerne très souvent des détails. Exemples : rajouter une étape, changer de friandise, changer d'endroit...

C'est en vous intéressant à cette foule de détails que vous y arriverez.

### *b) Creusez-vous la tête*

Un zeste de créativité est nécessaire. La créativité vient très vite en pratiquant si on est bien informé à la base. Je ne vous dis pas qu'il faut être « artiste » mais qu'il faut avoir de la suite dans les idées pour s'adapter.

Il suffit de mieux connaître son chien pour ajuster ce qu'on a appris au spécimen unique qu'il est. Servez-vous de vos nouvelles connaissances pour **affûter votre sens de l'observation**.

### *c) Intéressez-vous à votre chien*

Vous commencez à prendre du recul. Vous avez peut-être plus de certitudes que d'incertitudes. Pourtant, vous devez toujours garder du recul par rapport à ce que vous apprenez parce que votre chien... c'est votre chien ; ce n'est pas le mien, ce n'est pas celui du voisin.

Utilisez vos nouvelles connaissances pour **observer différemment votre chien**. Essayez de voir quel est son but (de chien, pas de loup ni de manipulateur) quand il manifeste un comportement qui vous insupporte, au lieu de vous dire « ah, oui, les chiens font ça parce que les chiens sont comme ci ».

### *d) Arrêtez de culpabiliser*

Je sais que réaliser que vous êtes entièrement responsable de ce que votre chien fait de bien ou de pas bien est culpabilisant. Il est plus plaisant de penser que son chien est trop borné, trop foufou, dominant, etc. ou que s'il n'obéit pas, c’est parce que c’est une « forte tête » ou alors qu’il est « spécial » ou encore, parce que c’est un teckel ou je ne sais quelle race.

Si vous culpabilisez trop, vous risquez de retomber dans vos travers et de vous imaginer que votre chien fait ceci/cela pour des raisons saugrenues comme « les loups font ça » ou « mon chien veut me causer du tort ».

## 6. Utiliser le renforcement positif

Les meilleurs éducateurs canins d'aujourd'hui, qui ne se préoccupent absolument pas du loup (pour la plupart, le mot « loup » ne sort JAMAIS de leur bouche, ni les mots « hiérarchie » et « dominance » !), travaillent avec ce que l'on appelle le « renforcement positif ».

### A. J'ajoute...

Le renforcement positif est une expression compliquée pour une chose très simple : **fais ce que je veux et tu auras ce que tu veux.** La fameuse « motivation agréable ». Vous faites ce qu'il faut pour que le comportement que vous attendez se produise et se reproduise encore et encore, et ce, jusqu'à ce qu'il soit acquis (répétitions). Rappelez-vous qu'il faut donner à votre chien des opportunités de réussir !

Comme dans l'un des exemples au début de ce livre : forcer le passage ne fait pas s'ouvrir la porte, s'assoir fait s'ouvrir la porte.

Eh oui, le renforcement positif, contrairement à une (énième) idée reçue, ne se pratique pas qu'avec des friandises de récompense, mais aussi avec l'environnement du chien. Il veut quelque chose ? Vous pouvez vous en servir pour le récompenser, que ce soit de la nourriture ou autre chose, par exemple sortir de la maison. Sortir est une récompense en soi. C'est assez motivant pour beaucoup de chiens.

« Positif » ne signifie PAS bon, ni gentil, ni optimiste, etc. Cela signifie : ajouter. Vous vous en souvenez ? Renforcement positif, c'est ajouter quelque chose que le chien veut. Ajouter une récompense à un comportement.

Je n'aime pas trop les expressions « éducation positive » et « méthode positive » et je fais mon maximum pour ne pas les utiliser. Ces termes portent à confusion. Alors, retenez que le renforcement positif, c'est une action que vous effectuez, une action concrète qu'il faut répéter et qui fonctionne quand on maîtrise différents facteurs, notamment quand, où, comment, avec quelle récompense, etc. Vous incitez votre chien à reproduire un comportement en le motivant avec ce qu'il veut – et non avec ce qu'il ne veut pas.

### B. Je mets toutes les chances de mon côté

Pour que le renforcement positif fonctionne bien, il faut impérativement (nous verrons comment mettre cela en place ultérieurement) :

- Avoir un chien réceptif : rien ne l'empêche d'apprendre
- Savoir bien utiliser la récompense par la friandise : véritable outil de travail dont vous allez vous passer quand le travail est terminé
- Mener des séances efficaces pour apprendre des ordres spécifiques

- Faire preuve de la plus grande constance possible.

### C. J'apprends le NON ! – Je n'apprends pas AVEC le NON !

Quelques précisions sont utiles avant d'entamer cette partie sur « non ».

La Méthode Bon Chien :

- n'encourage pas particulièrement l'utilisation du non
- ne vous dit pas non plus que c'est un mot à « bannir à tout prix »
- vous montre qu'il est possible de l'utiliser sans faire peur à votre chien
- vous montre que c'est un mot pratique pour éviter de crier ou d'utiliser plein de mots différents qui créent de la confusion chez votre chien
- **vous encourage à utiliser un mot ou une expression pour un ordre au lieu du « non » pour tout et n'importe quoi**

S'il est relativement facile de faire comprendre à quelqu'un que punir fait peur au chien ou casse la confiance, il est généralement moins évident de faire comprendre que le chien n'a que faire de ce qui est interdit ou autorisé.

Oui, il s'en moque. Je vais essayer de vous l'expliquer du mieux possible.

### *a) Pourquoi interdire n'a pas grand intérêt en soi ?*

Pour changer une mauvaise habitude, interdire à son chien de faire quelque chose et le gronder quand cette interdiction n'a pas été respectée n'est pas efficace.

C'est le piège du réflexe. Humain et canin !

**Interdire est un réflexe (nooonn ! arrête !!!) auquel votre chien réagit par un réflexe :**

- Cela ne fonctionne que sur le moment, donc cela se reproduit (réflexe n'est pas apprentissage).
- Cela vous pousse à perdre patience (qui peut répéter la même chose tous les jours en gardant indéfiniment son calme ?).

**Gronder est un réflexe (qu'as-tu fait ???) auquel votre chien réagit par un réflexe.**

Que ce soit lécher votre main, baisser la tête, partir se coucher... il ne vous demande pas pardon. Il essaie de « calmer le jeu » pour assurer sa protection.

C'est bien beau tout cela, mais... que faire quand votre chien fait quelque chose d'inacceptable, comme grogner sur vous ou grogner après un chien, prendre de la nourriture qui ne lui est pas destinée, mordiller vos pieds... ? Il faut bien lui faire comprendre que c'est interdit.

C'est justement là que se situe le problème : **ce n'est pas cela que votre chien doit comprendre !**

Gronder son chien a pour but de montrer son insatisfaction juste après un comportement intolérable. Gronder n'a pas pour conséquence de modifier durablement une mauvaise habitude. Il y a 3 possibilités quand vous grondez :

- Cela continue.
- Cela empire.
- Cela s'arrête.

Oui, cela peut s'arrêter ! Seulement, il se produit le phénomène suivant : votre chien vous obéit uniquement parce qu'il se sent menacé. Où est le problème puisque finalement, il obéit. Et puis, après tout, vous ne levez que la voix ? Ce n'est toutefois pas une méthode fiable. Le chien qui obéit par la peur, même minime, n'obéit pas tout le temps. Cela dépend bien plus des circonstances que de sa volonté d'obéir. Il peut également avoir des réactions imprévisibles. Il peut même estimer, dans certaines circonstances, qu'il est nécessaire de se protéger plus que d'ordinaire. Alors, quand essayer de vous apaiser ne lui est plus utile, il peut vouloir se défendre.

Vous avez compris que gronder est néfaste, mais vous continuez de chercher comment faire comprendre à votre chien ce qui est interdit.

Cela ne fonctionne pas mieux. Vouloir interdire - de grogner, mordiller, sauter sur les gens, faire ses besoins dans la maison, aboyer sur les passants, tirer en laisse, creuser des trous dans le jardin, monter sur le lit, etc. - n'a pas pour conséquence de modifier une mauvaise habitude durablement et de façon saine et sûre.

**On ne supprime pas une mauvaise habitude. On la remplace par une autre.**

Même si les situations sont différentes, il est possible d'établir un parallèle avec le comportement humain. Imaginons que vous ayez décidé de ne plus manger de chocolat après le dîner ! Qu'est-ce qui sera le plus facile pour vous, alors que cela fait des mois que vous avez cette mauvaise habitude ? La plupart des gens décident de remplacer le chocolat par autre chose. Vous ne grignotez pas. Bon. Imaginons que vous ayez décidé de faire des économies. Qu'est-ce qui sera le plus facile alors que vous avez tendance à trop dépenser depuis longtemps ? La plupart des gens décident de remplacer ce qui coûte cher par des choses qui coûtent moins cher.

Et si vous voulez arrêter de vous ronger les ongles, fumer, vous énerver en voiture, passer vos soirées sur l'ordinateur... allez-vous simplement « arrêter » du jour au lendemain ? N'allez-vous pas essayer de faire autre chose à la place ?

**N'allez-vous pas passer par un enchaînement d'étapes, sans doute plus difficiles au début et plus faciles par la suite ?**

Interdire et gronder son chien, cela ne fonctionne pas : le chien se fiche de savoir ce qui est autorisé ou interdit. Ce qui fonctionne, c'est de comprendre **quel est son intérêt** à faire ceci ou cela. Son intérêt est sa priorité.

Je le répète :

- soit vous êtes d'accord avec cet intérêt, et le problème concerne la façon dont il veut y parvenir ;
- soit vous n'êtes pas d'accord, et le problème concerne l'intérêt en lui-même (que tu les déchires en miettes ou en lambeaux, je ne veux pas que tu détruises mes chaussures !).

Je ne vous dis pas que le chien est incapable de comprendre que vous n'êtes pas d'accord ou que vous n'êtes pas content(e). Je dis uniquement que ce n'est pas dans son intérêt.

Suivez ce raisonnement :

- La majeure partie du temps, nos chiens n'ont pas, naturellement, les mêmes intérêts que nous. Nos chiens ne comprennent pas ce qui nous importe. Ainsi, ce qui est citoyen, sécurisé, poli ou sociable d'après nous, par exemple le fait de ne pas sauter sur tout le monde dans la rue, de ne pas grogner sur le bébé ou de ne pas courir après les voitures : tout ceci est très important pour nous, mais pas pour nos chiens.
- C'est à nous de comprendre, trouver et satisfaire l'intérêt de l'animal d'une façon qui nous convienne mieux (arrête de tirer et tu pourras traverser la rue !) ou de lui proposer un tout nouvel intérêt si nécessaire. Ce n'est pas à l'animal de comprendre, trouver et satisfaire nos intérêts.

- Si vous comprenez le point précédent, mais que vous ne parvenez pas à l'intégrer et à l'appliquer au quotidien, il est temps de rayer les termes « dominant » et « dominé » de votre vocabulaire.
- Quand vous parvenez à « satisfaire l'intérêt » de votre chien, vous ne vous faites pas « dominer ». Dominer ou être dominé, votre chien s'en moque éperdument. Si votre intérêt est de traverser la rue calmement (pour la sécurité), l'intérêt du chien, en revanche, est de rejoindre rapidement l'endroit où il veut aller. Votre chien a de nombreux intérêts, qui ne se limitent pas à « faire la loi » ou à vous « contredire ». **Ainsi, le but du jeu consiste à trouver une sorte de terrain d'entente, non à savoir qui décide.**

Vous, humain, vous décidez.

Vous décidez la plupart du temps parce que vous savez ce qui est plus sûr, plus citoyen, plus sociable, plus agréable pour tout le monde, y compris pour votre chien. Par conséquent, quand votre chien n'est pas « d'accord » avec ce que vous décidez, il est important d'identifier son intérêt pour qu'il fasse ce qui vous convient tout en étant heureux de le faire… au lieu d'être obligé/forcé de le faire (ce qui aurait pour conséquence un chien non fiable et susceptible de développer de l'agressivité).

Votre chien, contrairement à une personne, n'a aucun intérêt à savoir que vous n'êtes pas d'accord ou pas content. Son intérêt à lui, c'est de savoir ce qui vous fait plaisir. Ce qui vous fait plaisir lui vaut récompense (obtenir ce qu'il veut et pas forcément à manger !).

Ceci est loin d'être facile, et à comprendre, et à appliquer dans la vie quotidienne, mais je pense que c'est vraiment SALVATEUR.

Entre humains, il existe une infinité de façons d'exprimer notre désaccord. Il semble naturel de s'opposer quand on n'est pas d'accord. Généralement, ne pas s'opposer signifie qu'on accepte. Votre mari/femme change de chaîne alors que vous étiez en train de regarder un film. Vous ne dites rien : vous acceptez implicitement de ne pas voir la fin du film. En outre, vous avez de nombreuses options pour manifester votre désaccord. De « attends s'il te plaît, il ne reste que 5 minutes avant la fin » à « non, mais ho ! », il y a des milliers et des milliers d'options.

Avec le chien, très peu d'options s'offrent à vous. C'est pourquoi, si vous entrez dans ce schéma, il y a de fortes chances que la relation dégénère. En effet, vous ne direz pas à votre chien qui veut traverser la rue en tirant sur la laisse : « attends, il ne reste que deux voitures à droite et une voiture à gauche ». Si vous vous opposez, vous lui direz plutôt : « non, mais ho ! ».

Par ailleurs, avec le chien, ne pas s'opposer ne signifie pas que vous acceptez. C'est un chien. Cela nécessite de sortir du schéma « réflexe provoque réflexe » (je crie sur mon chien : il baisse la tête) pour entrer dans un schéma plus efficace : apprendre. Plus efficace, mais aussi plus exigeant.

**Cela demande d'entrer un peu dans le monde du chien.** Mais je vous ai pris par la main pour traverser une bonne partie de ce monde-là, et je pense que, maintenant, vous y voyez plus clair, même si nous ne sommes pas toujours d'accord sur tout - ce qui est normal !

Je dis « non » à mon chien. Vous dites « non » au vôtre. Nous l'avons tous dit au moins une fois. Dire « non » n'est pas un problème.

Le problème consiste à essayer d'apprendre un comportement avec « non ». Car ce ne sera jamais qu'un réflexe. Ce n'est, certes, pas dramatique pour toute une série de choses, comme quand je dis « non » à ma chienne quand elle essaie de gober une mouche. Elle me regarde et elle arrête. Et le lendemain, elle recommence. Pas grave. Ce serait plus grave si je m'étais contentée du « non » pour faire en sorte qu'elle n'agresse pas mes chats. Ce serait même invivable.

### *b) Comment dire « non » à son chien*

Le « non » peut aider certaines personnes. L'interdiction est (plus ou moins) vivement déconseillée par les méthodes d'éducation d'aujourd'hui, mais, selon bon nombre d'entre elles, vous pouvez dire « non » quand vous prenez votre chien sur le fait, c'est-à-dire en train de faire ce que vous n'acceptez pas.

Je crois que le « non » peut vous rendre service, parce que si vous en faites un nouveau réflexe, il remplace :

- le cri, qui stresse votre chien
- tout ce que vous dites de totalement inutile et vous pousse à perdre patience – vous n'utilisez ainsi plus qu'un seul et unique mot au lieu de… ça suffit, arrête, c'est pas possible, qu'est-ce que tu fabriques à la fin, j'en ai marre, non mais ho, tu m'écoutes...

**Mais l'idéal est d'utiliser un mot pour chaque comportement.**

Je vous propose ici quelques paragraphes sur l'utilisation du « non » afin de vous montrer que le « non » n'est pas démoniaque. Il peut même être utile à condition toutefois de le considérer comme un outil pratique et pas comme une solution en soi.

Attention, si vous ne savez pas dire « non » sans crier, en posant votre voix calmement, simplement pour dire « non » **et surtout pas pour montrer votre mécontentement**, vous devriez vous passer de cet outil pratique. Votre chien ne peut pas arrêter de faire quelque chose qui vous agace simplement parce que vous êtes agacé. Si cela se produit, alors c'est qu'il a peur de vous.

Voyons comment le « non » peut vous être utile.

Le « non » n'est PAS un mode d'apprentissage. L'interdiction ne fonctionne que lorsque vous êtes là et PAS en votre absence. Par conséquent, vous évitez la « bêtise » sur le moment, mais jamais de façon durable. De plus, l'interdiction ne fonctionne pas toujours : vous avez l'impression de « parler chinois » alors que vous avez déjà dit non une centaine de fois, pour la même chose. La « bêtise » se reproduit encore et encore : certes, votre chien ne va peut-être plus jusqu'au bout de ses « intentions », mais il essaie, encore et encore, de faire ce que vous ne tolérez pas. C'est un outil, je le répète, une sorte de solution de dépannage.

Le « non » est un mot qui peut être appris ; il fonctionne comme tous les autres mots. L'idée est d'encourager un comportement. Mais comment encourager un comportement alors qu'il y a « bêtise » ? Simplement, en encourageant le comportement de votre chien juste après le « non » (si ce comportement vous convient).

Vous ajoutez un « bon chien ! » après « non ! » : il faut le dire exactement au {moment} où le chien a terminé de faire sa « bêtise ». Par exemple :

- il repose les pattes par terre, quand vous lui avez dit non = descends de la table {les pattes touchent le sol}
- il lève la tête pour vous regarder, quand vous lui avez dit non = touche pas ce morceau de fromage qui traîne {son regard croise le vôtre}

- il laisse votre chaussure là où elle est, quand vous lui avez dit non = lâche {la gueule du chien s'ouvre}

Dans ces exemples, le « non » n'est plus utilisé à tort et à travers. Vous stoppez votre chien sans violence et vous renforcez un comportement bien spécifique juste après et qu'il a naturellement. Vous entrez dans une nouvelle dynamique. Vous serez bientôt capable d'apprendre à votre chien à faire autre chose que ce comportement qui vous déplaît... De nombreux lecteurs de la Méthode Bon Chien ont commencé à utiliser le renforcement positif de cette façon.

Mais avez-vous remarqué qu'à chaque exemple, le « non » correspond à un ordre ? Descends, pas toucher, lâche ! **Idéalement, c'est cela qu'il faut apprendre à votre chien ! Ça, c'est vraiment, vraiment efficace !**

Comme il s'agit de différents comportements, il est trop difficile pour le chien d'apprendre de cette manière (un même mot pour plusieurs actions). Voici ce que je vous conseille, si vous avez tendance à perdre patience :

- pratiquez le « non+bon chien » au moment crucial, tout en apprenant les ordres spécifiques petit à petit (descends, pas toucher, pas sauter, attends, stop, etc.)
- si vous n'apprenez pas les ordres, le « non » fonctionne une fois sur deux ou trois et la « bêtise » continue de se produire.

- votre chien a appris des ordres ET le « non » : si un « non » devait vous échapper de temps à autre, il va fonctionner.

**Le renforcement positif utilisé au lieu de l'interdiction demande de beaucoup anticiper** – exemple : féliciter le chien pour renifler le bout de viande sur la table sans lever les pattes du sol, au lieu de le gronder une fois qu'il a posé les pattes sur la table.

Ainsi, il s'agit d'apprendre à faire et non pas d'apprendre à ne pas faire.

C'est en cela que le chien est un animal très contraignant. Plus le chien apprend et plus il est sympa. Certains animaux de compagnie n'ont pas besoin d'apprendre grand-chose pour être sympas. C'est à la fois ce qui fait le charme du chien et ce qui le rend contraignant !

# 7. Les besoins de votre chien adulte

Les bonnes fondations pour réussir l'éducation de votre chien sont, avant tout, vos capacités à combler ses besoins essentiels. Seul un chien dont les besoins essentiels sont comblés est heureux. Seul un chien heureux peut être éduqué. La difficulté est de bien cerner quels sont ces besoins. Certains besoins sont communs à tous les chiens, d'autres dépendent des races, des individus et des environnements.

**Vous répondez aux besoins de votre chien et il répond à vos attentes.**

Tout commence par là, vous pouvez me croire.

Nous verrons, dans cette partie, les besoins essentiels, communs à tous les chiens. J'essaierai également de vous montrer comment savoir de quoi VOTRE chien a besoin et comment satisfaire ses besoins spécifiques, à travers le récit d'une grave erreur que j'ai commise avec ma chienne Lila. Peut-être bien l'une des plus graves erreurs que je n'aie jamais commises avec un chien.

Les besoins de nos chiens peuvent, de temps à autre, être négligés pour les raisons suivantes, relativement courantes :

- manque de temps ;
- manque de patience – problèmes professionnels, personnels, fatigue, etc. ;

- vision trop humaine du chien, qui n'a pas les mêmes besoins que nous.

Quand vous mettez « de l'ordre » dans tout cela, bien souvent, les choses s'améliorent déjà, et parfois, certains problèmes de comportements disparaissent comme par magie. Je l'ai vu se produire très, très souvent. Lorsque quelqu'un me développe ses nombreux problèmes avec son chien, fréquemment, je commence par poser des questions qui surprennent et pourtant, elles sont tellement cruciales : que mange-t-il ? À quelle fréquence sort-il ? Combien de temps passez-vous chaque jour à jouer avec lui ? Etc.

Voici les besoins qui méritent d'être scrutés en cas de problèmes avec un chien.

### A. Manger

Fondation absolue de l'animal domestique heureux, base de toutes les bases, condition sine qua non de santé, bien-être, équilibre ! Mes conseils ne sont pas la panacée mais j'espère qu'ils pourront vous aider à identifier d'éventuels problèmes – veuillez noter que j'ai discuté de tout cela avec deux vétérinaires, l'ancien et celui que je consulte aujourd'hui, et donc mes conseils ne sortent pas tout droit de ma tête :

- ne dépensez pas inutilement votre argent dans des accessoires qui ne sont pas vitaux et n'hésitez surtout pas à dépenser quelques euros (ou dizaines d'euros) supplémentaires chaque mois pour les meilleures croquettes du marché.

- respectez les recommandations du fabricant quant à la quantité de nourriture par rapport au poids de votre animal.
- privilégiez les croquettes pour les repas de tous les jours à la nourriture en boîte (pâtée) ou « humide » que vous donnez de temps en temps seulement.
- donnez-lui son repas à des heures régulières, pas besoin que ce soit à « 7 heures tapantes » tous les jours (d'ailleurs, votre chien risque de réclamer son repas si c'est toujours à la même heure !), mais disons dans le même créneau horaire – on consolide ainsi un « sentiment » de sécurité.
- évitez tout régime alimentaire trop radical sans consulter votre vétérinaire, **seule et unique personne à pouvoir dire si oui ou non VOTRE chien peut manger de telle ou telle façon,** suivre tel ou tel régime alimentaire. Parce qu'il voit (et palpe et ausculte et pose les bonnes questions...) ce que vos amis, les défenseurs de tel ou tel type d'alimentation, etc. ne peuvent absolument pas voir. Ne prenez aucun risque avec l'alimentation de votre chien. C'est trop important.

## B. Faire ses besoins

Le chien adulte se retient plus longtemps que le chiot, mais l'obliger à se retenir trop longtemps chaque jour crée de l'inconfort et du stress. Le fameux « sentiment » de sécurité est mis à mal.

- veillez à ce que votre chien fasse ses besoins toutes les 5 heures au maximum (grand maximum !) et au moins trois fois par jour.
- essayez de le sortir à des heures aussi régulières que possible, avec toujours cette idée de « créneau horaire ».

## C. Faire de l'exercice

Tous les chiens n'ont pas besoin de la même quantité ni de la même intensité d'exercice, mais ils ont tous besoin de se dégourdir les pattes et de prendre l'air plus d'une fois par jour, tous les jours. Pas assez d'exercice rend les chiens difficiles à éduquer et accroît le risque de développer, plus vite et plus gravement, des problèmes de comportement.

- il vaut toujours mieux sortir son chien plusieurs fois par jour pendant 5/10 minutes (au pire des cas) qu'une seule fois pendant 20 minutes.
- plus vous offrez régulièrement à votre chien des opportunités de faire de l'exercice dehors (se promener et/ou courir), mieux vous arriverez à l'éduquer.
- créez des interactions en promenade : obtenez l'attention de votre chien plus souvent pendant les sorties, « reconnectez-vous » l'un à l'autre de temps en temps, ne le laissez pas dans son univers de chien pendant toute la

promenade tandis que vous êtes plongé(e) dans vos pensées. Cela peut énormément vous aider à entamer votre travail de socialisation.

- ne le sortez pas que pour « pipi/caca ». Sortez votre chien aussi pour passer un moment avec lui. Vous n'avez pas le temps ? Vous n'allez pas très loin ? Tant pis : rendez la sortie meilleure autrement, en vous arrêtant pour le caresser ou en lançant un bâton de temps en temps, etc.

### D. Jouer

Le chien adulte n'est pas comme l'humain adulte. Le chien adulte aime jouer, parfois comme un « gros bébé ». Certains sont moins joueurs que d'autres, mais le jeu est toujours l'une des activités favorites des chiens. Pour certains chiens aussi, c'est le meilleur moyen possible de les éduquer : jouer est tout ce qui les intéresse dans la vie. Jouer est la récompense suprême. Sortir une friandise n'est pas aussi efficace que de lancer une balle, pour récompenser.

- prenez le temps de jouer avec votre chien (au moins) 15 à 20 minutes chaque soir (ou chaque matin, mais faites-en un rituel pour ne jamais oublier) : c'est très utile à son bien-être et cela vous permet de mieux le connaître.
- repérez les types de jouets qui amusent le plus votre chien : pas toujours facile, j'en sais quelque chose, mais... il vaut mieux acheter

une corde pas jolie qu'une superbe peluche qui fait « pouet pouet » si tirer sur une corde est ce que votre chien préfère !

- ne transformez pas ces moments de détente en séances éducatives.
- tant pis si votre chien ne joue pas avec les jouets que vous avez achetés : l'essentiel est de passer un bon moment ensemble alors, si c'est avec un élastique à cheveux, une boîte en carton, une couverture ou un torchon, on s'en fiche !

### E. Se sentir en sécurité

Bien sûr, et nous en avons déjà un peu parlé, seul un chien parfaitement en confiance dans son environnement pourra vous écouter. **C'est un chien qui n'a pas peur des personnes avec qui il vit.**

### F. Ne pas s'ennuyer

Je vais développer ce point plus longuement. Il est CAPITAL. Capital, capital, capital et capital !!!

L'ennui est probablement la pire chose qui puisse arriver à un chien, à part la maltraitance et la négligence – parfois l'ennui est tellement long et répété (10, 11, 12, 13 heures par jour, sans aucune sortie, aucune interaction avec personne, tous les jours) que c'est presque une forme de négligence. Vous ne pouvez rien obtenir d'un chien qui s'ennuie. Un chien qui s'ennuie développe toujours des problèmes de comportement sous une forme ou une autre. Les chiens qui s'ennuient ne sont pas des chiens heureux.

**Mais tous les chiens ne s'ennuient pas de la même façon.**

Par exemple, alors que j'étais en vacances chez des amis qui ont deux petits chiens de compagnie, nous avons remarqué, lorsque nous restions tout l'après-midi à papoter dans leur salon, que leurs chiens dormaient bien plus longtemps que ma chienne. Celle-ci se levait souvent au bout d'une à deux heures pour « demander » une activité : une caresse, un lancer de balle...

Sinon, elle se postait derrière la fenêtre et jouait au « mirador » :). Je ne sais même pas ce qu'elle demande parfois, mais elle veut « de l'action », pour ainsi dire.

Je le savais déjà, mais chez moi, ce n'est pas aussi flagrant.

Chaque race de chien a été reproduite dans un but spécifique. Il est clair que de nombreuses races de chiens sélectionnées pour chasser ou pour garder font de bons chiens de famille aujourd'hui. Mais hormis les chiens de compagnie, sélectionnés pour tenir compagnie[14], les chiens sont mieux dans leurs pattes **s'ils ont des activités proches de celles pour lesquelles ils étaient destinés ou s'ils ont des activités de compensation.**

Par exemple, vous avez un chien de berger, mais aucun troupeau de moutons à lui faire garder. Il lui faut néanmoins une activité qui lui permette de faire ce qu'il aime. Est-ce courir ? Est-ce « rassembler » ? Est-ce exercer une surveillance ? Il faut trouver quelque chose à lui offrir régulièrement.

Ceci est aussi crucial que de lui apprendre des ordres. En écrivant ces lignes, je pense, avec une certaine émotion, au dogue allemand de mes parents, qui a vécu de 1978 à 1985. Émotion, car j'ai grandi avec lui. Il était si gentil, si brave et pourtant, il ne connaissait pas grand-chose comme ordre, à part « assis » peut-être... ! Mais ce chien était très facile à vivre. Je suis persuadée que c'est principalement parce qu'il pouvait faire chaque jour ce qu'il adorait faire : « garder ». En réalité, il vadrouillait dans son jardin et se gardait surtout lui-même, mais il était occupé chaque jour.

Au lieu de vous chanter le couplet habituel sur les races, je vais vous parler de mon expérience. Je pense que j'ai commis une grossière erreur, aveuglée par mes angoisses. Jusqu'à récemment, j'ai enchaîné les solutions

---

[14] Les chiens de compagnie ont besoin d'activités eux aussi. Mais pas de « travailler ». Je parle des races de chiens du groupe n° 9 de la F.C.I.

possibles pour rendre ma chienne moins stressée, moins peureuse. Elle est devenue plus cool et plus fiable et je suis en confiance la plupart du temps. Seulement, elle continue beaucoup à « monter la garde ».

Quand elle ne dort pas, elle est presque tout le temps en alerte. Parfois, je vais chez une amie qui vit à côté d'un parc à chiens. Au lieu de courir et de s'amuser comme le chien de mon amie, ma chienne monte sur le bloc de béton au milieu du parc pour mieux observer ce qui se passe autour d'elle, ce qui lui a valu ce surnom : « le mirador ».

La première fois que j'ai remarqué cela, j'ai dit à mon amie, en parlant de ma chienne : « Pff... regarde-la ! Toujours en train de surveiller l'horizon !! Elle ne peut même pas se détendre dans un espace vert clôt, pour une fois qu'on en a un sous la main ». C'est alors que mon amie m'a fait remarquer que c'était peut-être **ce qu'elle aime vraiment faire...**

Elle me dit alors : « et si Lila était un genre de chien de garde et que son activité favorite était de surveiller ? ». J'ai beaucoup réfléchi. Si sa passion est vraiment de scruter tout ce qui se passe, alors il est plus que probable qu'elle sera plus heureuse, donc plus facile à éduquer et facile à vivre en lui donnant davantage d'opportunités de faire cela.

Depuis cette prise de conscience, j'ai essayé de lui proposer de « surveiller » un peu plus. Par exemple, lorsque je vais au café et reste un moment sur mon ordinateur portable, Lila « monte la garde ». Je ne lui dis plus sans arrêt de se détendre et n'essaie plus de la faire se coucher à mes pieds. Le fait que ma chienne ne se couche pas au pied de la chaise comme les autres chiens et qu'elle soit tout le temps debout en train de regarder, une fois à droite, une fois à gauche, qui arrive, qui descend de voiture, qui passe sur le trottoir d'en face, etc., peut a priori paraître pénible. Mais en réalité... elle s'éclate !

Pendant les promenades, je m'arrête à certains endroits où beaucoup de choses se passent. Si elle peut monter quelque part, sur les marches d'un escalier ou sur un muret à côté de moi, elle le fait et « scrute ». Nombreux sont ceux qui me disent que ma chienne ne se détend jamais, mais maintenant, je leur dis que c'est son tempérament, c'est ce qu'elle aime faire. Je ne l'avais pas remarqué à cause de mon propre stress. J'ai voulu l'empêcher, trop souvent, de garder.

Depuis que je lui permets de scruter plus souvent, elle va mieux, et moi aussi. Elle est visiblement très heureuse de pouvoir se livrer à cette activité.

Si je peux vous donner un conseil sur ce sujet, malgré mes erreurs : **ne considérez pas que l'activité, pour un chien, consiste uniquement à sortir, courir ou jouer.**

[15] Même si je ne l'ai pas lu entièrement et simplement feuilleté chez un ami, je pense que ce livre pourra vous intéresser : *Mon chien est heureux : Jeux, exercices et astuces*, Joël Dehasse. Un livre en français ! A priori moderne, ce livre est basé sur cette notion capitale qu'est l'ennui/l'activité du chien.

**Pensez que tout ce que fait votre chien est une activité :** manger, regarder à travers la fenêtre, aboyer, vous regarder quand vous mangez, « réfléchir » quand vous lui apprenez quelque chose, renifler les déjections des autres chiens... Tout est une activité à proprement parler et priver un chien d'activités est néfaste (souvent, on le fait sans s'en rendre compte) ; le priver de son activité préférée est extrêmement néfaste[15].

Ceci étant dit, une précision importante s'impose.

Si ma chienne hurlait à la lune quand elle « garde », je ne la laisserais pas faire. Mais la passion de Lila ne nuit pas à la société, ni à moi-même. Parfois, à la maison, elle aboie un peu trop, alors je la rappelle. Ce n'est pas un comportement excessif, la plupart du temps. En outre, elle n'aboie que sur les inconnus. Elle ne grogne pas sur les gens. Elle ne garde pas son os, ni moi. **Sa passion n'est pas problématique. Elle ne vise pas à combler un manque ou compenser un mal-être et n'est pas basée sur une peur particulière.** C'est la raison pour laquelle je l'encourage à faire le mirador.

L'une de mes amies a, en revanche, un vrai problème avec la passion de son chien ! Elle veut le laisser faire son « marquage » dans la rue, car c'est visiblement ce qui rend ses promenades géniales. Il est vrai qu'il a l'air d'adorer ça. Mais il le fait à des endroits qui posent problème aux riverains dans son quartier. Elle doit donc trouver un compromis.

Je lui ai conseillé de repérer les endroits où il marque le moins souvent : les endroits où cela se répète plus rarement sont les contextes à travailler pour faire progresser le chien. Au final, avec un peu d'entrainement, il marquera un peu moins. Parce que les endroits sont moins intéressants pour le chien, c'est plus facile pour sa propriétaire de l'empêcher de marquer – en s'écartant ou en tirant doucement sur la laisse.

Tout le monde doit être gagnant. Votre chien, vous, le reste du monde. Dans le cas contraire, il est nécessaire de trouver des compromis ou d'offrir une autre activité à votre chien.

Parfois, nous n'avons pas le choix. Ainsi, je ne peux pas laisser ma chienne aboyer sur tous ceux qui passent derrière le grillage. Je ne peux pas non plus la laisser renifler tout ce qu'elle veut renifler, sinon les sorties dureraient 3 heures. En revanche, je peux, avec un peu de créativité, trouver des activités de compensation qui vont l'aider à ne pas s'ennuyer, et donc m'aider aussi. Un exemple : « nous » jouons beaucoup à chercher des objets et partons « monter la garde » à divers endroits :).

**Rien que ça, et seulement ça, peut vous aider à régler de nombreux problèmes.**

Hélas, je pense qu'il est plus « naturel » pour une grande majorité de personnes de combler ce besoin d'activités chez un chien de compagnie. Tant mieux pour ces personnes, mais « hélas » pour les autres...

Un chien de compagnie a, en effet, des besoins qui s'adaptent mieux au style de vie

« lambda » : « métro, boulot, dodo » si vous me le permettez – et c’est dit sans mépris, car je mène cette vie-là à certaines périodes de l’année. Nous sommes nombreux à ne pas avoir suffisamment de temps libre pour faire tout ce que nous voudrions faire. Je pense que nous avons tous, plus ou moins, la capacité, la disponibilité – et je dirais même la volonté ou la motivation – de rendre heureux un chien de compagnie. Nous ne l'avons pas tous lorsqu’il s’agit de races de chiens de garde ou de chien de chasse... des chiens conçus pour « travailler », des chiens souvent sportifs ou actifs, et surtout très demandeurs d’occupations.

Des chiens comme le boxer, le berger allemand, le rottweiler, le border collie ou le braque allemand, que j’adore, ont des besoins d'activités qui vont demander à beaucoup de gens de fournir plus d'efforts, des gens qui vivent en ville et doivent prendre la voiture pour emmener leur chien courir, par exemple. Je ne peux pas, dans ma situation actuelle, m'occuper de ce type de chien. Je ne dispose pas du temps nécessaire, de l'espace vert nécessaire, en tout cas pas à proximité immédiate de mon domicile. J'adorerais avoir un braque allemand, mais ma raison me dit : que puis-je apporter à un chien si sportif ? Comment pourrais-je combler ses besoins ?

Il paraît évident qu'on ne prend pas un bichon pour garder une propriété de plusieurs hectares. On n’adopte pas non plus un chien de garde quand ce que l’on souhaite, c'est de la compagnie. Et cela, c’est bien moins évident pour pas mal de gens.

Attention, je ne dis pas qu'un citadin ne peut pas avoir un berger allemand, d'accord ? Je ne dis pas cela ! Je connais une multitude de gens qui rendent leur chien heureux en étant en ville alors que ce ne sont pas des chiens de compagnie. Je dis seulement que, globalement, certaines personnalités humaines et certains environnements ne permettent pas de combler les besoins de certains chiens **parce que cela vous oblige trop à ne pas être vous-même.**

J'en parlais en préambule de ce livre. Il me semble important de rester vous-même quand vous avez un chien. Si vous pensez avoir beaucoup de contraintes, il est possible que le problème principal soit la nécessité de fournir trop d'efforts pour combler des besoins moins évidents à combler que ceux des chiens de compagnie. Comment peut-on se forcer à faire des choses qui ne sont pas dans notre nature chaque semaine ou chaque jour ? C'est la raison pour laquelle beaucoup s'y tiennent pendant un an ou deux, au mieux, et peu à peu, ne le font plus ou le font, mais sans plaisir.

Le bonheur d'un chien est tellement lié à celui de son humain. S'occuper d'un chien d'une race trop exigeante pour la personne que l'on est et la vie que l'on mène peut générer des situations dramatiques. Mon but n'est pas de vous faire ressentir de la culpabilité si les besoins de votre chien vous dépassent. J'espère provoquer une réflexion si vous êtes concerné(e) par ce problème, ce qui devrait vous aider à mettre en place vos propres solutions.

**Votre chien s'ennuie surtout quand vous n'êtes pas avec lui.** Si vous manquez de temps, la solution passe par l'amélioration de la qualité du temps que vous passez avec lui. Ensuite, pensez aux services de promenades de chiens. Ne souriez pas : la somme que vous dépensez chaque mois pour ces promenades, quand vous avez un chien qui reste seul la plupart du temps, est bien investie : cela peut vous éviter d'aller chez le comportementaliste ou l'éducateur. Cela peut limiter les dégâts.

Les besoins du chien demandent surtout du temps de votre part. Ce temps consacré au chien doit absolument être régulier. Une heure chaque jour vaut mieux que 5 minutes/jour pendant la semaine et trois heures le dimanche.

Je vous garantis que plus vous consacrez de temps à votre chien (à pratiquer des activités gratifiantes pour lui) et plus vous aurez un chien réceptif, facile à éduquer.

L'éducation du chien demande parfois de reconsidérer certaines de ses priorités, mais les bénéfices sont inestimables, tant pour lui, que pour vous, pour votre famille, vos amis, vos voisins, pour tout le monde !

Néanmoins, nul besoin de rendre la tâche compliquée. Testez des choses simples, comme quand je vais au café pour « monter la garde ». Et si les idées vous manquent, en attendant ou en remplacement, n'oubliez pas que les apprentissages d'ordres ou petits tours sont l'une des meilleures activités possibles pour tous les chiens.

**Si votre chien n'a pas assez d'activités ou n'a pas les activités qu'il aime, il se**

**trouvera lui-même d'autres activités. Bien entendu, ces activités risquent de ne pas vous plaire... aboyer, détruire, etc. !**

## 8. Créer un cadre de confiance

Le cadre de confiance est indispensable à l'éducation facile du chien adulte. Il est en confiance quand ses besoins sont comblés. Ce n'est toutefois parfois pas suffisant parfois parce que, malgré cela, certaines habitudes du propriétaire peuvent le stresser et générer un sentiment d'insécurité. N'oubliez pas que votre chien vous observe beaucoup pour savoir ce qu'il doit faire.

J'utilise le terme « cadre de confiance » parce des choses concrètes sont à mettre en place. Il ne s'agit pas d'une question d'osmose ou de magie entre l'homme et l'animal. Oui, parfois, il y a un peu de magie ! Mais cela ne se produit qu'une fois que le cadre de confiance est en place !!

Voici ce qui génère le plus de stress chez un chien au quotidien, outre les besoins essentiels qui ne seraient pas comblés :

- Sc faire gronder ou punir – Gronder ou punir vous libère de votre colère, mais génère du stress chez votre chien. Il ne comprend pas votre colère. Vous pensez qu'il comprend parce qu'il a l'air « coupable », mais l'air coupable n'est qu'un réflexe de protection. Souvenez-vous : les réflexes ne suffisent pas pour éduquer son chien.

- Se faire crier dessus – Soyez sûr(e) que crier fait peur à votre chien, qu'il soit gros, petit, beauceron ou yorkshire. Crier sur votre chien est peut-être un réflexe de panique quand la situation vous échappe, mais, dans tous les cas, cela représente un énorme facteur de stress pour un chien, ruinant tous vos efforts pour obtenir un brave chien qui vous écoute. Dites non sans crier. Ordonnez sans crier.
- Se faire taper – Vous tapez doucement avec un papier journal et vous n'utilisez jamais votre main : cela ne change rien. Vous tapez quand même et vous faites peur à votre chien. Si votre chien a peur de vous, vous avez de grandes difficultés à lui apprendre quoi que ce soit. Il n'est plus coopératif : il obéit parce qu'il a peur. Un chien qui a peur est potentiellement un chien dangereux. Il ne l'est pas aujourd'hui, il le sera demain. Il ne l'est pas avec vous, il le sera avec quelqu'un d'autre. Un chien qui se fait taper par son humain finit vite par associer son humain à de la souffrance et s'adapte à lui en développant des réflexes de protection.

La vie n'est pas simple pour tout le monde et certains d'entre nous ont mille et une raisons de s'énerver chaque jour.

En outre, certaines personnes ont tendance à passer leurs nerfs sur leur chien. C'est pourquoi je préconise le « non » aux personnes qui perdent patience facilement. Si vous êtes dans ce cas, faites-en une habitude. Et si vous ne vous énervez jamais... alors continuez !

C'est ainsi que les techniques modernes fonctionnent : avec un chien qui n'est pas stressé et qui est en confiance chez lui. Vous pouvez alors utiliser le renforcement positif et obtenir énormément de choses de lui. Cette méthode distille plusieurs astuces pour ne plus vous énerver. Je ne suis pas un modèle de patience, et j'ai pris sur moi pour ne plus râler. Râler était mon grand défaut durant les premières semaines avec ma chienne. À partir du moment où j'ai cessé de râler (et de forcer), les choses sérieuses ont vraiment pu commencer. Je n'avais jamais réalisé à quel point le simple fait de râler était néfaste.

Tous les chiens sont sensibles, tous ! Même les molosses les plus musclés et impressionnants sont des êtres sensibles qui ont besoin de ce sentiment de sécurité chez eux et de ce cadre de confiance envers les personnes avec qui ils vivent au quotidien.

Tous les chiens sont sensibles aux cris, affectés par la punition, perturbés et très négativement impactés par la violence physique.

## 9. La constance comme preuve d'amour

« Any interest your dog has in your mood is based on what he has learned it means » Jean Donaldson.

**Tout l'intérêt que votre chien peut avoir dans votre humeur est basé sur ce qu'il a appris que cette humeur signifie.**

Cette phrase est l'une des révélations du livre dont je vous parlais au tout premier chapitre[16]. Que vous soyez de bonne ou de mauvaise humeur n'a pas d'importance en soi. Ce qui est important avec le chien, c'est ce que votre humeur veut dire pour lui, et cela, il l'apprend si vous êtes constant(e).

Votre chien trouve un grand intérêt dans le fait que vous soyez de bonne humeur. Il a appris que c'est le moment des caresses. Il n'a pas d'intérêt dans le fait que vous soyez de mauvaise humeur. Il a appris que c'est le moment où (rayez la mention inutile) : vous criez, vous râlez, vous faites claquer les portes, vous tapez du poing sur la table, vous jetez des objets au lieu de les poser, vous faites la tête (vous l'ignorez), etc.

Comprenez-vous désormais pourquoi « être gentil » n'est pas un outil d'apprentissage ? Libre

---

[16] The Culture Clash, A Revolutionary New Way to Understanding the Relationship Between Humans and Domestic Dogs.

à vous de récompenser votre chien par une caresse en ne le caressant jamais, sauf pour lui signifier votre satisfaction. Personnellement, puisque nous parlons à nouveau de gentillesse, je trouve que ce n'est pas « gentil » du tout ! De mon point de vue, l'affection n'est pas un outil de pouvoir ou de chantage, ni avec les humains, ni avec les animaux.

En revanche, il est essentiel de maîtriser la constance de votre propre comportement. Cette constance sera bien plus efficace que le chantage à la caresse ou que la menace pour montrer sa colère. Colère que le chien n'analyse pas comme un être humain pourrait le faire. Colère qu'il n'analyse pas du tout d'ailleurs, puisqu'il s'en protège par des mécanismes de défense naturels et n'apprend rien quand il y est confronté.

Plus vous manifestez cette bonne ou cette mauvaise humeur de la même façon, plus les choses sont claires pour votre chien ! C'est comme le fait de dire « non » au lieu d'utiliser des tas de mots différents. La constance, avec le chien, vaut pour tout : les ordres, les gestes, votre humeur et la façon dont vous lui montrez que vous êtes content.

Témoigner son affection à son chien est important, et il appartient à chacun de manifester son affection comme il le souhaite. N'oubliez pas qu'au-delà des caresses, bisous et câlins ou de la multiplication des accessoires et jouets, le plus important pour un chien est de savoir avec certitude quand vous êtes content(e). Cela doit être très clair : toujours pareil, une chose signifie une chose ; il n'y a pas 100 interprétations possibles pour votre chien.

C'est ainsi que vous êtes constant(e). En cela, vous êtes juste.

Si vous êtes juste, vous êtes libre de :

- lui raconter votre vie
- lui faire des bisous
- vous contenter de le caresser de temps en temps
- lui donner des petites tapes amicales en guise d'affection

Certains vous diront que vous en faites trop ou, au contraire, que vous n'êtes pas assez gentil(le). Mais si vous êtes constant(e), vous n'avez RIEN à vous reprocher.

La façon dont vous exprimez votre affection n'a RIEN à voir avec l'obéissance. La constance est la seule véritable preuve d'amour pour votre chien, selon ses codes de communication qui sont différents des vôtres. Sans crier ni taper, bien entendu.

Les plus grands éducateurs canins, qui ont des dizaines d'années d'expérience et sont aussi des scientifiques, parcourant des milliers de kilomètres pour faire des conférences et ouvrant des écoles dans plusieurs pays, disent que l'amour d'un humain envers son chien est parfois un parasite. C'est horrible, mais plus les années passent, plus je suis confrontée à des histoires incroyables, plus je suis convaincue que c'est vrai. La conséquence majeure de ce parasite est l'inconstance du comportement du propriétaire, à mon avis. Ce n'est pas forcément l'affect en lui-même qui pose problème. Il est vrai que sans affect, on éduque un chien beaucoup mieux ; j'ai eu l'occasion de le remarquer quand j'ai commencé à aider ici et là. Les résultats sont nettement plus probants avec les chiens des autres.

Mais on peut très bien adorer son chien et très bien l'éduquer.

Si le chien est sans cesse en train de communiquer, il est aussi sans cesse en train d'essayer d'interpréter nos messages. Or nous générons souvent de la confusion par notre inconstance. Vous savez que plus vous parvenez à comprendre le langage du chien, plus la vie avec lui est facile.

Eh bien, imaginez un peu ce que dans l'autre sens... c'est pareil !!!

## 10. La friandise

Ce livre utilise/mentionne – surtout dans la Section 2, Socialisation et la Section 5, Ordres - essentiellement la friandise en tant que récompense. Elle est en effet ce qu'il y a de plus accessible à tout un chacun et s'avère, par ailleurs, très motivante pour la plupart des chiens.

Néanmoins, d'autres formes de récompense sont à tester. Ce que le chien veut faire, comme sortir de la maison ou traverser la rue, représente une récompense en soi. Je vous donnerai d'autres exemples pour récompenser votre chien avec ce qu'il veut faire. Il y a aussi les caresses et le jeu. Vous apprendrez à utiliser diverses formes de récompenses. La récompense est ce que le chien veut. Il peut vouloir bien d'autres choses que de la nourriture.

Utilisez toujours le même signal vocal lorsque vous récompensez.

J'ai choisi l'expression « bon chien ».

Vous allez constater qu'en utilisant correctement le signal vocal « bon chien », votre chien va peu à peu vouloir autre chose que des friandises ou des jouets. Si vous faites ce qu'il faut, votre satisfaction, exprimée avec une expression spécifique comme « bon chien », deviendra vite ce qu'il désire. Cela va remplacer progressivement vos récompenses.

Pour que cela puisse fonctionner : ne donnez pas toujours la même récompense et SURTOUT ne la donnez plus systématiquement quand il vous semble que votre chien a vraiment compris (le bon comportement s'est répété plusieurs fois sans avoir à insister).

Réduisez la quantité et/ou la qualité de la récompense progressivement.

Bon Chien. « Bon Chien » n'est pas le fruit du hasard. Il faut utiliser un ou deux mots que vous n'utilisez jamais dans d'autres circonstances. Votre chien ne doit pas entendre ce signal vocal de satisfaction pour quoi ce soit d'autre. C'est pour cela que « excellent ! » ou « ouiiiii ! » vous font prendre des risques : ils peuvent vous rendre moins efficace.

Essayez de vous en tenir à un seul mot ou une seule expression. « Bon Chien » est vraiment très pratique : vous ne risquez pas de le dire à qui que ce soit d'autre que votre chien !

Plusieurs lecteurs m'ont demandé s'ils pouvaient utiliser autre chose parce que ce n'est pas naturel pour eux de dire « bon chien ». Finalement, j'ai lu et entendu dire : « ça c'est bon chien », « c'est qui le bon chien ? », « oh lala le bon chien », « bon chien chien, bon chien chien »... et même « ça, c'est mon chien ça », « super mon chien », « bravo mon chien »...

Tout cela fonctionne, si vous parvenez à vous limiter à une seule expression.

Quand il aura compris – et il va vite comprendre – cette expression le rendra heureux.

Il remuera peut-être la queue ou s'approchera vite de vous, entre autres réactions de joie possibles.

Rien ne rend votre chien plus heureux que de vous satisfaire quand il a compris que la vie est vraiment chouette quand vous êtes content(e). Une fois qu'il a découvert comment cela fonctionne, il n'attend qu'une chose : que vous lui donniez l'opportunité de vous voir satisfait(e). Il doit l'apprendre, car, à la base, il est (innocemment) égoïste. Il ne sait pas, si vous ne le lui apprenez pas, que **vous satisfaire peut avoir des conséquences fantastiques.**

Quand vous commencez à diminuer la récompense, c'est la loterie : votre chien ne sait plus quand il va en recevoir une. Mais il a appris le comportement ; c'est devenu la nouvelle normalité des choses.

La friandise est un véritable « outil », qui peut être utile de différentes façons. Voici comment la friandise peut être utilisée pour apprendre des choses à votre chien, qu'il s'agisse d'ordres ou de nouveaux comportements.

### A. Attirer

La friandise peut être un moyen d'attirer votre chien. Non, pas un moyen de le piéger. Il ne s'agit pas de tromper son chien : vous l'obligez à se mouvoir pour accomplir une action. Il faut ensuite donner la friandise.

Par exemple : vous voulez apprendre à votre chien à poser sa tête sur vos genoux quand vous êtes assis près de lui. Vous pouvez manipuler la friandise de sorte que votre chien soit obligé de baisser la tête jusqu'à ce qu'elle touche votre genou. Alors, vous ajoutez le signal « câlin » (par exemple) au moment où cela se produit. Et vous répétez jusqu'à pouvoir dire « câlin » en tant que nouvel ordre. Vous aurez probablement besoin de la friandise pendant quelques répétitions. Mais après quelque temps, vous pourrez utiliser votre doigt à la place du leurre. Ce genre de technique peut fonctionner pour différents ordres et tours : couché, debout, ta place, faire la révérence, faire le beau, faire le mort...

Il suffit de dire le mot au moment où vous avez réussi à faire accomplir l'action à votre chien. N'attendez pas qu'il comprenne ce qu'il faut faire avec un mot qu'il ne comprend pas. Montrez-lui d'abord ce qu'il faut faire. Ensuite, le mot deviendra ordre.

Vous pouvez aussi, pour attirer votre chien, si la friandise le rend tout fou, plonger votre main dans un paquet de croquettes ou manipuler de la nourriture juste avant une séance.

### B. Récompenser

La récompense par la friandise peut être utilisée pour :

- bien entendu, récompenser votre chien au moment où il exécute ce que vous souhaitez ;
- mais aussi pour lui faire comprendre que vous êtes satisfait(e) lorsqu'il ne fait pas ce qu'il aurait pu faire (comportement) – nous verrons cela en détail dans la Section 4. Il ne fait pas ce qu'il aurait pu faire, mais de

son point de vue de chien, il fait bel et bien quelque chose. **Il fait autre chose !** Exemple : il ne saute pas sur un invité, mais il remue la queue ou le renifle. Ce comportement qui vous plaît plus que « sauter » pourrait être récompensé systématiquement. Il remplacerait ainsi le mauvais comportement. À condition toutefois de recevoir du monde fréquemment, car des répétitions régulières sont nécessaires.

Cet outil qu'est la friandise de récompense sera peu à peu remplacé par d'autres afin de ne plus être contraint de se promener avec des bonbons en permanence. Toutefois, il est crucial de féliciter un comportement régulièrement, même quand il semble acquis.

Si vous ne dites plus jamais à votre chien que vous êtes content(e) (bon chien) parce que vous estimez que le bon comportement (ou l'ordre) est acquis, cet acquis pourrait peu à peu disparaitre. Avec certains chiens, cet acquis s'estompe d'ailleurs très vite.

### C. Améliorer

La friandise peut également être utilisée afin d'améliorer un acquis[17].

---

[17] Je m'inspire en partie du travail d'Ian Dunbar et de sa méthode « Lure Reward Training » pour ce qui est de la technique d'amélioration. Mais en partie seulement, parce qu'il développe un système plus complexe et précis que celui

Si vous avez appris un ordre à votre chien, qu'il exécute très bien à la maison, mais pas à l'extérieur – c'est extrêmement fréquent –, cela nécessite probablement d'utiliser une friandise au lieu d'un simple « bon chien ».

Vous pouvez utiliser la friandise alors que vous ne l'aviez pas fait au départ ou utiliser une meilleure friandise lorsqu'une première étape, facile, (ex : assis dans le jardin) est suivie d'une étape plus complexe (ex : assis dans le jardin alors que les enfants jouent au ballon à quelques mètres).

Vous pouvez aussi perfectionner ou « peaufiner ». Quand un ordre vous semble bien exécuté, vous pouvez alors travailler à l'amélioration de l'ordre. Dans ce cas, de nouveaux objectifs seront fixés, différents des objectifs de départ.

Par exemple, avec le rappel :

- Votre chien revient 9 fois sur 10. Il vous suffit de dire au pied une ou deux fois.
- Votre chien doit revenir à chaque fois après un seul « au pied » !
- Votre chien doit revenir à chaque fois après un seul « au pied » même quand son meilleur copain vient d'arriver au parc à chiens !!

---

que je décris, notamment avec un minutage et un nombre de répétitions bien précis.

Notez que vous pouvez tolérer des exceptions pour le rappel, si cela ne met pas en danger votre chien ou les personnes présentes et que, lorsque TOUT est contre vous, vous pouvez aller chercher votre chien. Cela ne va certainement pas détruire tout votre travail.

Un autre exemple, pour améliorer l'ordre droite/gauche :

- Votre chien va à votre gauche et à votre droite sur ordre « à gauche » et « à droite ».
- Votre chien doit aller à votre gauche et à votre droite en se plaçant derrière vous !
- Votre chien doit aller à votre gauche et à votre droite en se plaçant derrière vous alors que vous continuez à marcher !!

### D. Rassurer

Utilisez la friandise pour rassurer votre chien dans une situation qui lui fait peur. Cela vous permet de modifier l'émotion qu'il ressent. Vous associez ainsi la friandise à quelque chose de désagréable pour en faire quelque chose d'agréable. Cela nécessite des répétitions, comme pour apprendre un ordre et ce n'est qu'une première étape. Songez à l'exemple de Walter et les portails opaques : j'ai voulu associer les portails opaques à une top-friandise.

Le but est d'obtenir un chien plus calme, pour qu'il manifeste un comportement plaisant. Vous le rassurez dans le but de pouvoir saisir ou « capturer », comme je dis souvent, le moment opportun pour le féliciter. Il peut s'agir, au début, d'une seule seconde, mais une seconde suffit pour dire « bon chien » !

Vous devez pouvoir vous passer, peu à peu, des friandises. Pour cela, il faut aussi rassurer avec la voix (et le geste quand c'est possible). Signal visuel, auditif, « gustatif » : je vous conseille vivement d'alterner et de tester les trois en même temps pour un seul objectif afin de voir comment votre chien réagit.

**Attention : ne rassurez pas votre chien quand c'est trop tard !** Ne le rassurez pas alors qu'il est complètement paniqué ou fou de joie, en train d'aboyer ou de grogner ! Dans ce cas, vous l'encouragez à recommencer. Il faut rassurer quand les réactions ne sont pas intenses pour avoir une chance d'aller plus loin (idéalement quand il n'y a PAS encore eu de réaction !).

Songez à l'histoire de ma chienne et les SDF, même si mon but n'était pas de la rassurer mais directement de la faire revenir vers moi (elle était toutefois dans des contextes peu inquiétants pour commencer) : je n'ai pas commencé à agir alors qu'elle était en train de sauter partout au milieu d'un groupe de SDF assis par terre, mais en train de lever le museau pour renifler une personne accroupie.

### E. Quelles friandises ?

- N'utilisez pas les croquettes de votre chien pour récompenser. C'est pour cela que je parle parfois de « bonbons ». Ce n'est pas de la nourriture pour combler la faim et c'est vraiment important. *Sauf si vous utilisez beaucoup, beaucoup de récompenses par la nourriture temporairement :* dans ce cas, vous pouvez éventuellement utiliser des croquettes **que vous ne mettrez pas dans sa gamelle.**

- Vous pouvez utiliser des friandises achetées dans le commerce. On trouve même des « friandises de récompense ». Elles doivent être petites et légères mais vous pouvez souvent couper les friandises en deux si vous avez trouvé un produit efficace, cependant trop gros. Il faut alors tout préparer à l'avance.
- **De tout petits morceaux suffisent.** Vous avez peut-être l'impression « d'arnaquer » votre chien, mais en fait, de tout petits morceaux de choses délicieuses s'avèrent suffisamment motivants. Vous pouvez utiliser des récompenses que vous « fabriquez » vous-même en découpant des petits dés de jambon ou de fromage. Les friandises ne feront pas grossir votre chien si vous faites attention à leur taille et si votre chien fait suffisamment d'exercice.
- Si les saucisses (comme celles que l'on sert à l'apéritif), sont généralement appréciées des chiens, même les plus difficiles, certains chiens ont des goûts étonnants. Il arrive que des morceaux de pomme soit motivants. Les chiens peu intéressés par la

nourriture demandent parfois de faire de nombreux tests avant de trouver le Saint Graal.

- Testez également les produits pour chats : certains peuvent convenir aux chiens et sont parfois très faibles en calories. Ne pas en abuser : ils ne sont pas adaptés aux chiens.
- Réservez les meilleures friandises (exemple : thon en boîte, poulet...) pour les situations les plus difficiles de la socialisation ou les gros problèmes.

### F. Dans quelles conditions ?

Je pense que pour bien récompenser en utilisant la friandise, il faut retenir ceci :

- **Il ne faut pas que le chien puisse voir la friandise**. Vous devez éviter de garder les friandises de récompense dans la main - c'est parfois indispensable, comme pour apprendre à marcher au pied avec la technique que je vous expliquerai, mais la plupart du temps, on peut les cacher. Voir les bonbons, c'est la principale raison pour laquelle les chiens peuvent avoir du mal à se concentrer. Les garder dans la poche ou dans un petit sac autour du cou/de la taille est bien plus facile pour vous et pour votre chien. Il existe des petits sacs spécifiquement conçus pour les friandises de récompense. J'en ai un qui s'attache à la ceinture, aux passants de ceinture des pantalons, à une lanière de sac ou autour de l'épaule. Si vous savez coudre ou que vous connaissez quelqu'un qui sait coudre, c'est très simple à confectionner. Avec ce genre de sac également, vous ne cherchez pas vos bonbons pour chien trop longtemps, alors il est trop tard pour récompenser :)

- **Trop de friandises tuent la friandise.** Veillez à ce que la friandise reste « désirable ». Ne donnez pas vos friandises de récompense n'importe quand en tant que « petit plaisir ». Utilisez autre chose pour les petites douceurs.
- **Il faut récompenser immédiatement.** La friandise est donnée au moment précis où votre chien fait ce que vous attendez de lui. Par exemple : quand vous apprenez l'ordre « assis », la récompense doit intervenir exactement quand le derrière du chien touche le sol. Quand vous avez progressé, elle peut arriver après l'action. Mais pas trop tard. Au fil du temps et avec les chiens qui ont appris plusieurs ordres, il est moins grave de ne pas récompenser tout de suite. Pour les premiers apprentissages, c'est vraiment décisif.
- **Une meilleure et/ou plus grosse friandise quand c'est MIEUX.** La taille et/ou la qualité de la friandise est proportionnelle à l'effort fourni par votre chien. Par exemple : vous pouvez répéter deux fois la même chose et récompenser, mais vous récompensez avec une friandise meilleure ou plus grosse (ou les deux) quand vous n'avez eu à répéter qu'une seule fois. Le signal vocal peut aussi être

plus appuyé et enthousiaste (booooon chiiiiiien !!!).

- **Elle diminue à partir du moment où le chien a compris.** Elle peut diminuer en taille ou en qualité mais surtout en fréquence (une fois sur deux, puis sur trois, puis sur quatre, etc.).

Si la friandise ne fonctionne pas, pensez qu'elle peut être inintéressante pour votre chien et qu'il en faut une meilleure ou, au contraire, trop appétissante (il fait tout ce qu'il a appris pour essayer de l'avoir !) et il en faut une moins enthousiasmante.

### G. Variez les récompenses

Le chien s'habitue rapidement à toutes sortes de choses et il se lasse. Si cela nous arrange dans bien des cas, ce phénomène peut parfois poser problème.

Vous verrez vite ce qui fonctionne le mieux avec votre chien. Personnellement, au début, j'ai beaucoup utilisé la friandise avec ma chienne parce que c'était tellement plus facile (et j'avais de gros problèmes). Ensuite, j'ai commencé à essayer d'autres motivations, notamment les jouets.

Le fait de jouer est lui-même une grande motivation pour elle.

J'ai aussi appris une variété de petits tours en la récompensant par des « gratouilles » car madame adore plus que tout se faire gratter le dos. Alors, quand elle faisait ce que j'attendais comme secouer la tête, je lui grattais le dos. Elle voulait que je recommence alors je lui demandais à nouveau « secoue ».

Désormais, dire « bon chien » à ma chienne quand que je suis satisfaite suffit à la rendre contente. Elle n'attend plus de friandise après « bon chien » – alors qu'au début, dès que les mots « bon chien » étaient prononcés, elle me regardait en attendant sa friandise !

Je m'en suis sortie en diminuant très progressivement les quantités, en exagérant ma joie lorsqu'elle faisait ce que je lui demandais, mais surtout en changeant régulièrement les types de récompenses.

### H. Je n'aime pas trop l'idée d'utiliser la nourriture

La nourriture pour récompenser son chien est quelque chose que les méthodes à l'ancienne n'aiment pas trop, voire pas du tout. Si l'idée ne vous plaît pas, c'est très probablement parce que vous êtes victime de préjugés. La nourriture fait l'objet de quelques-unes des pires idées reçues sur le chien. En fait, la nourriture est à l'origine de dizaines de préjugés.

Motiver votre chien à obéir avec la nourriture est une étape. Considérez que c'est un cap à passer. Vous utilisez cette motivation et, plus tard, vous utiliserez une autre motivation, une motivation apprise par votre chien. Il aura compris que le fait de vous attendre au passage piéton lui est utile.

Pour l'instant, ce qui se passe de l'autre côté de la rue a plus d'intérêt que vous. La nourriture ne sert qu'à vous rendre plus intéressant dans une première phase.

Vous ne pouvez pas lutter contre certains centres d'intérêt de votre chien. **Vous devez faire naître un intérêt supérieur.**

Il n'est pas nécessaire d'utiliser la friandise pour récompenser votre chien dans tous les apprentissages. Mais parfois, il ne faut pas s'en priver et surtout pas pour de mauvaises raisons, comme les préjugés.

L'un de ces préjugés consiste à dire que le chien n'obéira que s'il a de la nourriture.

Bien sûr, vous ne parviendrez pas à « franchir le cap » si vous n'avez pas correctement utilisé **l'outil** qu'est la friandise. Dans ce cas, votre chien ne sera pas motivé sans l'outil. C'est pourquoi vous devez toujours y associer un signal vocal clair comme « bon chien » et idéalement un geste, mais toujours le même et avec une joie franche. Si vous devez exagérer votre joie, n'hésitez pas.

Vous devez aussi progressivement vous passer de l'outil dès lors que ce que vous essayez d'apprendre à votre chien commence à fonctionner. N'arrêtez jamais d'un coup net de récompenser, mais toujours progressivement en réduisant la qualité ou la quantité **et surtout la fréquence.**

# EXERCICES

## 1. Deux mots sinon rien

Faites cet exercice simple et extrêmement révélateur, avant de commencer à mettre en pratique ce que vous avez appris jusque-là. Il ne sera peut-être pas facile, mais l'activité ne dure qu'une journée (une demi-journée si vous préférez). Pendant une journée que vous passez à la maison, comme un dimanche où vous n'avez rien de prévu, vous allez vous obliger à ne dire que deux mots à votre chien et aucun autre mot de toute la journée.

Ces deux mots sont : bon chien !

Vous pouvez même prévenir vos proches que vous faites un exercice trouvé dans un livre et qu'aujourd'hui, vous n'avez le droit de ne parler à personne. Ne riez pas : cet exercice est encore plus efficace quand ces deux mots sont les seuls et uniques mots que vous dites de toute la journée. Pourquoi ?

Parce que vous êtes 100 % concentré(e) sur votre objectif : **repérer tout ce que votre chien fait de bien.**

Voici les consignes :

- Vous accompagnez systématiquement « bon chien » par une petite friandise.
- À chaque fois que vous dites « bon chien », notez sur un papier ce qui vous a poussé à le dire.

- Vous devez le dire au moins 5 fois : il faut donc être concentré(e) si vous ne le dites jamais d'habitude.
- Attention, pour être félicité, votre chien n'a vraiment rien d'extraordinaire à faire. Ce sont des choses très simples de la vie de tous les jours que vous devez relever. C'est tout ce qui vous plaît.

Voici des exemples :

- il tourne la tête pour vous regarder quand vous dites son nom ;
- il attend calmement que vous ouvriez la porte pour sortir dans le jardin ;
- il vient se coucher à vos pieds quand vous vous asseyez sur votre canapé pour lire votre journal ;
- il ne réagit pas alors qu'un petit enfant passe devant lui en courant ;
- il se dépêche de vous rejoindre quand vous mettez vos chaussures pour la promenade ;

Ça vous plaît ? Dites bon chien !

## 2. Sixième sens

Vous pouvez faire cet exercice pour toutes les émotions que ressent votre chien. L'activité consiste à repérer précisément **le moment où il commence et celui où il finit de ressentir quelque chose.**

Exemple. Quand ma chienne dort et qu'elle est intriguée par un bruit, elle commence par dresser les oreilles puis, elle ouvre les yeux.

Parfois, elle lève la tête tout de suite après. Elle peut reposer la tête, mais aussi tourner les yeux, et même la tête et les yeux, en direction du bruit. Elle peut se lever calmement ou se lever toute tendue en une fraction de seconde. Puis, elle peut aller se recoucher ou bien rester figée derrière la fenêtre. Elle peut alors se mettre à grogner. Parfois, elle arrête vite de grogner. Parfois, elle commence à aboyer. Parfois aussi, elle se met à « pleurer » et gratter le bas de la fenêtre.

Selon la manière dont la situation évolue, une fois qu'elle a dressé les oreilles en étant sur son coussin, je sais ce qui se passe dehors sans même regarder. Je ne comprends pas tout, mais je connais bien ses réactions. Si elle pleure et gratte, c'est qu'un chien passe – je sais même de quels chiens il s'agit selon l'intensité de ses réactions (c'est un chat quand elle est au paroxysme !). Si elle grogne, c'est que quelqu'un qu'elle ne connaît pas (ou éventuellement plus de gens que la normale) est en train de passer. Si elle aboie, c'est que quelqu'un reste trop longtemps dans l'allée.

« Décortiquer » ce qui se passe m'a pris du temps.

Selon la façon dont elle dresse les oreilles ou le grognement qu'elle émet, la situation dans la rue n'est pas identique. Le comprendre m'a permis d'intervenir exactement au bon moment et pas pour rien. C'est-à-dire que s'il y a effectivement quelque chose de bizarre, comme quelqu'un d'inconnu le soir, je n'interviens pas afin qu'elle continue à me signaler ce que MOI je trouve bizarre aussi. S'il y a un chat ou un chien, j'interviens (enfin, j'essaie) avant qu'il ne soit trop tard, c'est-à-dire avant que l'émotion ne soit trop forte.

Observer son chien sans chercher à lui apprendre quoi que ce soit est un très bon point de départ pour reprendre son éducation « en main ». On se rend compte qu'il ne faut pas de pouvoirs magiques pour capter les bons moments, pour dire les ordres et récompenser : **il faut anticiper ce qu'il va faire, donc connaître sa façon d'exprimer les choses.**

Avant la fin de chaque action accomplie par votre chien, une série de signaux s'est toujours produite. Elle est souvent trop rapide pour que quiconque les perçoive, mais parfois, il est possible de voir très clairement l'escalade des signaux.

Votre chien n'a pas de sixième sens. Il a des sens différents des vôtres. Il exprime des choses d'une façon différente. Si vous vous intéressez à tout cela, vous y verrez plus clair en ce qui concerne son langage et le fameux sujet du contexte dont je vous ai parlé plusieurs fois déjà.

1- Dans un contexte bien précis, avez-vous identifié des mouvements/actions que votre chien fait souvent et dans le même ordre ?
2- Que signifient les signaux envoyés dans le contexte où vous les avez observés ?

3- Et que signifient-ils dans les autres contextes où il les fait ? La même chose ? Ou y a-t-il de plus ou moins grandes différences ?

## 3. Ho ! Hé ! Hein ! Bon !

Que dites-vous quand vous êtes fâché(e) ?

Tout le monde a ses petites manies, en voiture, en plein bricolage ou jardinage, en faisant du rangement dans la maison, au travail… Nous sommes nombreux à utiliser ces expressions, devenues des réflexes, avec nos chiens : c'est pas vrai, mais qu'est-ce que tu fais, non, mais ho, arrêêêêêteuh, pousse-toi de là, dépêche, ça va pas non, ça suffit... Nombreux aussi sont ceux qui font des « mélanges » : non, mais ho, ça suffit hein ! C'est pas vrai ça, ça suffit !

Avec cet exercice, vous allez apprendre à **restreindre votre vocabulaire du mécontentement.**

Prévoyez, à l'avance, une demi-journée pour cet exercice, afin de « préparer » votre cerveau.

- À chaque fois qu'une expression de mécontentement est sur le point de vous échapper, retenez-la !
- Ne dites rien à la place.
- Notez immédiatement pourquoi vous avez failli le dire.

À la fin de cette demi-journée, reprenez vos notes et choisissez, parmi ces 2 possibilités, par quoi remplacer ce que vous avez failli dire :

- Par rien du tout : il valait mieux ignorer votre chien
- Par « non » : votre chien fait devant vous quelque chose qui vous déplaît – puis vous réfléchissez à un ordre à lui apprendre au lieu de dire « non ».

Apprendre à restreindre son vocabulaire du mécontentement est un très bon début lorsque l'on n'a pas l'habitude de renforcer des comportements de son chien et que l'on essaie souvent d'interdire.

Cet exercice vous aidera si vous avez tendance à utiliser beaucoup de mots différents quand votre chien se comporte d'une façon qui ne vous convient pas.

Manifester votre agacement ne vous est d'aucune utilité. De plus, cela peut vous amener à crier et à stresser votre chien sans vous en rendre compte.

# QUIZZ 1

**1- Si j'interdis à mon chien d'avoir un mauvais comportement en disant « non », alors je dois :**

a. le répéter tous les jours pour qu'il finisse par comprendre
b. encourager aussi le comportement qui me plaît
c. crier assez fort pour qu'il comprenne

**2- En étant très gentil avec son chien, on peut espérer qu'il nous écoute :**

a. non, au contraire, être trop gentil, c'est se retrouver avec un chien désobéissant
b. oui, sans doute, au moins le chien nous aime
c. non, on ne se fait pas obéir par la gentillesse

**3- L'éducation canine moderne interdit d'interdire :**

a. vrai
b. faux

**4- Qu'est-ce qui peut empêcher le renforcement positif d'être efficace ?**

a. avoir un chien stressé
b. interdire des comportements naturels chez son chien
c. faire des caresses et des câlins à son chien tous les jours

**5- Pour réussir à éduquer un chien adulte, il faut surtout :**

a. acheter des friandises vraiment appétissantes

b. passer du bon temps avec son chien

c. montrer à son chien qu'on est physiquement plus fort que lui

**6- La plus belle preuve d'amour que je puisse offrir à mon chien, c'est :**

a. ne pas lui acheter trop de jouets, car trop le gâter n'est pas bon pour lui

b. le gronder uniquement quand il a fait une bêtise

c. montrer que je suis satisfait toujours de la même manière

**7- Récompenser son chien avec une friandise, cela fonctionne parce que :**

a. les chiens ne pensent qu'à se goinfrer

b. c'est un signal clair qui arrive juste au bon moment

**Réponses en fin d'ouvrage.**

# SECTION 2 – Réussir la socialisation de son chien adulte

La socialisation du chiot permet d'avoir un animal adulte capable de vivre sereinement dans son environnement quotidien et de faire face, sans peur, à différentes situations dans d'autres environnements.

Socialisé, votre chien sait comment se comporter à la maison, mais aussi en dehors, dans la rue, chez des amis, à l'hôtel, dans la voiture, etc. Il peut avoir des appréhensions de temps en temps face à la nouveauté, c'est normal, mais ses réactions ne sont pas excessives.

Vous pouvez croiser/rencontrer ou inviter chez vous toutes sortes de personnes : ses comportements sont relativement *prévisibles*. Il peut préférer les adolescents aux personnes âgées, les femmes aux hommes ou encore les petits garçons aux petites filles, mais ses préférences ne sont pas marquées par des réactions extrêmes que ce soit la joie, l'hostilité ou l'évitement.

Les autres chiens ne le rendent pas agressif. Il les renifle, choisit de les apprécier ou pas (car ils ont leurs têtes et ne s'apprécient pas tous, même les chiens sociables), mais dans tous les cas, si un chien lui plaît, il remue la queue (par exemple) et si un chien ne lui plaît pas, il s'en va (par exemple). Il n'essaie pas de jouer avec un chien qu'il ne connaît ni d'Ève, ni d'Adam. Il n'essaie pas de l'attaquer. Il n'essaie pas de le « monter ». Il ne grogne pas sur lui. Il ne se met pas sur le dos.

Il connaît les bases de la communication entre chiens et rien de ce qu'il fait n'est extrême ou, pourrait-on dire, « mal poli ».

Un chien sociable est un chien à l'aise dans notre monde.

Or, ce monde, le nôtre, n'est pas très adapté aux chiens... !

## 1. Qu'est-ce que la socialisation ?

### A. Ce qui s'est passé avant

La socialisation d'un chiot commence **à l'âge de 3 semaines**. La période « bénie », comme je l'appelle parfois, est une phase idéale qui va durer jusqu'à **l'âge de 3 mois** - éventuellement 4 mois, mais entre le 3e et le 4e mois, c'est déjà en train de ne plus être aussi… « béni ».

C'est une période pendant laquelle un chiot peut s'habituer assez facilement à toutes sortes de choses. Si le chiot n'a pas vu certaines choses pendant cette période (et globalement, *le plus tôt est le mieux*), il peut être difficile et parfois impossible, de l'y habituer. Il peut s'agir de congénères, d'humains, d'animaux, d'objets, d'appareils, de véhicules, de lieux, de bruits, d'odeurs, de surfaces à fouler… il peut s'agir de tout !

Pourquoi certains chiots qui n'ont pas vu grand-chose tout petits parviennent-ils à s'habituer quand même à tels et tels éléments ? Cela dépend des individus. Ce n'est pas aussi excellent que s'ils en avaient pris l'habitude avant 3 mois, mais on peut constater qu'il y a des progrès. Cela dépend aussi de l'importance des différences entre l'environnement où le chiot a grandi jusqu'à 8 semaines (âge légal d'adoption en France) et l'environnement où il poursuit son évolution, jusqu'à 3 ou 4 mois. **Quand les deux environnements sont similaires, c'est plus facile.** Et, par la suite, si vous déménagez, avec un nouvel environnement similaire au précédent, c'est plus facile aussi. Les gens qui déménagent de la campagne à la ville ont assez souvent de gros problèmes avec leurs chiens qui n'ont jamais connu la vie urbaine.

C'est comme nous, sur un laps de temps différent. Si vous n'avez jamais fait de vélo avant un certain âge, ce sera plus difficile de faire du vélo, à l'adolescence ou à l'âge adulte. Il vaut mieux apprendre à lire et écrire quand on est petit. Ou à nager. Je vous donne ces exemples pour que vous compreniez que si votre chien a de grandes difficultés à vivre dans notre monde, c'est certainement (au moins en partie) lié à ce qu'il a vécu dans sa « petite enfance » et on ne peut pas faire de miracles.

Il y a beaucoup de choses à tenter et il y a des progrès possibles dans la plupart des cas mais, vous le verrez, c'est le plus souvent long et imparfait. Vous devez donc, dans certains cas, **changer des habitudes, changer des éléments de l'environnement quotidien de votre chien, mieux gérer les risques, éviter certaines situations...** Cela peut faire totalement partie de la solution. Essayer d'aider votre chien à changer : oui. Mais vouloir le changer radicalement quand il a de nombreuses réactions extrêmes au quotidien : cela va vous demander de changer **ce qu'il y a autour de lui.**

### B. C'est fichu ou il y a de l'espoir ?

Vous le savez peut-être, les chiots commencent par apprendre comment communiquer avec les chiens. Ils l'apprennent avec leur mère et leurs frères et sœurs. A l'âge d'environ 6 semaines, les bases les plus fondamentales sont intégrées. C'est-à-dire que s'il y a eu un problème quelconque pendant cette période de 3 à 6 semaines, cela va être laborieux pour un chiot d'apprendre à accepter les chiens et communiquer avec eux.

Notez toutefois que selon les individus, les problèmes ne se développent pas avec la même gravité. Il arrive même que des chiots n'ayant pas acquis ces bases, s'en sortent plutôt bien avec certains congénères. Mais la plupart du temps, ne pas avoir ces bases avant que la période idéale pour les acquérir ne s'achève, cela ne fait pas des chiens franchement faciles à rendre sociables avec les autres chiens.

Vous savez qu'il y a de l'espoir quand :

- votre chien peu sociable est parvenu à s'habituer à au moins un chien (lui-même très sociable) : il s'en désintéresse quand il le voit ou du moins, ne montre aucune hostilité ni n'essaie de l'éviter ;
- votre chien peu sociable n'est pas réactif *à tous les chiens sans exception* : certains chiens (repérez lesquels, où, quand, à quelle

distance… !) le font nettement moins réagir.

Néanmoins, ce n'est pas toujours problématique. En effet, je peux récupérer un chiot dont la maman ne s'en est pas bien occupé ou qui a été séparé de sa maman très tôt (parmi les principales causes possibles de ce problème), et habiter à la campagne dans une maison entourée d'un grand jardin clôturé et mon chien ne voit jamais d'autres chiens : je n'ai pas ce problème et je ne remarquerai peut-être jamais que mon chien n'est pas sociable avec les chiens ! (PS : si un chien mène une vie équilibrée et qu'il a une bonne relation avec ses humains, il ne souffre PAS de ne pas voir d'autres chiens. Et d'ailleurs, dans ce cas de figure, il s'en porte certainement mieux !)

A moins que votre chien ne souffre d'un *vrai* trouble du développement[18], il y a toujours un peu d'espoir que les choses s'améliorent (même s'il y a eu traumatisme).

---

[18] Ces troubles sont extrêmement rares et ne peuvent être diagnostiqués que par un vétérinairc ou un professionnel du comportement canin mais je vous conseille d'obtenir les deux avis. C'est quand ce qui s'est passé (ou ne s'est pas passé, d'ailleurs) dans les 8 premières semaines de vie du chiot est tellement handicapant socialement que le chien ne pourra pas changer. C'est le seul cas où un problème vient du chien lui-même. Ne vous emballez pas, c'est RARISSIME et seuls des professionnels peuvent le diagnostiquer, je le répète !

C'est aussi avant l'âge de 6 semaines qu'un chien fait l'acquisition d'autres savoir-faire essentiels, comme ne pas faire mal quand il mord et accepter les humains et tant et tant de choses qui font partie de leur monde.

Tout cela se peaufine jusqu'à l'âge de 8 semaines, **âge auquel les chiots commencent à être aptes à avoir les chocottes** de tout un tas de choses (ou alors, à pourchasser certains animaux ou véhicules, personnes, etc.).

En fait, le problème n'est pas tellement qu'un chiot n'ait jamais vu de... disons de moutons, avant l'âge de 8 semaines. **Tout dépend de ce qu'il y a par chez-vous.** S'il y a des moutons, juste à côté de chez-vous, ce sera peut-être un problème. Si votre chien vit en ville, le fait qu'il n'ait jamais été habitué aux moutons ne sera pas bien grave. Et si vous pouvez clôturer votre jardin, pour que votre chien ne puisse plus voir les moutons qui le rendent « fou », le problème est réglé (n'oubliez jamais la partie « gestion » : les solutions matérielles et autres, qui peuvent aider votre chien).

Les éleveurs compétents essaient d'habituer leurs chiots aux choses les plus communes : les hommes, les femmes, les enfants, les chiens, la voiture, le collier et la laisse, éventuellement les chats... S'ils vivent près d'une ville, ils ont des opportunités de socialiser les chiots à la ville. Sinon, certains chiots élevés à la campagne (pas tous !) arrivent chez des citadins sans avoir jamais vu ni bus, ni camion, ni trottoir, ni rien de ce qui fait la ville et ça n'est alors pas toujours évident de les habituer. Il y a même des chiens qui ont peur des plaques d'égouts et des abris-bus.

Vous savez qu'il y a de l'espoir quand :

- Votre chien n'est pas totalement tétanisé en ville (en restant figé sur place) : vous avez réussi à le faire avancer (sans forcer) et même s'il paraît très mal à l'aise, par exemple il avance tête baissée en regardant de tous les côtés, vous avez observé qu'il avance sans essayer de fuir à tout prix.
- Votre chien tolère la ville jusqu'à un certain seuil : par exemple, il se promène relativement détendu à 6 heures du matin mais dès lors que la ville s'éveille, il y a trop de bruits et trop d'agitation et il faut attendre le soir, que la ville se calme à nouveau (ou bien c'est plus facile dans certaines rues).

En fait, vous savez qu'il y a de l'espoir quand votre chien est parvenu à montrer **une forme d'adaptation.** Mais attention, parfois, cela ne se produit jamais, NON pas parce que votre chien en est incapable, mais parce que **vous n'avez pas créé les conditions nécessaires à sa réussite.**

Ce qui s'est passé avant compte beaucoup et c'est rarement « fichu ». Je vous encourage à observer ce qui ne fait PAS peur à votre chien.

Pour reprendre l'exemple avec les chiens, s'il y a ne serait-ce qu'un seul chien que votre chien tolère, c'est bon signe et c'est fréquemment une bonne opportunité pour progresser (même si c'est un individu spécifique qui fait l'objet d'une bonne association : *ce chien-là = joie* et tous les chiens ne seront pas synonymes de la même chose). Le simple fait de pouvoir vivre une expérience agréable avec un autre chien ou disons, pas désagréable, est une aubaine pour aider votre chien à comprendre un peu mieux ses congénères.

Pour reprendre l'exemple de la ville, si votre chien est plus à l'aise dans une rue spécifique ou à un moment spécifique, c'est aussi une aubaine pour l'habituer à vivre des expériences agréables. C'est un lieu/un moment où il ne montre pas de comportements extrêmes. C'est la configuration idéale pour commencer à lui ôter ses peurs- pour la désensibilisation (*cf. Section 2-2-D-La désensibilisation*).

### C. Vous avez dit « sociable » ?

Existe-t-il vraiment des chiens sociables ? Oui, j'en ai deux beaux exemples dans mon quartier (qui me rendent verte de jalousie !). Hélas, alors que ce genre de chiens devrait représenter la majorité de la population canine, j'ai personnellement l'impression qu'ils sont une minorité.

Aucun chien n'est parfait. Vous avez beau faire un travail d'orfèvre pendant des mois, si votre chien extrêmement sociable n'a jamais vu de chevaux de sa vie, par exemple, vous n'êtes pas certain(e) de la façon dont il va réagir si un jour des chevaux prennent leurs quartiers dans le champ juste à côté de votre maison. Mais le chien bien socialisé se montrera, dans le pire des cas, vigilant, sinon intrigué ou curieux tandis que le chien qui n'est pas sociable, aboiera ou n'osera plus sortir de la maison, entre autres réactions possibles.

Oui, un chien sociable s'habitue plus vite aux nouvelles situations. Par exemple, confronté à des chevaux dans le champ voisin, le chien sociable choisira de rester tout l'après-midi sur la terrasse avant d'être enfin « d'accord » pour jouer dans le jardin plus près de la clôture du champ. Le chien peu sociable, quant à lui, restera trois jours derrière la porte-fenêtre de la terrasse avant, enfin, de bien vouloir poser les pattes sur la terrasse... C'est un exemple tout bête, mais vécu, avec deux chiens de ma famille.

**Un chien sociable sait comment se comporter pour être un brave chien qui ne se met pas en danger et qui ne met ni les autres chiens ni les personnes en danger, ou mal à l'aise.**

Nous en revenons aux concepts du « bien vivre en société » – notre priorité à tous – et au fait d'avoir un chien agréable à vivre. Je pense que ne pas laisser se développer des comportements gênants, comme le fait de sauter sur tout le monde ou se mettre à courir après les voitures, relève du bon sens. Mais je pense aussi que nombreux sont ceux qui, bien que dotés de bon sens, ne savent pas comment faire et se contentent d'avoir des réflexes. Ils ne proposent aucun apprentissage : ils réagissent sur le coup et pensent qu'en répétant « non », le chiot va finir par comprendre. Mais vous connaissez désormais les conséquences de **cette mauvaise habitude qu'est le réflexe d'interdire.**

Et vous devez tenir compte du fait que la peur ne se règle pas avec des « non ».

Pour tout ce qui représente un risque pour la sécurité du chien et la sécurité des êtres vivants qui l'entourent (et ceux qu'il fréquente au quotidien ou régulièrement), il n'y a pas matière à rire. Les comportements qui paraissent « naturels » et que l'on ne corrige pas – laissant le chiot « penser » que c'est normal - peuvent apparaître rigolos avec un bébé. Ils sont toutefois susceptibles de prendre une tournure dramatique une fois que le chien est adulte.

**Rendre un chiot sociable commence à la maison et par ce qui semble prioritaire selon l'environnement et les habitudes de vie des propriétaires.**

En parallèle aux priorités spécifiques de chaque personne et de chaque environnement, il est indispensable d'apprendre au chiot à bien se comporter avec toutes sortes de personnes, toutes sortes de chiens et dans toutes sortes de lieux. Quand on adopte un chiot, il faut prévoir de bouger !

Un chiot de 2 mois apprend comment se comporter grâce à une félicitation au bon moment. Pendant un mois – le premier mois est crucial – cela peut suffire. Cela nécessite toutefois des efforts quotidiens visant à multiplier les expériences. Celles-ci doivent être agréables, il y a donc lieu d'être particulièrement prudent et vite apprendre à anticiper ! En effet, rendre un chiot sociable ne se limite pas à une multiplication d'expériences dans un maximum d'endroits. **Il s'agit surtout de faire en sorte que ces**

**expériences soient les plus agréables possibles pour le chien.**

L'idéal est de travailler jusqu'à l'adolescence du chien pour que celle-ci se passe le plus sereinement possible. Il n'est pas rare que les chiens adolescents qui n'ont pas été correctement socialisés deviennent des chiens « difficiles ». Ils écoutent parfois moins bien que lorsqu'ils étaient plus jeunes. Si les bonnes habitudes n'ont pas été prises, la période peut s'avérer délicate, demandant de redoubler d'efforts. C'est particulièrement vrai avec certaines races, mais aussi et surtout dans certains environnements trop riches. Certains chiens de grande taille sont adolescents tardivement. Le travail est long. Un an, un an et demi, deux ans... C'est une des raisons pour lesquelles je dis souvent aux gens d'y « réfléchir à deux fois » avant de prendre un grand chien alors qu'ils n'ont jamais eu de chien.

Si, au bout de deux ou trois mois avec le chiot, vous fournissez moins d'efforts, l'emmenez toujours aux mêmes endroits et le confrontez toujours aux mêmes situations sans jamais le féliciter pour ce qu'il fait de bien, l'adolescence risque de demander des efforts surhumains, avec certains chiens.

Rappelez-vous qu'un facteur, à lui seul, ne rend jamais un chien « difficile », mais qu'**une combinaison de facteurs** entre en jeu : par exemple une prédisposition génétique + un environnement inadapté, comme avec un chien obnubilé par tout ce qui bouge parce que sa race est faite pour être sensible aux mouvements + parce que le chien vit entouré d'enfants qui courent partout et/ou de chats.

Ces efforts avec un chiot valent largement la peine, parce qu'un chien adulte demande deux fois plus d'efforts. Il n'est plus question, en effet, de « prendre des habitudes ». Les habitudes sont déjà prises.

Idéalement, la socialisation a lieu de façon quotidienne à partir de l'âge de 2 mois jusqu'à l'âge de 4 ou 5 mois – une période décisive pendant laquelle le chiot apprend vite, avec les bonnes comme les mauvaises expériences, d'où l'intérêt d'éviter tout traumatisme. Elle est ensuite poursuivie jusqu'à l'adolescence du chien. Certains acquis risquent alors de se perdre. L'on continue donc jusqu'à l'âge adulte, quand le caractère est « fixé », selon le terme en vigueur.

Le chien cesse alors d'intégrer de nouvelles choses comme il le faisait avant. **Désormais, il ne s'agit plus de prendre des habitudes mais de traiter des données inconnues : soit il sait quoi faire, soit il ne sait pas.**

De nombreux chiots sont correctement socialisés. Hélas, voici ce qui se passe très fréquemment :

- L'adolescence agitée de certains chiens vient anéantir les efforts du propriétaire du chien qui laisse tomber.
- Le travail effectué pendant un, deux, voire trois mois est considéré comme « une chose en moins » à faire. La personne devient moins vigilante, et le chiot commence à développer des

peurs ou de mauvaises habitudes (qui atteignent leur apogée à l'adolescence, en général, un âge auquel les chiens sont souvent abandonnés).

- La personne pense que la socialisation s'arrête à l'âge de 6 mois (ou un autre âge spécifique selon la race du chien ou selon les idées reçues). Le chien adulte perd ce qu'il a appris, car il n'est plus du tout encouragé à bien réagir.
- La personne pense que, comme c'est telle ou telle race (chien borné, foufou, trop vif, etc.), persévérer serait peine perdue.
- Il arrive également fréquemment que lors d'un important changement dans l'environnement du chiot, comme la naissance d'un enfant, un déménagement, l'arrivée d'un autre animal, etc., le chiot n'ait pas été préparé correctement.
- Un autre point très fréquent : le chiot bien socialisé grandit et ne voit plus personne, car il passe ses journées tout seul, menant une vie outrageusement « pépère », faite des mêmes rituels et des mêmes rencontres chaque jour qui passe.

De nombreux chiots correctement socialisés ne conservent pas les bonnes manières qu'ils ont apprises en devenant adultes parce que le travail n'est pas entretenu au fil des années.

Un chien devient sociable lorsque les outils pour appréhender le monde dans lequel il vit lui sont donnés. À partir d'un certain âge, pour certaines choses, il devient très difficile d'évoluer. C'est même impossible avec certains chiens devenus trop réactifs. Des améliorations peuvent être obtenues, mais pas de changement radical du comportement. Il devient alors nécessaire d'adapter l'environnement et, quand cela ne suffit pas, de replacer le chien dans un environnement différent. Autrement dit, il faut le donner à quelqu'un d'autre...

## 2. Comment faire avec un chien adulte

Le chien adulte peu/mal socialisé a peur de certaines choses/personnes/lieux/bruits, etc. Il n'y est pas habitué correctement et ne sait donc pas comment bien réagir. Il est craintif, peureux ou carrément effrayé sinon il « pourchasse » (il a des pulsions qu'il n'a jamais appris à contrôler). Cela a pu le rendre méfiant ou agressif. Un chien qui a peur peut être dans l'évitement ou l'hostilité ou un peu des deux selon les contextes. Je connais des chiens qui sont à 100% dans l'évitement et d'autres qui sont souvent dans l'évitement et parfois dans la menace. D'une manière générale, les chiens préfèrent fuir le danger s'ils en ont la possibilité, comme tout autre animal de cette planète. Si votre chien est à 100% dans la menace, ou dans une majorité de contextes, vous devez vous faire aider par un professionnel compétent sans attendre.

Si rien n'est mis en place, vous développez vous-même des stratégies d'évitement. Vous n'allez plus dans certains endroits. Vous vous privez de certaines expériences. Vous refusez certaines invitations, etc. C'est un cercle vicieux : votre chien a de moins en moins l'opportunité de vivre des expériences variées et d'être dans des situations où vous pourriez lui apprendre à bien se comporter. Notez que c'est différent de la

« gestion » dont je vous parlais plus haut. Vous ne prenez pas des décisions pour aider votre chien ; vous fuyez un maximum de situations !

Ces chiens peu sociables peuvent représenter un danger pour des personnes qui leur font peur sans le savoir. Elles sont des menaces alors qu'elles n'ont aucune mauvaise intention. En plus de mettre en danger d'autres chiens et d'autres personnes, ces chiens se mettent également souvent en danger eux-mêmes.

**Il est donc essentiel d'habituer progressivement votre chien adulte trop réactif dans divers contextes en lui faisant comprendre quels sont les comportements acceptables.** Vous récompensez les bons comportements. Pour cela, vous faites en sorte qu'ils se produisent. Une simple exposition à des personnes/lieux/circonstances NE SUFFIT PAS.

C'est ce que la méthode traditionnelle préconise, et cela s'avère particulièrement néfaste. A moins que vous sachiez parfaitement comment faire pour que ces « expositions » ou « mises en situation » se déroulent parfaitement bien – ce qui, dans la plupart des cas, est impossible -, lui faire fréquenter du monde ou le mettre face à ses plus grandes peurs n'est pas un mode d'apprentissage. Votre chien n'est plus un chiot qui ne connaît pas la peur (à 8 semaines, c'est fini). Il a développé des peurs. **Il est dès lors complètement inutile, et même destructeur, de l'y confronter le plus possible.**

Il y a une dizaine d'années, j'ai gardé un chien chez moi, âgé de cinq ans, pendant trois mois. Son propriétaire m'avait expressément demandé de le sortir un maximum dans des endroits très fréquentés afin qu'il s'habitue à sa future nouvelle vie (le propriétaire du chien s'apprêtait à déménager de la campagne à la ville). Avec bien moins de connaissances qu'aujourd'hui, j'avais tout de même trouvé cela curieux ; je ne saurais dire pourquoi mais pour moi, les « immersions » dans l'inconnu ne font pas sens. Et quand j'ai vu que le chien était terrorisé sur le marché du quartier, j'ai fait demi-tour tout de suite. Son propriétaire m'a « enguirlandée » durement au téléphone quand je lui ai raconté l'incident. « Tu aurais dû insister » m'avait-il reproché, avant d'ajouter, rongé par le remord de m'avoir confié son chien : « Tu vas m'en faire un poltron ! ».

Excuse-moi, avais-je répondu, mais c'est déjà un poltron.

Qu'ai-je fait ?

Je le sortais aux heures les plus paisibles. Sans savoir ce que je faisais à l'époque, je lui donnais des bonbons pour chien quand on passait près de lieux plus animés. J'ai commis pas mal d'erreurs mais toujours est-il qu'à la fin de ses trois mois de vacances chez moi, je sortais ce chien sur le marché (au moment où les commerçants commencent à ranger parce qu'avec un chien qui n'a jamais rien vu ni personne, on ne fait pas de miracle). Je doute que ce fût possible en le forçant à avancer un dimanche matin en plein marché.

### A. Conseils

Pour une habituation progressive, il est souvent nécessaire, dans un premier temps, de mettre le chien en confiance, notamment en le mettant face à des choses qu'il considère comme menaçantes, mais d'abord de très faible intensité, puis en augmentant progressivement l'intensité. Cela s'appelle la « désensibilisation ».

Qu'est-ce qui fait peur à votre chien ? Par exemple, si ce sont les chiens plus grands que lui, peut-être qu'un chien plus petit sera un bon point de départ. Si ce sont les chiens qui s'approchent de trop près (c'est souvent le cas), un travail à distance sera nécessaire jusqu'à ce qu'un meilleur comportement se répète. À ce moment-là, vous pourrez vous rapprocher, peut-être d'un mètre, peut-être de plus. Et vous réduirez progressivement la distance à laquelle vous vous approchez tout en laissant les chiens s'approcher du vôtre. Si ce sont les personnes âgées, votre voisin de 80 ans, qui provoque une moindre réaction, sera peut-être une personne adéquate pour commencer. Si c'est l'aspirateur, vous commencerez avec l'aspirateur éteint et vous combinerez d'autres facteurs réduisant l'intensité de la peur, par exemple l'aspirateur dans un coin de la pièce au lieu du milieu. Soyez créatif : **repérez les éléments qui créent une toute petite peur minuscule.**

**Il est toutefois souvent nécessaire, de commencer alors qu'AUCUNE peur ne se manifeste (*il y a quelque chose qui devrait lui faire peur mais ce n'est pas le cas...*).**

La friandise met le chien en confiance, car elle est agréable pour lui. Il est néanmoins important de lui associer, en même temps, un signal vocal/gestuel. Peu à peu, surtout en cas de longues durées, le signal vocal/gestuel remplace la friandise : une fois sur deux, une fois sur trois, une fois sur quatre, etc. En donnant une friandise à votre chien, vous associez une sensation agréable à une situation désagréable. Vous lui donnez alors un signal qui signifie « détends-toi ». De nombreuses répétitions sont nécessaires avec un chien adulte très réactif.

Il est indispensable de détendre le chien, pour avoir enfin le temps de faire passer le message « je suis content(e) », c'est-à-dire pour avoir le temps de féliciter son chien qui s'est bien comporté. Si vous avez du mal à trouver des situations dans lesquelles ses réactions sont de moindre intensité pour commencer ce travail, alors n'hésitez pas à changer d'environnement, à modifier vos habitudes, vos horaires ou trajets de promenade, etc.

Il faut capturer le bon moment, avant que la peur ne l'envahisse, d'où l'utilité de repérer les signaux de peur et l'intensité de la peur, qui progresse différemment d'un chien à l'autre et selon l'origine de la peur.

Votre chien peut, par exemple, baisser la tête, les oreilles et la queue devant des enfants agités ; mais parfois, il ne baisse que les oreilles. Voilà un moment crucial pour commencer le travail ! Il arrive également que votre chien grogne quand il voit un chien passer près de lui ; mais parfois, avec certains chiens, il se fige sur place pour les regarder passer. Voilà peut-être un moment intéressant. Il commence à grogner ? Partez. Vous recommencerez demain. Vous affûterez peu à peu votre technique : lorsque l'on débute, obtenir des résultats demande de la persévérance.

Bien se comporter dépend de ce que VOUS voulez : qu'il n'aboie plus, qu'il ne parte plus en courant, qu'il ne tire plus sur sa laisse, qu'il ne grogne plus ?

- Vous devez donc avoir un but précis en fonction du comportement de votre chien.
- Vous devez également tenir compte du fait que, quand votre chien ne fait plus quelque chose, il ne fait pas « rien ». Il fait autre chose.

De notre point de vue d'humain, il semble effectivement que le chien ne fait « plus rien » (il ne tire plus ! hourra !). Mais pour lui, de son point de vue de chien, il s'arrête ou regarde quelque part (par exemple). Si vous vous souvenez toujours de cela, si vous repérez toutes ces choses que le chien fait alors qu'il semble qu'il « ne fait plus rien », vous obtiendrez de brillants résultats, car vous récompenserez les bons comportements.

### B. Le bonbon

Outre une utilisation en tant que récompense, vous pouvez utiliser des friandises pour rendre votre chien plus sociable de deux façons essentiellement et je vais prendre l'exemple du travail que j'ai fait avec ma chienne vis-à-vis des hommes pour être plus concrète.

### *a) Créer une association*

Au début ma chienne avait vraiment peur des hommes en général et des hommes imposants en particulier -et le pire pour elle, c'était les hommes âgés et imposants physiquement. Afin de créer une nouvelle association *hommes = joie*, je lui donnais un bonbon à chaque fois qu'un homme s'approchait de nous avant qu'elle ne réagisse. Il s'agissait donc soit d'hommes jeunes et/ou peu imposants, soit d'hommes assez loin de nous.

Ils n'étaient pas le type d'homme qu'elle redoutait le plus. Ces hommes-là, je les évitais, parce que si votre chien a l'occasion de connaître une frayeur alors que vous vous évertuez à lui apprendre qu'il ne faut pas avoir peur, tout tombe à plat.

Nous avons tenté ce travail plus tard et je n'ai jamais vraiment réussi avec les hommes âgés imposants physiquement. Mais ceux-ci ne courent pas les rues. J'estime donc que ma chienne est moins dangereuse qu'au début : il n'y a qu'un certain type d'hommes avec lesquels je dois être vigilante.

Avec deux de mes amis et un de mes voisins, je leur donnais la friandise et je leur disais de la jeter par terre (n'obligez surtout pas un chien mal à l'aise à s'approcher de quelqu'un pour prendre un bonbon !). C'est souvent très utile d'avoir au moins un « complice ». En répétant tous les jours ou presque, ma chienne a commencé à se détendre un peu. Ces hommes étaient devenus synonyme de bonbons.

Je crois qu'il a fallu un an pour qu'elle arrête de s'agiter en voyant un homme de trop près. C'est imparfait parce qu'aujourd'hui encore, un homme âgé vraiment costaud qui voudrait la caresser va la faire s'agiter mais il y a eu du progrès puisque des hommes « costauds » peuvent être près d'elle et s'ils l'ignorent, elle les ignore tandis qu'avant, je devais m'éloigner.

Elle a même des « amis » ; mon oncle, le buraliste et le voisin du 3e ne sont pas des « brindilles » et pourtant, ils peuvent la caresser sans qu'elle ne se mette dans tous ses états. Cela n'aurait pas été possible il y a quelques années.

C'est donc « moins pire ». Mais je dois préciser que je n'attends pas plus, *parce que* c'est une chienne qui est nettement **plus dans l'évitement** que dans l'agression. Elle peut essayer de se montrer impressionnante dans les premières secondes mais si un homme qu'elle essaie d'impressionner se penche pour lui parler, elle ne va pas se jeter sur lui pour le dévorer. Elle va plutôt sauter dans tous les sens et frétiller en baissant la tête et les oreilles. Bien sûr, je m'éloigne dans ce cas, si je n'ai pas pu m'éloigner avant.

Si vous avez besoin de vous éloigner parfois, il est utile de l'apprendre à votre chien avec le bonbon.

### *b) Détourner l'attention*

Parfois, il arrivait que ma chienne réagisse à un homme et c'était trop tard pour lui donner un bonbon. **Avec un chien dans tous ses états, il n'y a rien à faire à part lui faire prendre de**

**la distance par rapport à ce qu'il craint (que cela le rende peureux ou agressif).**

Vous n'apprendrez RIEN à votre chien une fois qu'il est déclenché. C'est AVANT qu'il faut agir !

Pour éviter qu'elle n'ait des occasions d'être hors de contrôle, j'ai, dans une première phase, utilisé la friandise pour attirer ma chienne vers moi et dès qu'elle la prenait, je disais « suis-moi ». J'ai fait de nombreuses répétitions, sans personne dans les parages, comme ça tout à coup je disais « suis-moi » pour que cela fonctionne quand il y a avait effectivement un homme à l'horizon (*cf. Section 5-1-A* pour plus de précisions sur comment apprendre un ordre).

A force de répéter dans des conditions faciles pour elle, un jour qu'on a croisé un homme qui l'a fait « rouler des mécaniques » mais qui était toutefois encore assez loin de nous, j'ai dit « suis-moi » et (ô miracle) elle est venue vers moi. Elle avait associé « suis-moi » à un bonbon. C'était la deuxième phase.

Dans une troisième phase, je lui donnais son bonbon de plus en plus tard. D'abord, elle l'avait de suite. Ensuite, elle l'avait après deux ou trois pas. Et puis, elle l'avait quand nous avions avancé de plusieurs mètres.

**Vous pouvez tout à fait apprendre autre chose à votre chien, du moment que c'est un comportement qui l'empêche de se mettre dans tous ses états.** Souvent, les « tours » sont très pratiques.

Par exemple, chez le vétérinaire, ma chienne est tendue comme tout. Pour lui changer les idées dans la salle d'attente, où je suis obligée de rester donc pas de *suis-moi* possible, je lui fais faire des « salut » (révérence) et des « secoue » (secoue la tête) et des « frotte tes yeux ». Avec récompense à la clé, si la salle d'attente est relativement calme, avec un petit chien tranquille ou des chats dans leurs caisses, c'est impeccable : ma chienne fait ses tours au lieu de pleurer pendant un quart d'heure en tirant sur sa laisse vers la porte (s'il y a un grand chien qui ne lui plaît pas, ce qui est arrivé une fois, j'attends dehors en prévenant l'assistante-vétérinaire !).

Même s'il s'agit d'un apprentissage, la socialisation n'est pas de l'obéissance.

Vous devrez modifier l'émotion négative que ressent votre chien qui a pris de mauvaises habitudes parce qu'il a développé des peurs, et la transformer en émotion positive. Une friandise spécifique associée à une situation spécifique signifiera, après un certain nombre de répétitions : chien plus gros que moi/homme à chapeau (ou peu importe ce qui lui fait peur) = situation agréable.

Vous ne récompensez donc pas votre chien pour avoir grogné ou aboyé. Vous le rassurez **avant** que le comportement indésirable ne se produise ou avant que la réaction désagréable dangereuse ne prenne trop d'intensité. Vous n'y arrivez pas ? Peut-être êtes-vous encore trop près de la menace ou pas assez « convaincant(e) » (friandise inadaptée).

**Rappelez-vous que l'intensité doit être très faible au départ.** La distance est à cet égard, un élément clé. Le type de chiens ou de personnes, le nombre de chiens ou de personnes... sont également à prendre en considération. Un grand nombre de facteurs peuvent jouer en votre faveur si vous êtes observateur !

Quelque chose que j'ai souvent fait au début avec ma chienne, et qui pourrait vous aider : quand il y avait un incident, je me repassais toute la scène dans ma tête le soir au calme et, au lieu d'être focalisée sur ma chienne comme je l'étais dans le feu de l'action, j'observais « de haut » tous les facteurs externes à ma chienne (y compris mon propre comportement).

### C. Votre environnement

Les fondements de la socialisation sont des règles de savoir-vivre qui correspondent à l'environnement du propriétaire (et du chien), selon son mode de vie, ses habitudes, etc.

Quand vous adoptez un chien adulte, vous avez, au pire un chien non socialisé, « au mieux » un chien socialisé par quelqu'un d'autre mais peut-être dans un environnement radicalement différent du vôtre.

Quand vous n'avez jamais/pas assez travaillé la socialisation de votre chien, la moindre situation un tant soit peu nouvelle peut se transformer en cauchemar.

Ainsi, il se peut que :

- Votre chien déteste la voiture, mais, pas de chance, il doit y monter régulièrement.
- Votre chien ait peur des hommes, mais, hélas, il en voit souvent, car votre frère, père, ami, petit ami… vous rend fréquemment visite.
- Votre chien ait peur des femmes à talons et des ados qui portent une capuche alors que, misère, votre femme porte des talons tous les jours et votre ado a des sweats à capuche.

etc., etc.

- Il est important de commencer par votre environnement, immédiat et quotidien, avec le chien adulte : votre maison, votre jardin, votre quartier, la maison des gens chez qui vous allez souvent, etc. Vous verrez ensuite ce qu'il est possible de réaliser dans d'autres environnements.
- **Il est indispensable de traiter en priorité les problèmes qui concernent les êtres humains.** Qu'il aboie sur la machine à laver, c'est pénible et cela doit être travaillé. Qu'il aboie sur quelqu'un, c'est peut-être pénible mais surtout potentiellement dangereux.

Il n'est pas rare que les gens qui optent pour un coaching sur mon site ouafmag.com me décrivent (parfois très longuement) les situations catastrophiques dans lesquelles elles se trouvent, en commençant par les choses les plus anodines et en terminant par les choses les plus graves. Lorsque je leur demande quelles sont leurs priorités, les choses les plus banales sont souvent citées d'abord, même quand leur chien représente un danger en puissance pour la société. J'ai même reçu, un jour, un message d'une dame qui me décrivait toutes les « bêtises » que son chien pouvait faire comme détruire les chaussures, aboyer sur les chiens du voisin, déterrer les plantes et aboyer pendant qu'elle était au téléphone. Je lui ai alors envoyé un long e-mail pour lui poser quelques questions et lui proposer plusieurs pistes de travail. Et ce n'est qu'en répondant à cet e-mail qu'elle m'a indiqué que son chien essayait d'attraper les enfants et qu'il en avait déjà pincé plusieurs.

Je lui ai demandé si elle était consciente de la gravité de la situation. Elle m'a dit « oui, oui bien sûr », ajoutant que « le plus gênant, c'est qu'il détruit tout ».

Cette dame s'était sans doute habituée à certains comportements et ne pensait pas que l'agressivité pouvait évoluer avec les enfants, parce que – c'est bien connu – « les chiens sont gentils avec les enfants », parce qu'il leur courait après depuis longtemps et n'avait jamais mordu, « juste » pincé (ce qui est très, très grave déjà). Comme si son comportement ne pouvait pas empirer... Et je crois, avec l'expérience, que nombreux sont ceux qui se voilent la face parce qu'il est difficile, vraiment très difficile, de reconnaître que son chien est agressif et de l'envisager comme un danger.

Je vous donne cet exemple un peu fort, mais authentique, en espérant qu'aucun préjugé sur le chien ne vous détourne des priorités les plus essentielles quand il s'agit de le rendre sociable. Parce que, si les préjugés sur le chien peuvent amener à faire des choses inutiles ou stupides, ils peuvent aussi aveugler certaines personnes qui se mettent en danger et mettent leur famille en danger avec un chien dangereux. Mais nous reparlerons du chien dangereux plus tard.

Je vous donne à présent deux exemples simples pour rendre un chien sociable, avec une personne et avec un objet inerte.

### *a) Exemple du jardinier*

Un ami (plutôt aisé !) de l'un de mes oncles avait une villa avec un grand jardin qu'il faisait entretenir par un jardinier professionnel.

Son chien ne supportait pas le jardinier et lui aboyait dessus très fort. Il lui arrivait également de grogner. Les chiens mal socialisés ont peur de certains types de personnes (parfois dans certains contextes uniquement) et non pas d'une seule personne : dans le cas contraire, il ne s'agit pas d'un problème de socialisation.

Ce chien avait peur des inconnus en général, des hommes d'âge mûr en particulier, et de toutes les personnes « pas comme les autres », c'est-à-dire pas comme celles dont il a l'habitude. Le jardinier, avec ses bottes, parfois son casque, ses outils de jardinage et ses gants, terrorisait le chien de l'ami de mon oncle. La personne pas comme les autres par excellence. Et pourtant, ce jardinier adorait les chiens et en avait plusieurs chez lui.

Voici ce que l'éducateur canin a proposé au propriétaire du chien. Cela a fonctionné tel un miracle. Pourtant, ce n'est pas un miracle. C'est une technique très efficace que je vous conseille vivement, que j'ai conseillée à de nombreuses personnes qui ont eu, elles aussi, l'impression de vivre un miracle.

Le but est que le chien n'ait plus peur. C'est exclusivement de cela qu'il s'agit. C'est cela qui règlera le problème tant sur le fond que sur la forme. Et la meilleure façon d'apprendre à un chien à apprécier certaines personnes est de les rendre « sympathiques » au lieu d'apparaître menaçantes. Souvenez-vous de Walter, le chien de mon amie qui avait peur des portails opaques, au cas où un chien serait caché derrière. Le but était d'associer les portails à quelque chose de merveilleux.

Eh bien, il est possible de faire pareil avec les personnes. On doit faire pareil avec les personnes que le chien considère comme menaçantes. Voici le schéma de travail. Il est très simple. Il exige seulement beaucoup de discipline pour le répéter inlassablement, chaque jour, **en respectant la progression au rythme du chien.**

Le jardinier n'a pas encore mis ses habits de travail ni ses bottes : tout ce qui rend potentiellement la personne effrayante encore plus effrayante doit disparaître dans une première phase. Attention, parfois c'est un accessoire banal, comme les chaussures à talons pour une femme, une casquette, un blouson, un collier qui scintille, etc.

Le jardinier lance doucement une friandise en direction du chien : on ne demande surtout pas au chien de s'approcher pour prendre la friandise dans la main. En fait, le chien approche facilement le jardinier quand il n'a pas ses bottes et ses gants. S'il met ses gants, le chien devient agité et peut même grogner tout en remuant la queue : il envoie des signaux contradictoires, car il est dans le doute (ce qui est dangereux car prévoir ses réactions est encore moins facile qu'avec un chien « purement » agressif).

Quand le chien prend sans problème la friandise, doucement lancée par terre, puis qu'il s'approche pour la prendre dans la main alors que le jardinier est vêtu normalement, on passe à la phase suivante. Elle consiste à ajouter l'accessoire le moins effrayant. Dans le cas présent, il s'agit du tablier. Le jardinier lance à nouveau la friandise par terre vers le chien qui la mange.

Les exercices suivants consistent à lancer la friandise de moins en moins loin, de sorte que le chien doive s'approcher un peu plus pour la prendre. Ici, l'éducateur donne des friandises plus appétantes au jardinier. Le chien finit par s'approcher pour prendre une friandise directement dans la main du jardinier qui porte son tablier.

Deux semaines se passent jusqu'à ce que le chien s'approche pour prendre la friandise posée aux pieds du jardinier revêtu de son tablier et de ses bottes. À ce moment-là, le chien ne grogne plus quand il voit le jardinier arriver à l'heure où il commence son travail. Il ne lui aboie plus non plus dessus quand il se déplace à travers le jardin.

Il ne prend pas encore la friandise dans la main, mais il a nettement moins peur.

Les séances continuent jusqu'à ce que le chien puisse prendre la friandise directement de la main du jardinier alors qu'il porte son tablier, ses bottes, ses gants. L'éducateur n'ira toutefois pas jusqu'à faire venir le chien alors que le jardinier porte son casque. En effet, le casque met le chien dans tous ses états et l'y habituer n'est pas nécessaire : quand le jardinier s'approche du lieu où se trouve le chien, c'est-à-dire près de la maison, il n'a pas besoin de mettre son casque. Il ne porte pas son casque pour s'occuper des massifs de fleurs sur la terrasse.

Le propriétaire du chien félicite son chien à chaque fois qu'il a pris une friandise et explose de joie à chaque fois que le chien prend la friandise dans la main.

Vous pouvez utiliser cette technique pour :

- approcher tout type de personne, sauf les enfants : ils ne doivent jamais participer directement à ce genre d'entraînement avant un certain âge. Il n'y a pas d'âge idéal ; cela dépend de chaque enfant sachant que certains enfants de 10 ans sont plus matures que certains adolescents de 13 ans. C'est le point le plus important, au-delà de l'âge lui-même. Il faut, tout d'abord, pouvoir maîtriser ses gestes et respecter les consignes des adultes. Il faut, ensuite, être capable de se comporter de façon cohérente avec le chien, en dehors des sessions d'apprentissage. **On n'apprend pas à un chien à avoir confiance en quelqu'un si ce quelqu'un se comporte n'importe comment dans la vie de tous les jours. Et si les enfants ne sont pas tous des monstres, ils ne maîtrisent pas leurs gestes, leurs mouvements, leur voix en-dessous d'un certain âge et peuvent faire peur aux chiens.**

- approcher de la machine à laver, de l'aspirateur, de la voiture... Vous vous positionnez à côté de ce qui fait peur au chien et vous vous comportez comme dans l'exemple du jardinier, en commençant avec la machine éteinte, la voiture fermée, l'aspirateur pas encore branché, etc. À vous de voir quels sont les facteurs qui peuvent jouer en votre faveur.

« Progressivement » et « régulièrement » sont les maîtres-mots pour ce type d'entrainement.

La rapidité des résultats dépend surtout de votre régularité et du respect de la progression. Cette progression n'est pas à évaluer selon vos objectifs, mais selon le rythme auquel le chien progresse. Ainsi, si trois jours suffisent, tant mieux ; si trois semaines sont nécessaires, tant pis !

Il est aussi très important que vous soyez détendu(e) et que la personne qui lance, puis donne la friandise soit elle-même détendue. Rappelez-vous que vous êtes en train d'apprendre quelque chose à votre chien, mais que votre chien, lui, est en train de découvrir un nouveau jeu. Quelle que soit la réaction de votre chien, c'est la peur qui le pousse à s'exprimer. Les conditions de cet exercice doivent donc être exemptes de tout stress.

Si vous trouvez cela fastidieux, détrompez-vous. Correctement appliqué, cet exercice est extraordinaire. Avez-vous déjà essayé de convaincre un ami qui a peur des ascenseurs, de prendre l'ascenseur avec vous ? Il ne vous viendrait pas à l'idée de le pousser dans l'ascenseur ou de lui expliquer pendant des heures qu'il n'a rien à craindre. Vous essayeriez probablement de détendre l'atmosphère en plaisantant et vous iriez d'abord au premier étage avant d'aller au 20e.

C'est pareil pour votre chien.

### *b) Exemple du balai*

Voici un exemple plus concret pour les objets. Il s'agit d'une bonne façon de procéder pour un chien qui a peur d'un objet dont vous avez besoin pour vous occuper de lui, par exemple la brosse, la pince à couper les griffes, le shampooing, la pipette anti-puces... mais aussi le harnais ou le collier, et tous les objets de la vie quotidienne comme le balai.

Bien entendu, pour que cet exercice réussisse, il ne faut pas que, dans la vie quotidienne, il soit associé à quelque chose de déplaisant. Il n'est donc pas question de faire peur au chien avec l'objet en question, ni vous, ni personne. Dans le cas contraire, vous enverriez des messages contradictoires au chien, ce qui réduirait l'exercice à néant. Il s'agit, encore une fois, de créer une association positive pour votre chien. Jardinier = personne inoffensive. Balai (ou autre) = objet inoffensif.

Laissez le balai par terre dans un coin de la pièce principale de la maison et ne vous en occupez plus de la journée. Le lendemain, mettez-le à un autre endroit de la même pièce. Changez d'endroit régulièrement pendant au moins une semaine. Si vous le pouvez, faites-le avec plusieurs balais pour continuer, dans différentes pièces. Sinon, changez régulièrement de pièce. Le balai doit faire partie du quotidien du chien, comme un objet de déco !

Quand il vous semble que votre chien est moins dérangé par le balai – il ne fait plus de détour pour l'éviter, il ne va plus le renifler en se faisant tout petit, cela ne le dérange pas de se coucher à 1 m du balai (ceci dit, évitez de le mettre trop près de son panier, car il ne faut pas non plus perturber les endroits importants pour votre chien, notamment là où il dort et mange) - prenez le balai pour accomplir différentes actions de la vie de tous les jours. Prenez-le en allant aux toilettes, en sortant de la salle de bains, avant de monter les escaliers ou de descendre à la cave...

**Habituez votre chien à vous voir porter l'objet très souvent. Ne lui accordez**

**aucune attention, qu'il réagisse ou pas. Ne faites pas de geste avec le balai. N'essayez PAS de faire approcher votre chien.**

Quand votre chien s'est habitué à vous voir porter l'objet dont il a peur et ne vous regarde plus passer ou ne s'éloigne plus de vous (soyez attentif pour observer des réactions moins intenses), vous pouvez prendre le balai et le garder dans la main pour remplir la gamelle de votre chien, lui ouvrir la porte ou, pourquoi pas, si cela se passe bien, lui mettre sa laisse. S'il est trop effrayé, laissez le balai à ces endroits cruciaux quand vous faites ces choses cruciales. Si c'est encore trop pour votre chien, laissez « traîner » le balai sur le tapis du salon quand vous regardez la télévision.

Dans tous ces exemples, il existe des situations dans lesquelles vous pouvez donner une friandise à votre chien. Ainsi, il ne suffit pas de transformer le balai en objet déco : vous devez l'associer à quelque chose d'agréable. Devant la télévision, par exemple, alors que le balai est posé là, à quelques centimètres de vous et de lui, vous pouvez caresser votre chien s'il vient près de vous. C'est parfois suffisant. Et devant la porte avant de sortir, quand vous lui mettez sa laisse vous pouvez lui donner une petite friandise.

Pensons à une toute dernière étape : pouvoir caresser votre chien avec le balai en main. Si vous y allez très progressivement, ce sera possible. Libre à vous d'ajouter des étapes si nécessaire !

### D. Les autres environnements

Imaginons que vous viviez à la campagne et que vous n'avez jamais l'occasion d'aller en ville avec votre chien. Il est inutile d'aller « travailler le centre-ville » avec votre chien adulte. Sauf si vous prévoyez de séjourner dans une ville, auquel cas un petit entraînement peut être utile. Mais ne vous y rendez pas un samedi après-midi en passant par la rue la plus commerçante !!

Il est indispensable de s'entraîner dans les environnements que votre chien fréquente régulièrement pour résoudre les situations problématiques, mais pas nécessairement dans les endroits exacts où les réactions problématiques se produisent, ni aux mêmes horaires. Il n'est pas facile d'habituer soi-même un chien adulte à un tout nouvel environnement quand la socialisation n'a pas été faite. C'est pourquoi je vous conseille de vous concentrer sur les contextes qui se reproduisent plus souvent et de les appréhender d'une façon différente, soit en allant ailleurs, soit en y allant à un autre moment que d'habitude.

Habituer votre chien à un maximum d'endroits différents reste tout à fait possible s'il est encore relativement jeune ou peu réactif.

Dites-vous bien que le chien adulte peut ne pas s'habituer à certains endroits, parfois. Vous aurez toujours plus de facilités dans les endroits calmes et peu fréquentés.

Si vous devez habituer votre chien à des situations en ville, commencez toujours systématiquement par les endroits les plus calmes (sinon aux heures les plus calmes). Moins il y a de distractions ou d'éléments stressants, plus votre chien sera coopératif. Vous pourrez facilement le détendre et capter les moments cruciaux pour le récompenser. Vous irez progressivement vers les endroits plus animés.

Songez aussi que, outre le bruit et la foule, les chiens peuvent être mal à l'aise à cause de certaines odeurs.

Prenons trois problèmes très courants du chien adulte non socialisé en ville :

- peur des bus et/ou camions
- peur de la gare et/ou des trains
- peur des rollers/trottinettes

Cela fonctionne également à la campagne. Remplacez bus et camions par vaches et chevaux, gare et trains par pont/passerelle et rivière, rollers et trottinettes par écureuils et lapins. Il n'en a peut-être pas peur, mais manifeste une réaction excessive.

Ces techniques fonctionnent pour tout ce qui est excessif : dans la joie, dans la peur, dans l'agressivité, etc.

### *a) Exemple BUS ET CAMIONS*

Vous vivez en ville et votre chien est terrorisé par les bus et les camions. Vous irez tout d'abord dans une rue très tranquille, par exemple une rue piétonne un dimanche matin avant l'ouverture des magasins, s'il y en a. Vous vous promènerez ensuite dans une rue plus fréquentée, où les camions et les bus ne peuvent pas passer. Peut-être pourrez-vous les apercevoir au bout de la rue. Vous réitérerez plusieurs fois l'expérience aux heures les plus calmes, puis à des moments moins calmes, puis finalement aux heures de pointe. Plusieurs semaines, voire plusieurs mois seront peut-être nécessaires. Vos efforts seront récompensés si vous procédez progressivement.

Essayez de capter l'attention de votre chien avec une friandise à chaque fois qu'il se montre un tant soit peu agité. Si vous pouvez lui demander de s'assoir dans certaines circonstances : faites-le. Faites-le, mais ce n'est pas le but ultime. Le but ultime est qu'il ne réagisse plus ou qu'il ne réagisse que faiblement. Le but ultime est d'associer ce qui lui fait peur à des choses agréables.

Vous vous baladerez un jour sur la grande avenue ou le grand boulevard, là où passent les bus, mais vous n'avancerez pas tout de suite.

Donnez des friandises à votre chien à chaque étape.

N'hésitez pas à vous baisser pour être à sa hauteur, à lui parler doucement et à utiliser un signal comme « tout va bien ». Tout va bien ne signifie pas que tout va bien pour le chien ! Non, bien sûr. Cela signifie avec un peu d'entraînement : friandise. Vous associez.

Lorsque les réactions de votre chien deviennent moins intenses, ou lorsque vous réussissez à le faire s'assoir alors qu'un bus passe au bout de la rue, puis lorsque vous êtes tout au bout de cette rue, au plus près de l'arrêt de bus, par exemple, vous pouvez probablement bifurquer pour marcher dans cette rue même où les bus et camions peuvent passer. Mais n'y restez pas trop longtemps si votre chien n'est pas rassuré et prenez vite une autre petite rue plus calme.

Vous recommencez en allant chaque fois un peu plus loin. Jusqu'au jour où vous remontez toute l'avenue ou la grande rue où passent les bus et camions, sans que votre chien ne montre aucun signe de stress.

Continuez à récompenser votre chien calme de temps en temps avec des friandises avant d'utiliser uniquement « bon chien ». Par exemple, un bus passe et votre chien le regarde passer, mais continue à marcher près de vous : ceci vaut une récompense.

PS : restez zen !

### *b) Exemple GARE ET TRAINS*

Vous allez d'abord dans la gare et vous ressortez aussitôt. Il ne veut pas entrer ? Vous vous positionnez d'abord devant, à quelques mètres, puis plus près le lendemain, puis devant la porte. Vous récompensez votre chien s'il ne montre aucun signe de stress. Attention, si vous restez trop longtemps devant la porte, il peut commencer à s'agiter. Lors des premières répétitions, il sera sans doute plus sage de rester quelques secondes seulement. Lorsque vous entrez pour la première fois dans la gare, observez bien les réactions de votre chien et sortez dès qu'il manifeste des signes de peur trop importants.

N'attendez pas qu'il atteigne le point de non-retour.

Retournez-y le lendemain (ou plus tard dans la même journée) et allez un peu plus loin dans la gare. Retournez-y encore et encore, en avançant de plus en plus loin à chaque fois. N'oubliez pas de récompenser très régulièrement votre chien s'il se comporte bien, et de vous éloigner de la gare dès que vous avez l'impression de ne plus maîtriser la situation.

Si votre chien montre des signes d'anxiété, rassurez-le avec friandise, caresse et « bon chien » à partir du moment où vous obtenez son attention ou bien à partir du moment où les signaux qu'il envoie se font moins intenses (ou sont moins nombreux).

Jusqu'au jour où vous allez sur le quai de la gare : utilisez de meilleures friandises s'il est stressé. Ne restez pas trop longtemps sur le quai pour un premier essai, il n'est peut-être pas nécessaire de s'approcher du bord du quai. Vous pouvez rester un instant en haut des escaliers avant de redescendre.

Ressortez de la gare. Retournez sur les quais un autre jour (rapidement, car les répétitions doivent être très régulières) et restez-y un peu plus longtemps avec des friandises vraiment géniales. Vous approcherez du train une autre fois si nécessaire, par exemple, si votre chien tire beaucoup sur la laisse ou se retourne sur chaque personne qui passe.

Lors de l'entrainement suivant, vous pouvez entrer dans le train. Choisissez un train avec très peu de monde. Vous pouvez aussi, avec certains trains à l'arrêt, entrer et ressortir aussitôt.

Les réactions de votre chien seront de moins en moins excessives. Vous aurez de plus en plus de temps pour récompenser votre chien calme. Jusqu'au jour où vous entrerez dans le train sans que votre chien soit figé sur place pour vous empêcher d'avancer ou aboie contre le train, etc.

Prenez un TER pour votre première expédition et descendez à la prochaine gare si vous avez peur que cela se passe mal. Mais pensez à rester détendu(e), c'est primordial pour réaliser ce type d'exercice dans ce genre d'endroit. C'est la raison pour laquelle je conseille d'y aller tôt le matin, quand il y a moins de monde. Vous serez moins stressé(e) et votre chien aussi.

PS : restez zen !!

### *c) Exemple ROLLERS ET TROTINETTES*

S'il y en a assez régulièrement là où vous vivez, il est nécessaire d'habituer progressivement votre chien à comprendre une chose : vous êtes content(e) quand il n'aboie pas (ne grogne pas, ne part pas dans tous les sens, etc.). Il faut donc capturer le moment où il fait autre chose.

Rappelez-vous que parfois, le chien semble ne rien faire de spécial et que, pourtant, cela vaut une récompense. Ne rien faire (a priori) alors qu'il faisait quelque chose de gênant ou de déplaisant d'habitude est le moment crucial pour dire « bon chien ».

Au début, vous n'aurez peut-être pas le temps de réagir pour féliciter assez vite : à peine voit-il une trottinette à 5 mètres qu'il réagit.

Vous pourriez commencer par l'emmener se promener près d'un skatepark, en restant d'abord bien à l'écart. Donnez des friandises à votre chien et caressez-le pour le rassurer tout en regardant les jeunes dans le parc. Bientôt, votre chien associera ce « spectacle » à la nourriture que vous lui donnez, surtout si vous lui proposez une friandise différente de l'ordinaire. Vous aurez une demi-seconde, une seconde, deux secondes... pour lui montrer que vous êtes content(e).

Un jour, vous disposerez de plusieurs minutes pendant lesquelles votre chien ne réagira pas. À ce moment-là, vous pourrez enfin lui demander de faire ce que vous voulez qu'il fasse, par exemple s'assoir à vos pieds quand vous vous asseyez sur un banc.

PS : restez zen... Tous ces exercices exigent un humain calme, qui ne communique surtout pas son stress à son chien.

### E. La désensibilisation

Toutes ces choses auxquelles un chiot s'habitue assez facilement tout petit, on dit qu'il y est « sensibilisé ». Prenons l'exemple d'un chiot qui n'est pas « sensibilisé » à l'ascenseur. Disons qu'il n'a jamais mis les pattes dans un ascenseur avant l'âge de 4 mois et puis un jour, à l'âge de 8 mois par exemple, il doit prendre l'ascenseur. Il doit le prendre tous les jours parce que son propriétaire vient d'emménager au 15ᵉ étage d'un immeuble. Mais ce chiot a peur de l'ascenseur. Il refuse d'y entrer. Il tire sur sa laisse et son propriétaire tire de son côté et le chien glisse sur le carrelage. Vous imaginez la scène. Dans ce cas précis, il est essentiel que le chien puisse prendre l'ascenseur. Il faut donc envisager de le « désensibiliser » à l'ascenseur. Il n'y a pas été sensibilisé et maintenant il en a peur.

En le désensibilisant, on veut **ôter cette peur** (veuillez vous souvenir que tous les chiens ne développent pas une peur de l'ascenseur parce qu'ils n'en ont jamais vu tout petits ; certains peuvent se montrer curieux et même joyeux et développer d'autres peurs, ou pas).

Désensibiliser ou « rendre insensible ». Ce terme est très utilisé en éducation canine, et souvent mal compris. Les exemples que nous avons vus précédemment avec le jardinier, les bus, la gare et le train, ou encore les rollers sont des techniques de « désensibilisation ». Désensibiliser signifie « confronter » le chien en douceur et de façon très progressive à ce qui lui fait peur avec un signal rassurant (friandise/mot/caresse), agréable pour lui et qui fait baisser le niveau de ses hormones du stress.

Cet exercice est plus délicat avec les chiens agressifs, mais elles fonctionnent aussi. C'est même pour eux que ces techniques ont été mises au point à l'origine. Tout est question de répétitions et de respect d'une certaine progression, quitte à ajouter des étapes supplémentaires par rapport à ce que vous aviez imaginé.

Vous pouvez réaliser ce travail dans le contexte problématique lui-même : c'est facile si la situation qui pose problème se reproduit souvent, si vous pouvez vous rendre sur place pour « travailler » un endroit problématique, ou si la personne incarnant le type de personnes qui fait peur à votre chien, vit avec vous ou est un proche.

Mais comment faire quand « l'évènement » qui provoque la réaction excessive de votre chien ne se reproduit pas assez régulièrement, ce qui rend le travail plus difficile et la progression trop lente ?

Vous pouvez reproduire la situation.

C'est moins difficile qu'on ne le pense parce que :

- Quand il a peur d'un bruit, le chien mal socialisé a souvent peur de plusieurs bruits similaires.
- Quand il a peur d'une personne, il s'agit généralement d'un type de personnes et non pas de quelqu'un en particulier.
- Quand il a peur d'un endroit, c'est simplement parce qu'il s'agit d'un endroit nouveau ou qu'il y a trop de bruit.

Dès lors, si vous parvenez à « généraliser », vous pouvez travailler de nombreuses peurs.

## 3. Comment s'entraîner au quotidien

Votre entraînement dépendra de la gravité des réactions de votre chien. Le but est toujours le même : faire en sorte que votre chien soit à l'aise (non stressé) là où vous allez souvent, avec les personnes que vous invitez chez vous, celles que vous croisez fréquemment, etc. L'idéal est de l'habituer à votre environnement, mais aussi à des évènements et lieux plus inhabituels, une fois qu'il est globalement plus en confiance.

Il doit alors commencer à voir toutes sortes de gens et à aller dans toutes sortes d'endroits. S'il est relativement peu réactif, vous y arriverez à force de persévérer.

S'il est plus réactif, je vous conseille d'identifier davantage d'étapes, avec éventuellement de petits objectifs à atteindre pour chaque étape. Ainsi, vous avancerez pas à pas vers votre but final. Avec le chien adulte dont on ignore le passé ou le chien adulte qui n'est jamais sorti de son jardin, les résultats n'apparaissent pas du jour au lendemain. **Ces étapes ne dépendent pas de vous. Elles dépendent des progrès de votre chien.** Par exemple, si votre chien est toujours agité en voyant un ado, pas la peine de l'emmener près d'un groupe d'ados. Autre exemple, si votre chien est toujours nerveux en voyant un chien à 15 mètres, pas la peine de s'approcher plus près.

Voici des façons simples de rendre votre chien adulte de moins en moins craintif/stressé au quotidien :

- Ne faites pas toujours, toujours, toujours… le même itinéraire en promenade ! N'hésitez pas à faire des petits changements au moins une fois tous les 2 ou 3 jours. Nul besoin de chambouler vos habitudes ou de partir en exploration dans des endroits inconnus. Des petits changements suffisent. Juste un peu de nouveauté. Rien de sensationnel. Rien de stressant. N'oubliez pas de récompenser toute réaction qui vous convient face à la nouveauté. Ne considérez pas que « pas de réaction » est normal. Vous avez un bon chien : faites-le lui savoir !
- Partez plus tôt le matin ou plus tard le soir pour les endroits les plus fréquentés habituellement si vous vivez en ville. Il faut commencer à « travailler » un nouvel endroit aux heures les plus calmes.
- N'invitez pas toujours les mêmes personnes chez vous (pas si facile, mais essayez, cela en vaut la peine !)
- Emmenez votre chien chez des personnes différentes : avec et sans enfants, vivant en ville et à la campagne, avec et sans animaux, des hommes, des femmes, des immeubles avec ascenseurs…

- Focalisez-vous sur ce moment crucial où votre chien n'a pas encore réagi ou seulement très faiblement. Où que vous soyez et quoi qu'il se passe autour de vous, c'est là qu'il faut récompenser. Oubliez le moment où il réagit pour gronder ou râler. Votre mission, si vous l'acceptez : trouver ou provoquer des occasions de dire « oui » et ne plus dire non !!!

## 4. Traitez la peur des humains !

Ne laissez surtout pas votre chien avoir peur de certaines personnes. Utilisez la technique du jardinier quand vous le pouvez.

Peu importe sa réaction et peu importe si ce sont vos proches, vos voisins, des gens que vous croisez en promenade, la peur de certaines personnes ne s'arrange JAMAIS toute seule. Pire encore, elle dégénère, même si votre chien n'est pas du tout « grogneur ». Les chiens qui ont peur préfèrent souvent fuir, mais ce n'est pas toujours possible ; même si c'est possible, certains chiens n'ont pas appris à le faire et vont systématiquement se montrer agressifs pour faire peur à ce qui leur fait peur.

Si un chien équilibré préfère s'éloigner du danger, il peut également essayer de faire s'éloigner le danger. Le chien qui a peur de certaines personnes, même s'il ne s'est jamais montré agressif peut, un jour, avec une personne, dans un certain contexte, et pour plein d'autres raisons dont certaines peuvent nous échapper, réagir différemment. **Un chien peureux est un chien imprévisible.**

Notez que certaines réactions de peur s'apparentent à s'y méprendre à des réactions de joie, car certains chiens remuent la queue à l'approche de personnes qu'ils craignent. Le mouvement n'est toutefois pas exactement le même que celui de la joie. Ce mouvement de la queue est un peu mécanique. La queue du chien est abaissée ou située dans le prolongement du corps. Il se peut, un jour où vous n'êtes pas présent(e) ou à cause d'une seconde d'inattention, qu'une personne peu prudente s'approche de votre chien qui remue la queue ou envoie un autre signal ressemblant à de la joie alors qu'il a peur.

Faites attention aux personnes qui veulent vous aider sans forcément savoir ce qu'elles font et sans connaître votre chien.

Plusieurs personnes ont déjà essayé de caresser ma chienne en train de remuer la queue alors qu'elle avait les oreilles baissées, tout en me disant « laissez-moi faire ». Plusieurs personnes ont déjà essayé de caresser ma chienne alors que je leur ai dit clairement NON. Vous devez savoir que beaucoup de gens n'ont aucune idée de ce que votre chien est en train de communiquer réellement. Il faut le leur dire. Et au moindre doute, n'ayez pas peur de refuser qu'on s'approche de votre chien.

Beaucoup de gens sont très insistants malgré ce que vous leur dites. Beaucoup de gens pensent bien connaître le chien et ignorent que tous les chiens ne sont pas les mêmes, ne communiquent pas de la même façon. Ils pensent fréquemment que certaines postures signifient systématiquement certains messages : nous avons vu que ce n'est pas de cette façon que fonctionne le langage du chien.

Certains croient mieux connaître votre chien que vous parce qu'ils « connaissent les chiens ». Certains pensent qu'ils sont en osmose avec les animaux ! Je ne plaisante pas, cela m'est arrivé très souvent avec ma chienne, mais aussi avec d'autres chiens par le passé. **Ils viennent caresser des chiens qu'ils ne connaissent pas sans vous demander votre avis et en ignorant les signaux que le chien envoie.**

Votre chien n'a pas à se faire caresser par des inconnus, surtout s'il est peu sociable. Cela ne va pas vous aider à le rendre plus sociable.

Enfin, j'insiste, votre chien n'est peut-être pas un chien dangereux, mais avec certaines personnes, il peut l'être (et dans certains contextes).

Si votre chien n'est pas sociable, vous avez du travail en perspective. Pendant cette période, ne laissez personne lui faire peur ou s'amuser à lui faire peur. Certains enfants, mais aussi beaucoup plus d'adultes qu'on ne le croit adorent apeurer un chien, en levant un bras ou un pied, par exemple, ou en faisant du bruit.

C'est dangereux, ce n'est pas drôle, et c'est également contre-productif : **ces personnes sabotent votre travail.**

## 5. Socialisation du chien adulte avec les chiens

N'imaginez pas que votre chien hostile avec les autres chiens ne doit plus jamais voir d'autres chiens. Il va falloir le mettre un peu en confiance, puis entamer une progression tout en restant réaliste. Toutefois, si votre chien a déjà blessé un congénère, je vous déconseille de le faire par vous-même et je vous invite à contacter sans attendre un bon professionnel du chien.

Si votre chien ne sait pas bien marcher en laisse, je vous conseille de commencer par là avant toute chose, dans un endroit tranquille. Vous ne pouvez pas rendre votre chien plus sociable s'il ne sait pas marcher en laisse alors qu'il n'y a aucun chien dans les parages. Ce n'est pas parce que vous allez lui apprendre à marcher en laisse qu'il ne va plus être réactif aux autres chiens. Comprenez-moi bien : il s'agit uniquement d'une base utile pour démarrer votre travail.

### A. Mettez votre chien en confiance

Ne criez pas sur votre chien s'il n'est pas poli avec les autres chiens ou s'il devient complètement fou de bonheur et que cela vous agace. Essayez de détourner son attention avec un jouet, une friandise ou en faisant un petit bruit, le temps que l'autre chien passe son chemin. Sinon, apprenez-lui à s'éloigner en vous suivant (*cf. Section 2-2-B. Le bonbon).*

N'essayez pas de le faire s'assoir ou quoi que ce soit d'autre. N'essayez pas de le faire taire s'il aboie. **Pour commencer, votre premier objectif doit être d'éviter ce genre de situation « dramatique » où lui et vous perdez vos moyens.**

N'oubliez pas : il faut débuter par des situations où les réactions sont les plus faibles. Et si cela se produit quand même, une première option consiste à ignorer et à s'éloigner. Une deuxième option suppose de focaliser son attention sur quelque chose qui lui est agréable. La nourriture fonctionne généralement bien. Si tel n'est pas le cas, vous devrez peut-être tester plusieurs types de friandises jusqu'à trouver la bonne. Avec certains chiens, se mettre à jouer est également efficace.

Il est important d'éviter ce type de situation catastrophique, car si votre chien se montre agressif et fait s'éloigner les autres chiens, ou s'il provoque tout autre type de réaction qu'il souhaite obtenir, il est en train d'apprendre que cela lui est utile. Il recommencera et recommencera encore, et vous ne parviendrez pas à lui apprendre à ne plus se comporter ainsi.

Ne tirez pas brusquement sur la laisse, car cela accroît aussi son stress. Essayez plusieurs types de laisses si nécessaire. Certaines laisses nc sont pas idéales pour apprendre à son chien à être plus sociable dans la rue. Elles sont trop courtes et aggravent les choses. En effet beaucoup de chiens préfèrent avoir une certaine marge de liberté en laisse. Mais ce n'est pas pour autant que votre chien doit être lâché. Vouloir lâcher son chien à tout prix alors qu'il est hostile avec les autres chiens est tout simplement irresponsable. Pardonnez-moi si parfois je vous parais virulente, mais j'ai été confrontée à un grand nombre d'histoires tragiques.

Si votre chien est très heureux à la maison, qu'il sort très régulièrement et passe de bons moments avec vous, vous n'avez pas à le lâcher tous les jours et à prendre des risques inconsidérés parce que telle ou telle personne, tel ou tel livre ou tel ou tel éducateur vous a dit que « les chiens ne sont heureux que lorsqu'ils sont en liberté ». Ce n'est pas vrai. De multiples facteurs entrent en jeu.

Évidemment, un chien d'une race sportive qui reste toute la journée tout seul a besoin de courir. Mais s'il a des sorties régulières et qu'il s'amuse pendant ces sorties, ce besoin n'est plus le même. Méfiez-vous des prises de position trop radicales. Tous les chiens sont différents. Leurs vies sont différentes. Et si votre chien n'est pas du tout sociable, ou qu'il ne revient jamais au pied, c'est très simple : vous ne pouvez pas le lâcher n'importe où. Il va falloir vous faire une raison et travailler.

Dans le cas contraire, il va falloir trouver des façons de **compenser ce manque d'exercice** (faire cogiter son chien en lui apprenant des choses ou en le faisant jouer ou chercher des objets lui fait dépenser beaucoup d'énergie !).

Hormis certaines races très exigeantes en la matière, courir n'est pas la seule façon de se défouler. Quand courir met votre chien en danger et remet en question la sécurité d'autres animaux et la sécurité des personnes, il faut trouver des compromis.

Parenthèse fermée.

Tenez fermement la laisse en essayant de ne pas tirer dessus vous-même si votre chien tire fort. Rapprochez-vous d'abord des chiens de même taille que lui, sinon plus petits. Pour les premières approches, repérez également les chiens qui le font le moins réagir. En effet, la réaction excessive est souvent liée à la taille du chien, mais parfois aussi à certaines races, certaines couleurs de robes ou encore à l'âge des chiens.

Nombreux sont ceux qui remarquent que la réactivité varie en fonction des mâles ou des femelles. Mais ce facteur n'est pas le seul en jeu.

**Je vous conseille d'établir une liste en partant du chien qui fait le moins réagir votre chien jusqu'à celui qui le fait le plus réagir.**

Rapprochez-vous uniquement des personnes qui (...vous inspirent confiance !) acceptent que vous vous approchiez : demandez ! Certains vous diront non, tant pis. D'autres sont déjà passés par là et s'en souvicnnent. Ils vous diront oui. Demandez aussi si le chien est un mâle ou une femelle : c'est souvent plus facile avec deux chiens de sexe différent. Mais souvenez-vous que ce n'est pas le seul critère pour rendre votre chien sociable, loin s'en faut.

Laissez votre chien renifler le museau de l'autre chien et, au début, n'allez pas plus loin. Donnez-lui une friandise avant qu'il ait eu le temps de grogner ou d'aboyer. Quelques secondes de « reniflage » qui se passent bien valent une récompense.

Quand votre chien commence à progresser, il peut aller plus loin et renifler le derrière des autres chiens (et se laissera probablement renifler le derrière aussi). C'est ce qui se fait entre chiens de bonnes familles. **C'est ainsi qu'ils font connaissance et cela n'a absolument rien d'anormal ni de bizarre.** Au début de cette nouvelle étape, ne laissez pas les chiens se renifler trop longtemps si vous pensez que votre chien va mal réagir. Vous aurez d'autres occasions, alors partez après quelques secondes s'il le faut. Attendez de progresser pour laisser votre chien faire pleinement connaissance avec un autre chien.

Félicitez votre chien : montrez que vous êtes très content(e) parce que tout s'est bien passé. **N'hésitez surtout pas, même s'il vous semble que c'est normal parce que ce sont des chiens.** Précisément, ce n'est pas normal pour les chiens qui n'ont pas été socialisés. Votre chien apprend. Pour apprendre, il doit être motivé à coopérer comme pour tout le reste.

Rappelez-vous que votre objectif doit être de faire comprendre à votre chien que rencontrer un autre chien est un évènement à la fois sympathique et banal.

Félicitez votre chien pour ne pas avoir grogné/aboyé ou fait quoi que ce soit qui vous déplaise de façon systématique.

Au lieu de paniquer, de tirer sur la laisse, de vous éloigner ou, pire, de lui intimer de s'assoir pour le gronder après coup, ayez le réflexe de parler doucement à votre chien quand un chien approche et que vous sentez qu'il commence à s'énerver alors que vous aviez un peu progressé. Vous êtes détendu(e) et vous détendez votre chien. Croiser un autre chien va peu à peu devenir plaisant, puis ordinaire, puis insignifiant.

Et même si vous n'êtes pas « sincère » parce que vous êtes fatigué(e) de tout ce « cirque », et que vous avez l'impression de devoir vous dépasser chaque jour, faites-le : cela fonctionne !

### B. Soyez synchrone avec la progression

Être attentif aux progrès de votre chien, y compris aux progrès mineurs, minuscules (pour nous peut-être, mais jamais pour un chien qui n'est pas sociable), est très important. En effet, cela vous permet de :

- féliciter systématiquement au bon moment
- passer à l'étape supérieure au bon moment
- garder votre objectif final en vue.

Par exemple, au lieu de grogner, votre chien dresse les oreilles sur la tête quand il voit certains chiens passer de l'autre côté de la rue. Le moment est peut-être venu de passer à l'étape suivante, de traverser la rue sans pour autant les faire se rencontrer. Autre exemple, votre chien tire un peu moins sur sa laisse depuis que vous lui donnez systématiquement une friandise à chaque fois que vous croisez un chien et avant qu'il ne se mette à réagir. Il est peut-être temps d'approcher les chiens avec lesquels il réagit moins.

### C. Restez réaliste

Même socialisés, tous les chiens ne s'entendent pas entre eux complètement et tout le temps.

Tous les chiens ne sont pas extrêmement sympathiques avec les autres, et cela n'en fait pas, pour autant, de mauvais chiens.

Certains chiens sont extrêmement sociables avec leurs congénères. D'autres chiens ont plus de mal, mais cela ne doit pas vous décourager si c'est le cas de votre chien.

Arrêtez-vous quand vous jugez que la progression stagne vraiment. Par exemple, si votre chien ne réagit quasiment plus, sauf sur les très grands chiens sans laisse. Le résultat obtenu est déjà vraiment bon.

La majorité des chiens de petite ou de moyenne taille craignent les chiens beaucoup plus grands qu'eux qui s'approchent librement tout près parce qu'ils sont lâchés. Vous n'êtes pas rassuré(e). Moi non plus. Même si votre chien est un grand chien, fort et robuste, vous n'aimez pas qu'un chien seul s'approche. C'est normal et si votre chien montre des signes de stress dans ce cas, vouloir lui apprendre qu'il n'y a rien à craindre n'est pas réaliste, puisqu'il y a peut-être effectivement de quoi s'angoisser (pour lui et pour vous !).

Soyez exigeant(e), mais n'exigez pas de votre chien adulte de 10 ans, mal socialisé, qu'il aime tous les chiens sans exception d'ici 2 semaines...

## 6. Exercices pour rendre son chien plus sociable

Je vous propose de découvrir cinq exercices visant à socialiser un chien adulte, dehors et à la maison. Ils peuvent être adaptés au chiot, mais ils sont décrits ici dans leur forme la plus complexe, c'est-à-dire avec le plus d'étapes possible. Et encore... vous pouvez probablement ajouter des étapes si cela avance trop vite pour votre chien.

Je suis à l'origine de ces exercices, mais me suis inspirée de divers livres et articles que je ne saurais citer aujourd'hui, car cela date de quelques années maintenant. Je les ai tous expérimentés avec ma chienne. Sauf le Sifflet Magique.

J'ai également fait contrôler ces exercices par un intervenant professionnel qui a validé les progressions jugées « satisfaisantes pour un travail effectué par des particuliers ».

### A. Le Périmètre Acceptable

De nombreux chiens peuvent être facilement distraits par « tout ce qui bouge », y compris les joggeurs, les vélos et les voitures, sans parler des pigeons, des chats et des autres chiens... Il va de soi que chacun de ces « objets »

représentant un grand intérêt ou suscitant de la peur chez un chien (que celle-ci se manifeste par des oreilles qui se baissent ou des babines qui se retroussent !) **doit être travaillé spécifiquement.**

Mais tout en effectuant ce travail, ou bien lorsque vous commencez à obtenir un petit résultat, je vous conseille vivement **d'apprendre à votre chien à marcher près de vous en laisse.**

Conseils préliminaires :

- Il est indispensable de commencer cet apprentissage dans des lieux exempts de toute distraction. Vous n'êtes pas obligé(e) de pratiquer pendant l'intégralité de vos promenades. Si vous devez traverser des rues très fréquentées en partant de chez vous, promenez-vous comme d'habitude avec votre chien et n'essayez pas de lui apprendre quoi que ce soit. Commencez dès lors que vous atteignez un endroit beaucoup plus calme. Pouvoir pratiquer sur quelques dizaines de mètres chaque jour est déjà très bien. **Veillez toutefois à ne pas vous entraîner toujours au même endroit.**
- Avec ces chiens adultes très réactifs, je vous rappelle que le plus important est de traiter tout ce qui concerne les humains, tout ce qui peut mettre des personnes en danger, en priorité. Il y a, ceci dit, une bonne raison de

commencer par autre chose, comme les pigeons ou l'irrépressible envie de renifler toutes les poubelles : si c'est plus facile pour votre chien, commencez par là.

- La laisse à enrouleur et la longe ne sont pas conseillées pour les premières phases de cet apprentissage. Pensez au harnais si votre chien tire beaucoup : plus confortable pour lui, et pour vous.
- **AVANT de commencer, je vous conseille d'apprendre « pas touche » à votre chien**. Cet ordre est décrit en Section 5.
- Cet apprentissage devrait être réalisé en parallèle à des petits exercices quotidiens de socialisation. Je conseille les exercices « Agent sous couverture » et « La dame d'en face », qui se trouvent à la fin de cette Section 2 « Réussir la socialisation de son chien adulte ». Cependant, si votre chien adulte n'est pas du tout sociable, vous devez prendre votre temps pour obtenir des résultats satisfaisants avec ces exercices AVANT de passer à l'apprentissage du Périmètre Acceptable. **N'exigez pas de votre chien qu'il marche au pied sans broncher s'il évolue dans un environnement qui le terrorise ou le rend nerveux.**

Je vais décrire cet exercice du Périmètre Acceptable en partant du principe que vous êtes dans « le pire » des cas de figure :

- Votre chien ne marche pas bien en laisse
- Il est attiré par tout ce qui bouge
- Il peut être agressif avec certaines personnes.

Le but de l'exercice « Périmètre acceptable » est d'apprendre au chien à ne pas sortir d'un certain périmètre « autour de vous » quand il marche en laisse. Autrement dit : ne jamais s'éloigner de vous de plus d'1 mètre lorsque vous le décidez.

1 mètre est le maximum fixé. 30 cm peut être une meilleure limite pour certains chiens. Tout d'abord, fixez et gardez votre « limite » idéale à l'esprit pour vous y tenir. Ensuite, quand vous êtes en lieu sûr ET que l'exercice commence à fonctionner en présence de tentations/distractions/objets de peur provoquant de FAIBLES réactions, vous pouvez permettre à votre chien de s'éloigner un peu.

Restez détendu(e) : rappelez-vous que les chiens apprennent mieux si c'est ludique et motivant pour eux ! Tant pis si ça ne l'est pas toujours pour nous !

1. Pour apprendre à votre chien à marcher au pied dans le périmètre acceptable, vous devez vous référer à la technique du « tout près » dans la Section 3 « Marcher sans laisse ». Il est possible d'appliquer cette technique en laisse, mais dans un endroit vraiment tranquille où il n'y a personne, ni chien, ni voiture, ni distraction, ni tentation ou objet de

stress. Si vous choisissez un endroit calme, vous pouvez parvenir à de bons résultats.

2. Par la suite, vous marcherez en faisant des « virages » et des demi-tours. En effet, la première étape de cet apprentissage se fait en ligne droite. Puis il FAUT ABSOLUMENT apprendre au chien à tourner tout en restant dans le fameux « périmètre acceptable ». C'est extrêmement important.
3. Quand vous obtenez de bons résultats en ligne droite et en faisant des zigzags, dans un endroit calme, vous pouvez vous rendre dans un endroit plus agité, où passent des voitures, par exemple : il faut choisir ce qui fait le moins réagir le chien. Pour certains, ce sont les voitures, pour d'autres, ce sont les passants, etc.
4. Quand votre chien est juste intrigué, la situation est idéale pour commencer à « bifurquer » et inviter votre chien à vous suivre tout près :

- **Ne partez jamais sans lui**
- **Attendez TOUJOURS d'avoir obtenu son attention**
- Sortez la friandise si nécessaire pour l'encourager à s'approcher de vous
- Mettez-la dans votre main, bras le long du corps, comme à l'entraînement du « tout près »
- Attendez qu'il vous suive en faisant quelques pas

- Donnez la friandise tout en continuant à avancer, donnez-en une autre si nécessaire en continuant d'avancer. Félicitez joyeusement et ne vous arrêtez pas (enfin, essayez !).

Dès que vous observez une réaction faible – en général, il faut faire attention à la distance et/ou à la vitesse à laquelle se déplace la chose/la personne qui provoque une réaction –, vous dites « tout près » :

- en faisant mine d'avancer s'il ne fait que vous regarder : invitez-le à vous suivre, n'hésitez pas à « en rajouter » dans votre enthousiasme et utilisez tout votre corps pour être plus convaincant(e)
- en avançant directement si votre chien semble clairement ok pour vous suivre.

Personnellement, j'utilise « tout près », mais vous pouvez choisir un autre mot. Attention, n'utilisez surtout pas le même mot que pour le rappel, il s'agit d'une action bien différente de celle consistant à revenir au pied !!

Voyons maintenant quand dire « tout près » et « pas toucher » car la différence est réelle et il ne faut pas confondre ces deux ordres :

- Dites « tout près » pour que votre chien vous suive et marche tout près –quand vous êtes en mouvement. Il faut être en train de marcher quand on le dit ou faire semblant de se lancer dans la marche. Vous pouvez aussi le dire quand votre chien s'éloigne un peu trop, tout en marchant (il est naturel pour lui de s'éloigner, il mérite donc un petit « bon chien » quand il est revenu tout près !)

- Dites « pas toucher » dès que votre chien s'éloigne du périmètre acceptable parce que quelque chose l'intrigue. Arrêtez-vous au début pour récompenser « pas toucher », mais quand cela fonctionne, essayez de ne plus trop vous arrêter.

Si nécessaire, vous pouvez aussi tirer doucement sur la laisse pour rappeler à votre chien ce qu'il doit faire (= revenir dans le périmètre). En général, il est préférable de ne pas trop exagérer les félicitations dans ce contexte : certains chiens risquent d'être trop excités alors que le calme a été obtenu. Montrez néanmoins votre joie avec une caresse apaisante sans « frictionner », et un « bon chien », mais sans mettre votre chien dans tous ses états.

En répétant cette procédure autant de fois que possible et tous les jours si possible, tous les chiens, même celui qui a déjà eu l'occasion de courir après un vélo, un chat, un pigeon, etc. peuvent **apprendre qu'il y a plus d'intérêt à rester près de vous qu'à s'éloigner de vous.** Le chien est récompensé pour se rapprocher de vous et récompensé pour vous suivre ; il a le droit de temps en temps de renifler ceci ou cela après « pas touche ».

C'est largement plus efficace que de se contenter d'interdire à son chien de s'éloigner ou de renifler quelque chose. Ce que je viens de vous proposer a pour but de remplacer le mauvais comportement par un meilleur comportement. C'est grâce au « remplacement » que le comportement s'éteint, pas en essayant de l'empêcher.

Ne perdez jamais de vue votre but final. Désormais, tout ce que vous faites en promenade doit viser ce but : vous devez représenter un plus grand intérêt que tout ce qui bouge. Cet apprentissage nécessite d'être rigoureux sur le périmètre acceptable. Pendant quelques semaines, partez du principe qu'il est « inacceptable » de sortir du périmètre. « Inacceptable » signifie simplement que, si le périmètre est franchi, le chien doit y revenir immédiatement et qu'en outre, **il doit toujours en retirer une satisfaction.** Cet apprentissage peut fortement impacter son comportement global à l'extérieur d'une façon très positive.

Il est crucial d'avoir travaillé la socialisation avant de faire cet exercice si votre chien n'est vraiment pas sociable. Veillez à bien établir une progression, de la situation la plus facile à la situation la plus difficile pour obtenir son attention. C'est capital pour réussir.

Bon courage ! J'y suis arrivée. Pourquoi pas vous ?!

### B. Le Tapis Volant

Apprenez à votre chien à rejoindre un « tapis », ou plutôt une couverture, pour l'éloigner de ce que vous voulez (ex : vos invités qui entrent, un autre chien, un chat, etc.) et ce, où que vous soyez et où que soit le tapis lui-même. Cet apprentissage est utile pour désamorcer une « crise » dans une situation tendue et, plus généralement, pour faire préférer au chien sa couverture à tout autre endroit (ex : vos bras, derrière la porte, sous la table, le canapé sur lequel il y a déjà un chien, un chat, etc.).

Cet exercice vous permet d'apprendre à votre chien **à se coucher et à rester** sur une couverture en attendant que se termine une possible situation délicate. Je l'appelle « tapis » par commodité. Je l'appelle « tapis volant » parce que c'est un endroit mobile. Votre chien pourra donc y aller, peu importe où vous placez la couverture, non seulement dans une pièce de la maison, mais aussi dans différentes pièces si nécessaire, et même lorsque vous vous déplacez chez quelqu'un.

Cet exercice a initialement développé pour apprendre au chien possessif à s'éloigner de l'autre chien du foyer sur lequel il grogne, peu importe où vous êtes et peu importe la distance entre votre chien et vous. Et plus tard, peu importe la distance entre les chiens eux-mêmes.

La procédure inclut toutes les étapes si votre problème est un problème d'agressivité. Rejoindre un endroit précis est plus sûr que de faire venir le chien vers vous, sans parler d'aller le chercher vous-même... Vous pouvez même apprendre à tous vos chiens à rejoindre chacun leur « tapis volant », si vous en avez plusieurs.

Cet apprentissage est susceptible de vous rendre service dans de nombreux autres cas de figure. Je décrirai ici l'ensemble des étapes en relation avec l'objectif initialement développé (apprendre au chien possessif à s'éloigner de l'autre chien du foyer sur lequel il grogne). Mais si vous réalisez cet exercice pour résoudre un autre problème, il ne sera peut-être pas nécessaire de suivre la version longue et complexe. Vous pourrez sans doute vous limiter à une version allégée.

Néanmoins, je vous invite à lire l'ensemble des explications, car plusieurs éléments peuvent vous aider à être efficace même si la situation évoquée n'est pas exactement la même que la vôtre.

Pour réaliser l'exercice, votre chien doit connaître les ordres « couché » et « pas bouger ». L'exercice inclut toutefois une procédure détaillée s'il ne connaît pas ces ordres. Vous avez besoin d'une couverture (ou plusieurs pour plusieurs pièces de la maison). Dans ce cas, elles doivent être absolument identiques (même modèle, même couleur) **et aucun autre animal ne doit s'y coucher.**

Attention, si vous avez plusieurs chiens : chaque chien doit avoir sa petite place à lui. Panier, coussin, corbeille... chaque chien doit apprendre quelle est « sa place ». S'il va se reposer à la place d'un autre, il est systématiquement invité à rejoindre sa place, et est récompensé. C'est indispensable pour obtenir un résultat.

Rappelez-vous que si la situation critique se présente trop tôt, tous vos efforts seront anéantis.

Ainsi, des chiens qui se sont battus ne doivent plus être en contact l'un avec l'autre jusqu'à ce que la dernière étape de l'exercice du Tapis Volant soit atteinte. Les chiens qui s'entendent très mal ne doivent plus se rencontrer dans les contextes à risque. Nous voulons changer ce que le chien veut. Au lieu de vouloir agresser l'autre chien, il doit vouloir s'en éloigner. **S'il a l'occasion de « constater » qu'être agressif lui est utile (parce que l'autre chien s'éloigne par exemple), votre chien ne peut pas apprendre que s'éloigner de l'autre chien est la meilleure chose à faire.**

Si le chien agressif est sociable avec d'autres chiens, il faut qu'il continue à les fréquenter, bien sûr. Et si la « crise » ne se produit que dans un endroit spécifique, vos chiens peuvent peut-être se fréquenter ailleurs (sous votre supervision). Il est fréquent que les relations soient plus tendues à l'intérieur qu'à l'extérieur, par exemple.

Je vous conseille de faire une liste pour préparer votre progression. Peu importe votre but en apprenant le Tapis Volant, vous devez réfléchir dès maintenant à ce qui sera le contexte le plus facile pour commencer, puis réfléchir à différents contextes pour progresser doucement vers des situations plus difficiles. Donnez à votre chien toutes les chances de réussir.

- La situation de départ est totalement exempte de distractions.
- Les distractions sont introduites progressivement.
- Ce n'est qu'à la fin que vient l'introduction de ce qui déclenche soit l'agressivité, soit la situation

dans laquelle le chien écoute le moins bien d’habitude.

Schéma d’apprentissage :

1. SANS la présence du chien qui le rend agressif ET dans le lieu où le chien agressif est le plus détendu, vous lui apprenez à aller sur la couverture. C’est comme un jeu : il a une friandise de récompense extrêmement motivante à chaque fois qu'il pose les pattes sur la couverture (voir apprentissage de l’ordre « ta place », le principe est identique).
2. Puis, vous lui apprenez à s'y coucher.
3. Vous lui apprenez ensuite à aller sur la couverture tout en donnant l'ordre de plus en plus loin de la couverture. Un mètre, deux mètres... éloignez-vous progressivement, de manière à pouvoir, finalement, ordonner au chien « tapis ! » quel que soit l’endroit où VOUS vous trouvez dans la pièce. Attention, il est nécessaire d’utiliser un nouveau mot ; donc si vous dites « panier » ou « ta place », il faut trouver autre chose ! Ne mélangez jamais les deux ordres. « Panier », c'est panier. « Tapis » (ou autre nouveau mot), c'est tapis. Et votre chien doit également se coucher et rester sur la couverture (« pas bouger »).
4. Vous déplacez ensuite la couverture à différents endroits de la pièce, puis dans d'autres pièces, puis dehors, etc.

(mais si vous préférez commencer dehors, faites-le). Il faut que le chien aille sur le « tapis » où que vous soyez et peu importe la distance entre vous et le tapis – et plus tard, entre le chien et le tapis, et encore plus tard, peu importe la distance entre les deux chiens.

5. Vous devez, en plus de l'apprentissage ludique et motivant du tapis, faire en sorte que des choses extraordinaires se produisent UNIQUEMENT quand il est sur le tapis. Exemple : il ronge le meilleur os de sa vie sur le tapis – à vous d'être créatif pour que le tapis devienne un endroit formidable.
6. La dernière étape consiste à répéter l'exercice lorsque le « déclencheur » est dans la même pièce (avec la plus grande distance possible pour débuter et la muselière ou une longe si nécessaire), sachant que la pièce/le lieu où se sont produites les pires agressions n'est pas le meilleur pour commencer, bien sûr).

Le chien ayant appris qu'aller sur le tapis a des conséquences extraordinaires – bonbon délicieux qu'il n'a JAMAIS en d'autres circonstances –, il préfèrera aller sur le tapis plutôt que de faire quoi que ce soit d'autre. C'est le but final. Ceci n'est toutefois possible que le stress n'est introduit que très progressivement.

Exemple :

- « tapis » fonctionne bien dans le jardin sans l'autre chien et sans personne...
- ... on essaie « tapis » alors que quelqu'un est sur la terrasse, cela fonctionne bien...
- ... on essaie « tapis » alors que quelqu'un est sur la terrasse avec le chat sur les genoux, cela fonctionne bien...
- ... on essaie dans le salon sans personne, cela fonctionne bien...
- ... on essaie dans le salon avec quelqu'un, cela ne fonctionne pas. Que faire ? Je préconise, dans ce cas, de réessayer le lendemain là où cela fonctionnait bien la dernière fois, puis à nouveau dans le salon, mais avec la fenêtre ouverte ou peut-être une distraction moindre que la présence d'une personne ?
- ... etc.

Venons-en aux ordres « coucher/pas bouger ». Je vous conseille d'apprendre « coucher » une fois que « tapis » est bien acquis dans UN lieu et de le faire dans ce même lieu plusieurs fois, avant d'aller vous entraîner ailleurs. Profitez bien de toute occasion si jamais le chien se couche de lui-même pour lui donner soit deux friandises au lieu d'une, soit une friandise meilleure que la première.

Essayez d'apprendre « pas bouger » directement sur le tapis dans ce même lieu où « tapis » fonctionne bien, avant d'aller vous entraîner ailleurs. D'ordinaire, je conseillerais de l'apprendre hors contexte, mais là, nous gagnerons du temps si votre chien ne connaît pas « pas bouger ».

Schéma :

- Vous êtes tout près du tapis. Vous dites tapis. Si le chien y va = récompense.
- Vous faites un petit pas en arrière. Si le chien ne bouge pas = récompense immédiate ; s'il bouge, recommencez sans rien dire.
- Votre chien comprendra vite. Faites un plus grand pas en arrière, récompensez tout de suite.
- Quand ceci fonctionne, introduisez l'ordre « pas bouger » (ne l'introduisez pas dès le départ, car le chien doit d'abord comprendre quel comportement est récompensé).
- Progressez ensuite à son rythme : 2 pas, 3 pas, etc.
- Récompensez tout de suite (allez toujours vers le chien pour récompenser, ne le faites jamais venir pour lui donner la friandise) et augmentez ensuite le laps de temps avant de récompenser.

J'encourage toujours les gens à agir ainsi avec chacun de leurs chiens. En s'entraînant de cette façon, quand les chiens sont dans la même pièce, « x ! tapis ! », « y, à ta place ! » et « z, dehors ! », il est possible de les séparer quand la tension monte sans avoir à les toucher. On les aide en faisant un geste pour montrer à chacun où se trouve l'endroit dont il s'agit.

Chaque chien a donc appris à rejoindre un endroit spécifique.

L'exercice peut également être utile pour le chien qui vous « garde ». Il est intéressant d'offrir au chien un endroit qu'il apprécie tout autant que de venir près de vous. Vous devriez essayer, si cela vous paraît pertinent, de renforcer cette association « tapis = lieu formidable » ET de renforcer l'association « près de moi = inintéressant » dans certains contextes ou certains lieux. Pour ce faire, il suffit souvent d'ignorer le chien qui vous approche dans le lieu le plus critique et d'aller le voir dès qu'il est sur son tapis avec une friandise (il est parfois plus sûr, en tout cas au début, et pour éviter de le toucher, de lancer la friandise doucement sur le tapis plutôt que de s'approcher).

Ainsi, le chien n'a plus votre attention quand il s'approche de vous, par exemple dans le salon – une pièce où la tension est déjà montée trop vite trop souvent –, mais il l'obtient quand il est sur le « tapis » – qui, je le rappelle, peut être une couverture, ce qui est très pratique, car elle peut être posée partout.

Le tapis doit voyager d'une pièce à une autre dans la maison si vous n'en avez qu'un. Il peut voyager du tapis du salon au canapé du salon. Et dans la chambre, il peut voyager du lit à la moquette. Il peut également être déplacé sur la terrasse, dans le jardin, etc. Avec un bon apprentissage, vous pouvez l'emmener dans le train, la voiture, etc. Pour cela, il faut qu'il reste mobile pendant tout l'apprentissage et qu'il demeure mobile tout le temps.

Si vous laissez trop longtemps votre tapis au même endroit, l'ordre aura de moins en moins d'effet. Vous pouvez donc, par exemple, l'emmener avec vous dans le jardin pour l'après-midi, puis le ranger, puis le ressortir le lendemain dans le salon pour la soirée, puis le changer d'endroit quand vous allez vous coucher, puis le prendre avec vous dans la cuisine le lendemain matin, etc.

### C. Le Sifflet Magique

Apprenez à votre chien à revenir au pied alors qu'il est en train d'aboyer sur les passants, que ce soit depuis le jardin, la fenêtre, la porte-fenêtre, etc.

Avant de passer aux choses concrètes, voici d'abord quelques rappels ou éléments d'information importants.

Un chien n'aboie jamais pour rien. Mais vraiment jamais. Il faut se souvenir qu'aboyer est normal pour un chien et n'est pas toujours un « problème de comportement ».

La tolérance des voisins est extrêmement variable d'une personne à une autre. Il est très difficile d'évaluer soi-même le bien-fondé des plaintes du voisinage. Ont-ils raison ? Ont-ils tort ? C'est la raison pour laquelle je conseille, si vous avez eu une plainte ou menace, de demander, en toute objectivité, l'avis d'autres voisins qui ne se sont pas plaints.

Certaines races vocalisent plus que d'autres. Certains spécimens aussi, indépendamment de la race. Il y a lieu d'en tenir compte pour rester réaliste. S'il est possible d'améliorer la situation, le « silence radio » est souvent impossible à obtenir. Pour certains chiens, souhaiter qu'ils n'aboient plus équivaut presque à empêcher quelqu'un de parler. Je ne vous dis pas d'abandonner pour autant. Mais si votre chien a toujours beaucoup aboyé, ou si la race est connue pour vocaliser, commencez par vous fixer un premier objectif, un objectif bien précis pour une situation bien spécifique. Ne songez pas à la pire des situations : songez à la situation qui vous paraît la plus facile, c'est-à-dire à celle qui fait le moins réagir votre chien. Dès lors que vous obtenez un bon résultat, vous pourrez passer à une situation plus critique. Certains contextes n'évolueront peut-être pas, mais globalement, les aboiements seront moins nombreux.

L'aboiement excessif est souvent lié à un problème de socialisation : un chien qui aboie excessivement derrière la clôture, la fenêtre... est rarement un chien « parfaitement » sociable, surtout quand l'aboiement est très aigu et/ou semble « chaotique » (ce qui est un aboiement de peur/stress). S'il ne s'agit pas d'une « cause » à part entière, le manque de sociabilité est un facteur aggravant. Un travail de socialisation est donc fréquemment indispensable.

Pour diminuer la fréquence de l'aboiement, en plus d'un travail spécifique comme cet exercice du Sifflet Magique, **il est indispensable de ne pas le renforcer sans le vouloir.** Attention à toute occasion que vous avez de renforcer (encourager) un comportement gênant dans la vie quotidienne sans vous en rendre compte. Il s'agit d'un phénomène omniprésent chez les propriétaires de chiens. Même les professionnels qui, pourtant, connaissent ce phénomène peuvent se faire piéger dans la vie de tous les jours !

Pensez à toujours essayer les choses les plus simples en premier, et ce quel que soit le problème à traiter, aboiement inclus !

### *a) Zéro ouaf*

Pour beaucoup, la technique que j'appelle « zéro ouaf », et qui consiste à empêcher le chien d'aller vers la clôture, le jardin, la fenêtre, etc. pour aboyer, est la plus simple et la plus rapide. Elle demande simplement d'être présent le plus souvent possible pour ANTICIPER. Le chien ne s'approche plus de l'endroit/des endroits où le problème se manifeste. Attention, il ne s'agit pas de l'empêcher physiquement, mais de lui apprendre un ordre ! Généralement, on utilise « pas bouger » ou « au pied » (ou les deux). Cela fonctionne habituellement plutôt bien. En effet :

- Le chien a de moins en moins l'occasion de « constater » qu'aboyer lui est utile (cela fait courir les chats, s'éloigner les gens, aboyer les chiens, tourner la tête des passants et des chiens vers l'aboyeur, cela lui vaut votre attention, etc. Bref, cela fonctionne bien, alors il le refait encore et encore).

- Il apprend qu'autre chose lui vaut encore plus de bénéfices (au pied et/ou pas bouger = super récompense).

C'est personnellement ce que j'ai fait avec ma chienne qui – je le précise – a une vue permanente sur la clôture depuis la porte-fenêtre. Quand elle commence à faire des « mouf » et des « ggrrr », je lui dis « au pied » – ce qui est très difficile pour elle quand elle a vu un chat, mais cela fonctionne de mieux en mieux. Je précise qu'après plusieurs mois d'entraînement (dans d'autres circonstances), « au pied » signifie pour ma chienne « venir et s'assoir quasiment sur mes pieds », **ce qui fait qu'elle me regarde et, pendant ce temps, ne voit pas le chat qui passe derrière la clôture.**

Elle se précipite toujours sur les chats, mais beaucoup moins qu'avant. Je ne dis plus « Lilaaaa !!! » ou « arrête !!! », mais uniquement « au pied », et ce, qu'elle soit déjà partie – sans avoir encore aboyé - ou qu'elle soit sur le point de partir toute tendue avec ses oreilles toutes droites.

**Je la félicite d'être revenue, même si je suis énervée qu'elle soit déjà partie.** Croyez-moi, elle m'énerve vraiment, parfois, mais en la félicitant systématiquement pour revenir, elle revient bien mieux.

Une autre possibilité est de supprimer le stimulus.

### *b) Suppression du déclencheur*

Le stimulus est ce qui déclenche l'aboiement.

Supprimer le stimulus n'est pas une « solution de facilité » parce qu'en ayant l'occasion d'aboyer, le chien apprend qu'aboyer lui est utile. Comme mentionné plus haut, aboyer fait s'éloigner les gens, les chiens, etc. C'est un énorme obstacle à l'apprentissage. Parfois même, certains éducateurs modifient complètement l'environnement pour empêcher que l'aboiement se produise en attendant de progresser dans leur apprentissage. Vous appliquez la solution « zéro ouaf » quand vous êtes présent. Il est toutefois nécessaire que votre chien n'ait plus l'occasion d'aboyer quand vous êtes absent. Sinon, vous ne parviendrez pas à progresser. N'oubliez pas : un chien fait ce qui fonctionne pour avoir ce qu'il veut. Le fait que cela se répète est un véritable système d'apprentissage à votre insu.

C'est pourquoi les premières solutions généralement étudiées par les professionnels sont des solutions « matérielles », visant souvent à bloquer la vue.

Si vous le pouvez, supprimez le stimulus. Cela requiert souvent des bouleversements dans l'organisation du quotidien et/ou des modifications matérielles dans l'environnement du chien.

Passons désormais au Sifflet Magique.

### *c) Le Sifflet Magique*

Le Sifflet Magique est une solution que j'ai proposée à plusieurs clientes de la Méthode Bon Chien et qui a fonctionné à merveille. Elle est toute simple. Il suffit de créer des associations dans la tête de son chien au moyen d'un sifflet. Il s'agit d'un sifflet normal et pas d'un sifflet à ultrasons.

Prenons l'exemple d'une jeune femme qui m'avait contactée pour ses trois chiens très bruyants. Chez elle, elle a d'abord dû apprendre tranquillement à ses chiens à associer sifflet et viande.

Ses chiens mangent des croquettes et ont des friandises de récompense de temps en temps, mais jamais rien d'autre. La viande est donc particulièrement désirable. Si elle l'est toujours pour un chien, parfois « trop de viande tue la viande » ! N'oubliez pas que, pour rendre une motivation par la nourriture vraiment efficace, il est parfois nécessaire qu'elle soit rare, même la « bidoche » !

Par exemple, si vous donnez des lardons régulièrement – ce qui n'est pas très sain, mais disons que les lardons sont une petite douceur dont vous n'abusez pas – mieux vaut utiliser autre chose, même si les lardons sont ce que vous avez trouvé de plus motivant. **Il faut trouver encore plus fort !**

Afin d'associer le sifflet à la viande, pendant deux ou trois jours, la propriétaire siffle alors que ses chiens sont à proximité. Au début, ils la regardent interloqués par ce bruit bizarre, mais elle sort immédiatement trois bouts de viande de son sac à friandises.

Cet apprentissage extrêmement rapide peut fonctionner alors que les chiens sont divertis ou distraits par autre chose, mais il faut commencer par des distractions de très faible intensité. Exemple : les chiens sont en train de jouer avec quelqu'un, puis ils jouent avec quelqu'un, mais cette fois, la personne a des friandises, etc. Et progressivement, on va vers ce qui pose vraiment problème, en l'occurrence pour cette dame, les chiens du voisin.

Donc ici, les chiens du voisin sont la toute dernière étape de l'apprentissage du Sifflet Magique.

Quand elle siffle, les trois chiens accourent aussitôt. L'association étant bien assimilée, elle réduit désormais progressivement la quantité de viande et la remplace par un « bon chien ». Une fois sur deux, sur trois, sur quatre, etc. Les chiens ne savent plus s'ils auront à manger, mais ont toujours des félicitations généreuses. Si jamais, un jour, cela fonctionne moins bien, elle ressortira la viande temporairement et recommencera à la réduire progressivement.

De temps à autre, les chiens ont également le droit de retourner voir les chiens du voisin. Ils ne sont pas systématiquement enfermés dans la maison quand ils reviennent. Dans le cas contraire, ils ont droit à une courte séance de jeu en attendant que les chiens du voisin rentrent chez eux.

## D. Attends

Attendre avant de traverser la rue est un comportement très représentatif du chien sociable : il ne se met pas en danger, ne vous met pas en danger, ne met personne en danger. « Attends » peut aussi être utile dans de nombreuses autres situations.

Ne confondez pas avec « pas bouger ». Contrairement à « pas bouger », vous restez à côté de votre chien. Vous ne vous éloignez pas sans lui quand vous dites « attends ».

Quand vous avancerez à nouveau, il avancera avec vous. Ce n'est pas le cas de « pas bouger » : vous bougez et pas votre chien.

Pour utiliser ce même mot « attends » dans plusieurs situations, ce qui est tout à fait envisageable, il faut connaître les points communs à ces situations. Il s'agit toujours de :

1. stopper le chien, avec un ordre et un geste, dans l'action qu'il s'apprêtait à effectuer ;
2. le faire attendre assis pendant un laps de temps donné (le chien apprend mieux à attendre en étant assis) ;
3. l'autoriser à procéder avec un nouvel ordre.

Voici le schéma que j'ai utilisé avec ma chienne (en laisse) :

- Tous les jours, pendant une dizaine de jours, je m'arrête plusieurs fois en promenade, à tout moment mais quand nous sommes bien tranquilles, pendant 5 secondes. Je m'arrête et je dis « Lila, attends ! » en levant le doigt. Je prends soin de ne le faire QUE quand elle est tout près de moi. Je ne lui demande donc pas de se rapprocher. **Elle est déjà là, tout près.**
- Je compte 5 secondes (dans ma tête) puis je lui donne une friandise.
- Quand elle a fini de mâcher, je dis « ok » et je me remets en route.
- Ma chienne a compris qu'il faut m'attendre pour avoir la récompense : si elle repart avant 5 secondes, elle n'a jamais la friandise.
- Une fois que ceci est compris - au bout d'une dizaine de jours pour nous, vous irez peut-être plus vite, peut-être moins vite, ça n'a pas d'importance - je répète la même procédure mais cette fois-ci, avant de dire « attends », je dis « assis ». Donc je m'arrête plusieurs fois en promenade quand elle est tout près de moi, je dis « Lila, assis » puis « Lila, attends », puis je compte 5 secondes, puis je lui donne la friandise et je dis « ok » quand je repars.
- Lorsque assis+attends+friandise+ok fonctionne bien, je commence à le

faire quand je ramasse les déjections puis aux passages piétons. Alors j'ajoute quelques secondes de plus au décompte dans ma tête.

- Je m'entraîne aux passages piétons jusqu'à atteindre 10 secondes.

**Cinq secondes, c'est beaucoup pour certains chiens alors surtout, n'hésitez pas à commencer par 3 secondes si c'est plus facile.** En outre, si votre chien ne s'assoit jamais à l'extérieur, prenez le temps de le faire s'assoir de temps en temps pendant quelques jours avant de pratiquer cet exercice. Asseyez-vous sur un banc par exemple, et ordonnez « assis ». C'est plus facile à obtenir quand on est arrêté.

Quand votre chien connaît « attends », vous pouvez le faire s'assoir en promenade en le faisant attendre, non seulement au passage piéton, mais aussi quand un chien ou un vélo passe au loin, etc.

Je vous conseille vivement de ne pas commencer directement par le passage piéton, mais par des endroits choisis au hasard sur le trottoir.

### E. Ne me quitte pas

Apprenez à votre chien à ne plus vous suivre partout où vous allez.

Comme le mot « dominance », je n'aime pas le mot « hyper-attachement », non pas parce que je nie l'existence de quoi que ce soit, mais parce qu'il porte à confusion. Il s'agit toutefois d'un problème fréquent que je vous propose de traiter avec l'exercice suivant.

Un chien qui ne supporte pas de ne plus vous voir est un chien stressé. Vouloir rendre un chien stressé plus sociable reviendrait à vouloir gravir l'Everest en sandales.

Le but est de montrer à votre chien que partir, c'est revenir.

Partir signifie sortir de son champ de vision.

Pour obtenir de bons résultats, il est nécessaire de faire cet exercice tous les jours, au minimum une fois par jour et, dans l'idéal, trois fois par jour, en espaçant chaque séance d'au moins 2 heures. Faites-le tous les jours jusqu'à ce que vous constatiez une amélioration. Faites-le ensuite tous les deux jours, puis tous les trois jours, etc.

Cet exercice ne demande pas d'utiliser une friandise. La récompense, c'est votre retour lui-même. C'est comme la porte qui s'ouvre quand le chien s'assoit. **La récompense est ce que le chien veut.**

Cet exercice ne vous demande pas plus de trois minutes par jour. Il est très facile, mais nécessite vraiment d'être progressif. N'essayez jamais de brûler les étapes.

Vous êtes dans la même pièce que votre chien. Vous êtes occupé(e) à faire quelque chose sans lui et cela n'attire pas son attention. Exemple : télévision, ordinateur, lecture, etc. Quant à votre chien, il dort ou fait quelque chose qui ne vous implique pas.

Vous vous levez normalement sans rien dire et sans le regarder. Si votre chien réagit à ce moment-là, comptez 3 secondes en regardant droit devant vous puis rasseyez-vous et reprenez immédiatement votre activité. L'exercice est terminé. Vous vous entraînerez à la prochaine séance. Quoi qu'il fasse, ne le touchez pas, ne le regardez pas, ne lui dites rien. Tenez bon, c'est très important.

Votre chien ne réagit plus à force de répétitions quand vous vous levez. Vous pouvez maintenant vous lever et vous éloigner un peu de l'endroit où vous étiez. Repérez bien à partir de quel moment votre chien réagit.

S'il réagit après trois pas, vous vous arrêtez là et vous retournez vous assoir. Si vous pouvez aller jusqu'à la porte de la cuisine, chambre, salon, garage, etc. vous vous arrêterez avant d'ouvrir la porte pour vos prochaines répétitions. Quoi qu'il fasse, ne le touchez pas, ne le regardez pas, ne lui dites rien. Soyez fort(e), car si vous lui accordez la moindre attention, cela veut dire que ce qu'il a fait lui est utile.

À force de répétitions, votre chien ne réagit plus quand vous allez jusqu'à la porte qui vous mène vers une autre pièce et qui va donc vous faire sortir de son champ de vision. Posez la main sur la porte si elle est fermée pour la prochaine étape. Sinon, la prochaine étape est de faire un pas supplémentaire pour sortir de la pièce dans laquelle se trouve votre chien. Revenez immédiatement vous assoir toujours en l'ignorant, peu importe qu'il réagisse ou non. S'il vous suit, faites semblant de faire quelque chose, comme ramasser un objet qui n'existe pas sur le sol ou nettoyer la porte.

Lorsque vous pouvez sortir de la pièce, faites semblant d'être occupé(e) à quelque chose d'important par exemple, vous cherchez quelque chose dans un tiroir ou vous passez un coup d'éponge dans la cuisine : vous faites quelque chose de complètement ordinaire qu'il vous arrive de faire régulièrement. Puis vous retournez vous assoir. Ne faites pas durer ce moment si votre chien vous suit. Commencez à le faire durer à partir du moment où il ne vous suit plus jusqu'à l'autre pièce.

Ce n'est que lorsqu'il y a du mieux que l'on peut rester plus longtemps hors de son champ de vision. Progressivement, vous pouvez augmenter ce temps. Mais dès qu'il vient voir ce que vous faites, retournez vous assoir pour reprendre votre occupation. Toujours en l'ignorant.

Quels que soient vos problèmes, prévoyez plus d'exercice physique et/ou de stimulation mentale. En effet, **il est très difficile pour un chien de contrôler ses pulsions s'il manque d'exercice physique ou d'activités de stimulation mentale.** Il est aussi plus difficile pour lui d'apprendre quoi que ce soit. C'est comme pour nous : laborieux de se concentrer quand on est stressé, que l'on n'a rien fait d'autre de la semaine que de travailler !

En substituant l'activité dont a besoin le chien et qui nous gêne, par une autre activité, il arrive même que le comportement gênant disparaisse peu à peu de lui-même sans qu'il soit nécessaire d'apprendre quelque chose en particulier (*cf. Section 1-8. Les besoins de votre chien adulte – Ne pas s'ennuyer*).

Ainsi, je connais plusieurs personnes qui ont réglé le problème de l'aboiement excessif ou intempestif simplement en « fatiguant » leur chien avec un peu plus d'exercice et un travail d'obéissance (« obéir » est aussi une forme de stimulation mentale).

**N'oubliez pas que si, pour certaines races, l'exercice physique est important, pour d'autres, la stimulation mentale l'est tout autant sinon encore plus.** Il est tout à fait possible de « fatiguer » un chien en lui faisant travailler des neurones. Bien entendu, quand je dis « fatiguer » son chien, je ne vous demande pas de l'épuiser ! Il s'agit de faire en sorte qu'il soit plus souvent sollicité et/ou qu'il fasse plus d'exercice pour qu'il n'ait plus envie/besoin de se défouler derrière la clôture ou la vitre ou sur les pigeons, etc.

# EXERCICES

## 1. Agent sous couverture

Cet exercice a aidé beaucoup de clients du programme Bon Chien. Si vous souhaitez rendre votre chien plus sociable avec les autres chiens, je vous le conseille vivement.

Emmenez votre chien dans un endroit où passent souvent des gens qui promènent leur chien, mais restez bien en retrait. Si possible, prenez place sur un banc ou asseyez-vous sur un muret, etc. Votre chien doit pouvoir voir les chiens qui passent à quelques mètres de distance et vous, vous devez vous détendre.

Observez la suite de réactions de votre chien quand un chien passe à distance (voir exercice « Sixième Sens » de la Section 1) : grogne-t-il tout de suite ? Se fige-t-il avec la nuque qui se raidit ou les poils qui se dressent ? S'agite-t-il frénétiquement en tirant sur la laisse ? S'agite-t-il sans tirer ? Se met-il à aboyer directement ?

Que faut-il pour qu'il y ait une première réaction ? Que faut-il pour que cela s'accentue ? Quelle est la différence quand votre chien se tourne pour regarder un chien passer et quand il se tourne et avance ? Et que se passe-t-il quand il se tourne, avance et tire sur la laisse ? Ce ne sont que des exemples.

La distance entre les chiens est un élément CRUCIAL à repérer.

Le type de chien peut aussi être important, mais la race et la taille ne sont pas les uniques paramètres à prendre en compte : il y a aussi les chiens connus/inconnus, jeunes/âgés, qui marchent en laisse/sans laisse, etc.

**Vous pouvez ainsi vous entrainer à saisir ce qui déclenche l'enchaînement de réactions et à capturer le moment « avant qu'il ne soit trop tard ».**

C'est à ce moment-là qu'il faut « dégainer » les friandises en invitant votre chien à se détendre ou à revenir près de vous ou en lui apprenant à s'assoir, etc. selon la difficulté de la situation, pour pouvoir travailler la socialisation.

Il est difficile de commencer à faire cet exercice avec un chien adulte très réactif quand on marche dans la rue ou qu'il y a du monde autour de soi.

Ainsi, si vous allez vous « poster » dans un endroit un peu à l'écart, vous vous préparez efficacement.

## 2. La dame d'en face

Faites cet exercice si votre chien réagit excessivement à la vue d'une personne de votre entourage ou à quelqu'un que votre chien voit très souvent, par exemple, la dame d'en face, le voisin d'à côté, le facteur, etc.

Donnez des friandises à la personne en question.

Dites-lui de jeter doucement une friandise vers votre chien à chaque fois qu'il/elle vous voit avec votre chien, mais de ne jamais s'approcher de lui, ni parler, ni le regarder.

Faites cela pendant une à deux semaines et répétez un mot spécifique – sur un ton enjoué à chaque fois que la friandise est jetée – pour identifier la personne, exemple : facteur, voisin, la dame, copain, copine, papi, mamie... N'utilisez pas le prénom de la personne, car plus tard, peut-être, vous devrez le refaire avec une autre personne. Ce sera alors plus facile : toutes les personnes que votre chien considère comme des menaces et qui ont les mêmes « caractéristiques » OU des personnes différentes, mais vues dans le même CONTEXTE, peuvent être appelées « gentil monsieur », « ami » ou ce que vous voulez.

Si votre chien a peur d'un type de personne spécifique qu'incarne à la perfection l'un de vos proches (exemples : votre père = votre chien a peur des hommes à voix grave – votre meilleure amie = votre chien a peur des femmes qui parlent et rient fort), utilisez un mot que vous pourrez employer de façon générique. Le mot doit toujours être le même pour tout le monde. Tant pis si vous utilisez « papi » ou « copine » avec quelqu'un que vous ne connaissez pas. La très grande majorité des gens s'en amusent.

Demandez à la personne de jeter une friandise un peu moins loin que d'habitude quand vous estimez que votre chien est moins stressé. Il va se rapprocher un peu pour la prendre.

Répétez le mot à chaque fois jusqu'à ce que, progressivement, la personne soit capable de donner la friandise de la main : le mot signifie qu'il va avoir une friandise et votre chien sera content de voir la personne. Ce ne sera plus « la dame d'en face ». Ce sera « madame friandise ».

La friandise doit alors être jetée une fois sur deux. Vous continuez à dire le mot.

Les caresses remplacent peu à peu la friandise.

Avec certains chiens, on ne peut pas aller aussi loin. Il faut se contenter du fait qu'ils ne grognent plus ou ignorent la personne. Attention, la personne N'A PAS À CARESSER VOTRE CHIEN si vous estimez que c'est encore trop tôt ou qu'il vaut mieux en rester là.

# QUIZZ 2

1- **Quand on a un chien adulte qui n'a pas été bien socialisé, c'est avant tout un chien qui :**
a. n'écoute pas grand-chose
b. est facilement stressé dans certaines situations
c. aboie pour tout et n'importe quoi

2- **Un chien peureux, c'est le plus souvent un chien qui est :**
a. attendrissant
b. traumatisé
c. potentiellement dangereux

3- **Pour désensibiliser un chien, il faut surtout :**
a. y aller petit à petit
b. le confronter à ses plus grosses peurs
c. prétendre que tout va bien

4- **Le chien adulte ne peut plus être socialisé comme un chiot. C'est pourquoi il faut :**
a. éviter absolument tout ce qui lui fait peur
b. travailler en priorité sur les environnements/personnes de tous les jours
c. le faire sortir de l'endroit où il se réfugie en l'appâtant avec une friandise

5- **Certains chiens adultes ne s'entendent pas avec tous les chiens parce que :**
a. c'est trop tard pour apprendre
b. la personne s'y prend mal
c. c'est comme pour nous, on ne s'entend pas avec tout le monde

6- **Pour bien socialiser un chien avec les humains, il faut souvent :**
a. demander à ses proches de participer
b. éviter d'inviter trop de monde à la maison

**Réponses en fin d'ouvrage.**

# SECTION 3 – Réussir à régler les problèmes

Plusieurs constantes définissent l'éducation du chien. À présent, vous les connaissez. Cette section vous permettra de voir concrètement comment ces constantes entrent en action dans les problèmes fréquents et les « troubles » du comportement. Je mets le mot « troubles » entre guillemets, car nombreux sont ceux qui, lorsqu'ils parlent de leur chien, utilisent le mot « trouble ». Cela me fait souvent le même effet que le mot « dominant ». Savent-ils réellement de quoi ils parlent ?

N'est-ce pas un peu facile de coller des étiquettes à ce que l'on ne comprend pas ou ce que l'on tolère mal ? On ne peut leur en vouloir, mais **ni eux, ni vous, ni moi ne sommes qualifiés pour identifier un trouble du comportement.**

Bien sûr, de notre point de vue, l'anxiété chez le chien entraîne des comportements anormaux comme la destruction. Mais pour le chien, c'est la suite logique d'un trop-plein d'émotion et un chien qui fait « des bêtises » n'est pas pour autant systématiquement atteint d'un « trouble » du comportement !

Un jour, j'ai lu dans un livre qu'être « anxieux » n'est pas forcément un « trouble » (pour l'homme comme l'animal). Puis le lendemain, j'ai lu dans un autre livre que, si l'on est triste quand quelqu'un qu'on aime s'en va et que l'on pleure, l'on n'est pas, pour autant, atteint d'un trouble. Et quelques jours plus tard, un ami m'a dit ceci : aujourd'hui, tout est « trouble », un enfant trop agité a un trouble, une femme qui aime faire du shopping a un trouble, un chien qui aboie a un trouble... !

Je ne sais pas ce que vous en pensez, mais je suis assez d'accord.

Nous collons assez rapidement une étiquette « trouble » dès que quelque chose sort de l'ordinaire. Il est important d'y songer parce que si vous percevez certains comportements qui vous posent problème comme des comportements normaux, mais excessifs, vous envisagez des solutions ; si, au contraire, vous êtes convaincu(e) d'emblée que votre chien souffre d'un trouble, vous vous mettez immédiatement, inconsciemment, vous et votre chien, en situation d'échec. Vous avez du mal à lui offrir des opportunités de réussir.

**Si vous avez un sérieux doute, consultez votre vétérinaire. Il pourra vous éclairer et poser un diagnostic de trouble du comportement (ou pas !).**

## 1. Marcher en laisse

Un chien qui marche en laisse correctement est un chien agréable à promener, impliquant plus de sécurité pour tout le monde, y compris le chien lui-même. Ne vous laissez pas polluer l'esprit par l'idée du chien qui veut vous dominer. Comme le rappelle Victoria Stilwell[19], votre chien tire sur sa laisse :

- parce qu'il est content de se promener
- parce qu'il est pressé d'avancer
- parce qu'il y a plein d'odeurs supers partout
- parce que, naturellement, il marche plus vite que vous
- parce qu'il n'a jamais appris à ne pas tirer

Ainsi, vous apprendrez à votre chien à bien marcher en laisse dans la bonne humeur. Cela sera bien plus efficace que de penser à ne pas se faire dominer.

Il y a rarement une seule façon de procéder quand on veut apprendre quelque chose à son chien. Par ailleurs, certaines techniques fonctionnent mieux avec certains chiens qu'avec d'autres. Nous verrons ici l'une des techniques les plus simples pour un chien déjà adulte qui a pris l'habitude de marcher n'importe comment – ou plutôt, de marcher comme un chien, c'est-à-dire, pas en ligne droite et plus vite que nous !

---

[19] Victoria Stilwell, Train your dog positively.

Rien ne vous empêche, jamais, d'essayer une technique puis de commencer une nouvelle technique si vous pensez que ce que vous faites ne fonctionne pas assez bien avec votre chien. Mais attention, aucune technique ne vous donnera des résultats immédiats. Il faudra toujours suivre une progression et répéter l'exercice aussi régulièrement que possible en n'oubliant jamais ce que vous voulez précisément obtenir au final.

## A. Quel objectif ?

Ayez à l'esprit un objectif clair, un but final.

Votre chien a 8, 10 ans… ? Vous n'êtes pas obligé(e) de viser une marche parfaitement irréprochable, chien au pied, laisse détendue en permanence. Mais si tel est votre objectif, alors préparez-vous à passer des paliers. Fixez-vous des « mini-objectifs » qui vous emmèneront vers votre ultime objectif. C'est capital. Votre chien a seulement 1 ou 2 ans… ? Vous pouvez peut-être avoir plus d'ambitions dès maintenant.

Mais l'âge n'est pas l'unique facteur à prendre en considération. Certaines races sont réellement plus difficiles à faire marcher en laisse que d'autres. De plus, certains environnements de vie ne vous aident pas. Il y a du monde partout, des chiens partout, des pigeons, des chats...

Ne vous découragez pas. Je vous promets que la marche en laisse fait partie de ce qu'il y a de plus facile. Cela dépend vraiment beaucoup de l'endroit où vous vous entraînez.

Observez les gens qui promènent leurs chiens. Quand son chien ne marche pas bien en laisse, on a parfois tendance à être focalisé sur lui, mais si vous regardez comment marchent les autres chiens, vous pourriez vous rendre compte que ce n'est pas si catastrophique que cela. Nombreux sont les chiens qui marchent très, très mal en laisse !

Vous avez vu pire que vous ? Vous êtes remotivé(e) ? Alors c'est parti !

### B. Pas à pas

Peu importe ce que vous voulez apprendre à votre chien, procéder par étapes est toujours l'une des clés du succès. Commencez par vous entraîner dans l'endroit le plus calme possible, votre jardin, une rue très peu fréquentée, un parking de centre commercial le dimanche matin, etc.

Progressivement, vous irez dans des endroits plus bruyants avec de plus en plus de distractions (des gens, des voitures, des chiens…). Vous devrez peut-être planifier vos itinéraires avec une carte.

**Pour les débuts, restez bien au calme.**

### C. Psssst

Mettez la laisse, avancez et dès que votre chien se met à tirer, arrêtez-vous. Ne tirez pas. Ne faites rien d'autre. À ce moment-là, vous pouvez associer cet arrêt à un mot comme « doucement ».

En fait, le principal est :

- que ce soit toujours, toujours, toujours… le même mot – c'est particulièrement difficile en promenade donc, si vous préférez, ne dites rien du tout

- que vous n'utilisiez pas seulement le nom du chien
- que vous n'utilisiez ce mot pour rien d'autre.

Vous n'êtes pas obligé(e) d'utiliser un mot, car, parfois, s'arrêter suffit.

Vous pouvez aussi produire un petit bruit ou vous exclamer : « tss tss », « hep hep », « hé ho » ou « psssst », ce que je fais, mais encore une fois, choisissez et :

- ne changez plus jamais de « petit bruit »
- ne l'utilisez jamais pour rien d'autre.

### D. Je suis content(e)

Quoi qu'il fasse, au début, quand vous vous arrêtez, du moment que c'est autre chose que de tirer sur la laisse : manifestez votre satisfaction. Vous êtes énervé(e) peut-être, parce que vous êtes dehors ou parce que ça ne marche pas très bien, mais n'oubliez surtout pas :

- de manifester votre joie au bon moment. Et même si les résultats ne sont pas « terribles » pour commencer, cela encourage le chien à reproduire le comportement : il sait qu'il est sur la bonne voie.
- de manifester votre joie toujours de la même manière. Cela vous aide à obtenir de bien meilleurs résultats.

Bon Chien ! Au début, votre chien va probablement continuer à tirer quand vous vous arrêterez. Il faudra peut-être attendre plusieurs jours pour avoir le temps de manifester votre satisfaction. Le jour où cela arrive, ne ratez pas le coche ! Et même si votre chien commence par tirer juste un peu moins fort ou arrête de tirer juste deux secondes : c'est bon, c'est le moment de dire « bon chien » !!!

Et petit à petit, il peut ralentir, s'arrêter, mais aussi se retourner, revenir vers vous, renifler les fleurs : peu importe. Il ne tire plus et il est félicité (pas récompensé). Il ne comprendra pas tout de suite. Il faudra répéter. Si vous avez un chien qui tire très fort, n'hésitez pas à prendre la laisse avec les deux mains.

Enfin, pour que le chien comprenne qu'il ne faut pas s'arrêter, mais ralentir, arrêtez-vous de moins en moins longtemps. **Mais arrêtez-vous systématiquement dès que cela tire sur votre bras.**

### E. Suis-moi

Votre chien DOIT ABSOLUMENT apprendre à vous suivre quand vous changez de direction, ne serait-ce que lorsque vous tournez parce que le chemin que vous suivez prend un léger virage. Essayez de changer de direction après un petit moment passé à marcher toujours dans le même sens. Quand vous franchissez ce palier du chien qui vous suit, c'est presque gagné.

Vous pouvez aussi, lorsqu'il tire un peu moins fort sur la laisse, changer de direction ou faire demi-tour au lieu de vous arrêter - dans le cas où le fait de vous arrêter ne fonctionne plus aussi bien qu'au départ ou que cela n'a jamais bien fonctionné.

À ce moment-là, pour que votre chien vous suive :

- Utilisez une expression comme « suis-moi » – évitez « viens » et « allez » que vous pourriez utiliser à d'autres occasions – n'utilisez plus jamais d'autre mot !
- N'hésitez pas à prendre un air enjoué en faisant mine de vous élancer pour courir. Vous ne le ferez plus (en arrêtant progressivement) quand il aura compris.
- Félicitez ET récompensez avec une petite friandise quand votre chien s'est approché de vous.

**Au fur et à mesure, vous augmenterez progressivement le nombre de mètres parcourus avant de faire demi-tour ou d'effectuer un virage.**

Et dès que votre chien recommence à tirer, vous faites demi-tour : le demi-tour est associé à une récompense et/ou des félicitations. Tirer n'a donc plus d'intérêt.

N'oubliez pas : vous êtes en train d'essayer de lui apprendre à marcher correctement, mais votre chien, lui, est en train de s'amuser.

Votre chien n'a AUCUN intérêt à bien marcher en laisse.

En revanche, il est certainement intéressé d'obtenir des récompenses et des félicitations avec son humain content.

### F. Astuces

Si votre chien tire beaucoup ou très fort, utilisez un harnais au lieu d'un collier. Certains sont opposés au harnais, je ne comprends pas pourquoi : un harnais lui fait moins mal quand un chien tire beaucoup ! Je pense que certains se compliquent la vie quand elle peut être simple. Le harnais ne m'a jamais empêchée d'apprendre à un chien à bien marcher en laisse. Au moins, sa langue ne pend pas jusqu'à terre au bout de 5 petites minutes de promenade !

N'apprenez pas à votre chien à bien marcher en laisse avec une laisse à enrouleur, c'est trop compliqué.

Préférez une laisse classique, sinon une longe. En revanche, la laisse à enrouleur est un accessoire pratique et sympathique quand votre chien ne tire plus (et revient au pied). Certains y sont farouchement opposés en disant que le chien « fait ce qu'il veut ». Et alors ? La promenade n'est-elle pas un moment censé être plaisant ? Il fait ce qu'il veut jusqu'à ce que je le rappelle vers moi ou lui demande de me suivre. La laisse à enrouleur n'incite pas un chien bien éduqué à ne plus écouter.

Au contraire, je dirais même qu'elle permet de travailler plusieurs choses, même le rappel.

Surtout, n'abandonnez pas dès que cela s'améliore. C'est une erreur fréquente !

**Continuez jusqu'à ce que votre chien ne tire que pour des évènements exceptionnels,** comme un chat qui passe en courant ou un pigeon qui vient se poser sous son nez.

## 2. Marcher sans laisse

Ah, la marche au pied sans laisse avec son chien ! Le Saint Graal ! Ce chien docile, calme et fiable dedans comme dehors dont tant de gens rêvent ! Pourquoi ce doux rêve ne devient-il réalité que pour une poignée de personnes ? Soyons francs… ce n'est pas facile.

Et surtout, tous les chiens ne sont pas assez fiables pour marcher sans laisse. Je parle surtout des chiens adultes qui n'ont pas appris étant petits. Il existe également quelques races de chiens avec lesquelles c'est vraiment très compliqué.

Bien entendu, vous pouvez toujours lâcher votre chien et marcher sans laisse alors qu'il ne revient pas au pied, gambade à 10 mètres devant vous et traverse la rue dès qu'il voit un copain sur le trottoir d'en face alors qu'une voiture approche. C'est la méthode « advienne que pourra ». Même si vous avez déjà vu ce genre de choses, c'est dangereux – c'est dangereux pour le chien et pour les humains – et profondément incivique si vous vivez en milieu urbain.

Alors, si comme moi, vous en rêvez, soit vous vous faites une raison (c'est ce que j'ai fait avec ma chienne Lila au bout d'un an de vaines tentatives), soit vous vous lancez dans ce travail fascinant de la marche au pied sans laisse tout en sachant qu'avec certains chiens, il faut savoir rester réaliste. **De toute façon, il faut savoir remettre la laisse à certains moments, peu importe le chien que vous avez.**

Voici l'entraînement que j'ai suivi. Je ne peux le pratiquer qu'à la campagne. Je tiens trop à ma chienne pour prendre le moindre risque. J'ai vite abandonné l'idée de m'entraîner en ville.

## A. Préparatifs indispensables

Apprendre à marcher EN laisse sans tirer, vous permet d'initier les concepts essentiels de la marche SANS laisse. Nous parlons ici de chiens adultes. En effet, je pense qu'avec un chiot, il vaut mieux faire l'inverse (c'est-à-dire commencer à apprendre à marcher au pied sans laisse) :

- Le périmètre acceptable : fixez une distance bien précise au-delà de laquelle votre chien ne doit pas s'éloigner de vous en promenade. C'est à vous de déterminer cette distance et d'être exigeant(e). Exigence n'est toutefois pas synonyme de fermeté ni de sévérité. On rappelle son chien, c'est tout. Et on attend qu'il revienne à notre hauteur s'il s'est un peu trop éloigné. On ne lui demande pas de revenir dans le périmètre acceptable tout en continuant à avancer. En tout cas, au début. Sinon, c'est trop « brouillon » !
- La réactivité : votre chien doit vous suivre sans tarder quand vous changez de direction. Il ne part plus

dans l'autre sens, bien entendu, mais il ne tire plus non plus sur la gauche quand vous bifurquez sur la droite ! Reprenez l'exercice du « périmètre acceptable » dans la Section 2 (Exercices pour rendre son chien plus sociable).

Marcher en laisse sans tirer est la première étape incontournable pour le chien adulte qui va apprendre à marcher au pied sans laisse. Pour commencer, le périmètre acceptable est celui dans lequel le chien marche alors que la laisse est détendue.

Je vous conseille d'apprendre également les ordres suivants :

- « Attends »
- « Regarde-moi » : très pratique pour détourner l'attention de votre chien si quelque chose se passe et risque de le tenter.

Et surtout, il faut apprendre le rappel.

Un bon rappel est essentiel, indispensable et crucial pour apprendrc à marcher sans laisse !

Un bon rappel, c'est quand votre chien revient tout de suite **ET peu importe ce qui est en train de se passer.** Ceci dit, les propriétaires de chiens qui se promènent avec leur chien sans laisse savent la remettre au bon moment, car il existe de réels dangers, surtout en ville. Il ne faut pas confondre ces dangers potentiels qui demandent de remettre la laisse de temps en temps (c'est normal) avec les obstacles à l'apprentissage de la marche sans laisse que vous pouvez abattre un à un avec de la persévérance.

### B. Les obstacles à l'apprentissage de la marche sans laisse

Les obstacles de votre apprentissage dépendent de votre chien et de votre environnement. J'aborde un sujet grave, source d'incidents dramatiques. Mon but n'est pas de vous agacer, mais de vous faire prendre conscience que vos décisions, quand vous avez un chien, peuvent représenter de réelles menaces pour la société.

Les autres chiens sont souvent l'obstacle majeur à cet apprentissage et je pense que seul un chien bien socialisé avec ses congénères peut apprendre à marcher sans laisse.

Rien que dans mon quartier, le nombre de chiens qui marchent sans laisse et se précipitent sur les autres chiens y compris ma chienne est effarant. Cela a le don de m'énerver et parfois de me mettre dans une rage folle... Ma chienne et moi ressemblons alors à deux chiens enragés :)

Les propriétaires de ces chiens s'étonnent souvent que ma chienne réagisse « mal » quand un chien s'approche rapidement, voire en courant, sur elle. En fait, cela n'a rien de choquant dans ce contexte, m'ont expliqué plusieurs éducateurs. Fréquemment, ces personnes vous regardent comme si vous aviez commis une grave faute. Peu de gens se dépêchent de venir récupérer leur chien. Certains s'éloignent même sans rien dire en espérant que leur chien les suive et vous, vous êtes planté là en espérant que ce ne sera pas trop long...

Je peux vous garantir que ce n'est pas de votre faute si votre chien réagit à un chien en liberté qui s'approche tout près de lui pour le renifler. Cela n'est pas civique : **on ne laisse pas son chien lâché aller renifler tous les chiens qui passent.** Un chien qui marche au pied sans laisse ne doit pas s'écarter de son humain, surtout pas pour aller voir les autres chiens SANS LUI.

Sinon, moi aussi, je lâche ma chienne sans me soucier des autres et advienne que pourra...

D'autres obstacles existent à l'apprentissage de la marche au pied sans laisse. Pour les chiens qui ont un fort instinct de poursuite, comme la mienne, les oiseaux ou les chats en ville peuvent vous empêcher de réaliser cet apprentissage. Beaucoup laissent marcher leur chien sans laisse alors qu'il court après des oiseaux ou des chats ou les deux, et parfois même après les enfants. Pensons également aux cyclistes, joggers, trottinettes, rollers, etc. Dans le doute, il est indispensable de faire attention à ce genre de choses et de voir d'abord comment son chien réagit quand il est en laisse.

Certaines personnes pleines de principes disent que le chien n'est heureux que s'il est en liberté. Il n'y a pas un chien, mais des millions de chiens différents. Certains ont des vies riches et stimulantes et sont comblés d'amour, de jeux, d'activités de stimulation mentale... ne pas pouvoir aller et venir librement dans la rue n'est pas une souffrance.

Pour leur sécurité et pour la sécurité de tous, certains chiens ne devraient pas marcher sans laisse.

## C. La technique du « tout près »

Voici la technique du « tout près » dont je vous parlais dans l'exercice « Périmètre Acceptable » de la Section 2. Je ne me souviens plus de la première fois où je l'ai lue et vu faire, parce qu'il me semble que j'ai regardé une vidéo après avoir découvert cette technique. Mais il en existe différentes versions.

Voici la mienne :

- Votre chien doit connaître « assis ».
- Vous êtes chez vous et il n'y a aucune distraction pour votre chien.
- Choisissez un/des mot(s) que vous utiliserez pour ordonner « marche tout près de moi ». N'utilisez pas de mots vagues comme « ici » ni d'expression avec le mot « pied » si vous utilisez « au pied » pour le rappel. Il vous faut une toute nouvelle expression. J'utilise « tout près ».
- Faites assoir votre chien à côté de vous, contre votre jambe, du côté où vous le promenez d'habitude en l'attirant avec un bonbon.
- Dites « tout près » au moment où il s'assoit.
- Répétez jusqu'à pouvoir dire « tout près » sans utiliser de bonbon et

votre chien prend sa position assise près de votre jambe.

- Quand c'est acquis, faites un grand pas en avant (avec la jambe du côté où est le chien) et dites « tout près ».
- Le chien doit avancer à l'endroit où vous êtes. A ce stade, vous pouvez l'attirer avec une friandise.
- Récompensez-le lorsque le premier pas est bien suivi (avec la friandise que vous avez utilisée pour l'attirer).
- Vous vous êtes arrêté(e). Alors recommencez, en levant toujours le même pied, pour faire un autre pas en disant « tout près ». Le chien doit avancer en même temps que vous – ce qui n'arrivera pas forcément dès la première tentative.
- Faites ensuite encore deux pas l'un après l'autre en levant le même pied.
- Faites ensuite plusieurs pas en marchant normalement tout droit.
- Faites ensuite plusieurs pas, puis tournez en utilisant une friandise sous son nez pour que votre chien tourne en même temps que vous.

Cette technique donne de très bons résultats si vous vous entraînez quelques minutes tous les jours en avançant sur 5 mètres, puis 10, puis 20, etc.

Utilisez de toutes petites friandises (très motivantes) pour en avoir dans la main pendant tout l'entraînement et les distribuer facilement.

Quand votre chien avance trop loin ou pas assez (ou s'écarte), attirez-le près de vous avec une friandise, en disant à nouveau « tout près » dès qu'il est tout près.

Après quelques séances de « tout près », apprenez à votre chien à s'assoir quand vous vous arrêtez en introduisant « attends ».

Entraînez-le à repartir avec un mot comme « ok » quand vous repartez.

Ça y'est : votre chien sait marcher au pied sans laisse !!!

### D. S'entraîner à l'extérieur

C'est généralement là que les choses se gâtent... Voici des conseils pour s'entraîner à marcher au pied sans laisse dehors.

Le bon endroit pour apprendre à marcher sans la laisse est exempt de circulation automobile et de petits lapins qui surgissent des fourrés... S'il vous est impossible de vous exercer dans un endroit clôturé, vous pouvez favoriser les conditions de l'apprentissage et faire en sorte que votre chien ne se mette pas à foncer dans tous les sens dès qu'il est détaché : lâchez régulièrement votre chien.

Pouvoir courir ne sera alors plus, pour lui, quelque chose d'exceptionnel. Si vous pouvez le faire, faites-le. Sinon, allez sur le parking du plus proche centre commercial un dimanche matin à l'aube. Pour trouver des endroits sûrs, l'une des meilleures astuces est de se lever tôt.

Je vous conseille d'utiliser une laisse à enrouleur si ce n'est pas dans vos habitudes, en tout cas pour certaines promenades pendant lesquelles votre chien peut s'éloigner un peu. Vous avez ainsi tout le temps nécessaire pour le laisser faire ses trucs de chiens. Laissez votre chien marcher quelques mètres devant vous (certaines de ces laisses font plus de 5 mètres) et rappelez-le vers vous régulièrement. Dans les premiers temps, ne le rappelez pas quand il est particulièrement occupé à renifler quelque chose de fascinant. Félicitez-le à chaque fois qu'il revient et faites-le bien revenir au pied (et pas uniquement plus près de vous). Cela vous aidera lorsque, plus tard, votre chien sera détaché. Il aura pris l'habitude de revenir de temps en temps et d'être félicité pour cela, alors qu'il est loin devant ou loin derrière vous.

Repérez un coin tranquille ou levez-vous aux aurores pour qu'il n'y ait personne. Faites découvrir à votre chien que vous êtes ce qu'il y a de plus intéressant au monde : entraînez-le à vous suivre avec des jouets ou des friandises.

Apprenez à votre chien à focaliser son attention sur vous au cours des prochaines promenades en laisse en changeant de direction le plus souvent possible. Je pense qu'il est important, dans un premier temps, d'apprendre à votre chien à venir au pied avec un ordre alors que vous ne bougez pas. Ce n'est qu'ensuite que vous lui apprendrez à venir, avec le même ordre, alors que vous vous déplacez.

## 3. Malpropreté

Je vais essayer de vous expliquer, du mieux possible, l'apprentissage de la propreté chez le chien. Une bonne partie de mes explications vaut aussi pour le chiot. Avant de commencer, parlons santé.

Votre chien était propre et ne l'est plus ? Il ne l'a jamais été, totalement et parfaitement ? La première chose à faire est de vous rendre chez le vétérinaire afin de vérifier que tout va bien.

Car si une cause médicale est en jeu, il y a lieu de la traiter d'urgence.

En général, l'incontinence – qui n'est pas « une maladie mortelle » – a des causes sérieuses : il est donc important de traiter le problème rapidement. Si tout va bien de ce côté-là, il faut vous intéresser à l'alimentation, surtout si votre chien fait aussi la « grosse commission » dans la maison !

Ce qui peut (essentiellement) poser problème :

- un brusque changement d'alimentation
- trop de nourriture entre les repas
- trop de repas ou pas assez : en effet, il n'est pas rare que le timing des repas ne soit pas adapté au chien que l'on a et à son cycle de digestion. Cela le pousse à se soulager soit avant la prochaine sortie, soit à refaire ses besoins tard le soir ou tôt le matin. D'autres

personnes bourrées de principes vous diront qu'il faut faire manger le chien une seule fois par jour et c'est tout ! Chef, oui chef ! Garde-à-vous ! En réalité, il n'existe pas de règle absolue. **Votre vétérinaire est mieux placé qu'un éducateur pour vous dire combien de fois par jour votre chien doit être nourri.**

Ainsi, il faut d'abord vous assurer, chez le chien adulte qui n'est pas propre, et surtout chez celui qui n'est PLUS propre, du jour ou lendemain ou presque, que le problème n'est pas d'ordre médical. Une simple visite de routine chez le vétérinaire vous permettra d'en avoir le cœur net.

Ce que l'on appelle « incontinence » chez le chien s'accompagne assez souvent d'un léchage excessif des parties génitales, les rendant irritées. Un chien vraiment incontinent, au sens médical du terme, est un chien qui urine sans même s'en rendre compte, parfois quelques gouttes de temps en temps. Les causes les plus fréquentes de l'incontinence chez les chiens sont un problème de vessie, une infection urinaire ou un problème hormonal. D'autres causes plus graves existent. Notez que certains chiens font aussi plus souvent pipi parce qu'ils boivent trop et plusieurs problèmes de santé poussent un chien à boire trop, notamment le diabète.

Les causes de malpropreté sont multiples : seul un vétérinaire sera à même de déterminer si une cause médicale est à l'origine du problème.

À présent, entrons dans le vif du sujet.

### A. Soyons raisonnables et réalistes

Trois à quatre fois par jour est un minimum pour se soulager quand on est un chien.

Il ne s'agit pas de mon avis personnel. J'ai effectué de nombreuses recherches sur ce sujet et c'est ce qui revient le plus souvent.

Et 4 à 5 heures sans faire ses besoins, c'est déjà beaucoup pour un grand nombre de chiens adultes pourtant habitués à patienter.

Vous n'apprenez donc pas la propreté à un chien en le laissant trop longtemps tout seul.

### B. Anticipation

Sachez qu'il n'y a pas de meilleure façon d'apprendre à un chien à être propre, qu'il soit chiot ou adulte, que de le récompenser quand il fait ses besoins à l'endroit où on le souhaite.

Certains chiens adultes n'ont jamais appris ou bien appris à se soulager à l'extérieur. Ils peuvent toutefois apprendre, même quand ils ont déjà plus de 5 ans. Pour cela, il suffit :

- d'emmener le chien se soulager à des heures très régulières
- et très souvent au début
- et en le félicitant systématiquement à chaque fois qu'il se soulage (« bon chien » + récompense par friandise).

**N'attendez surtout pas la dernière minute ou qu'il vienne vous « demander » de sortir : ANTICIPEZ.**

Pour faciliter ce processus, vous pouvez essayer de lui faire faire ses besoins toujours au même endroit pour les premières répétitions. Je parle de « répétitions » parce qu'il s'agit bel et bien d'un apprentissage. C'est à vous d'apprendre à votre chien où faire pipi et le reste ! Et quand vous le connaissez mieux, vous pouvez aussi lui apprendre quand faire pipi et le reste - tout en restant réaliste, ne l'oubliez pas.

Ne vous inquiétez pas si, au début, votre chien fait ses besoins trop tôt en sortant, juste devant la porte, le portail, sur le trottoir, le parking… C'est déjà bien de faire dehors. Alors, félicitez votre chien et petit à petit, vous essaierez de lui faire faire ses petites affaires plus loin. Pour ce faire, vous vous dépêcherez de sortir et/ou attirerez votre chien avec un jouet ou une friandise à quelques mètres plus loin de l'endroit où il fait d'habitude. Un seul mètre plus loin s'il le faut, pour commencer.

Dans tous les cas, la petite ou grosse commission dehors doit être un évènement qui vous fait extrêmement plaisir.

Même si c'est naturel pour le chien et que cela vous semble bizarre au début, n'hésitez surtout pas à féliciter votre chien et à le récompenser. N'ayez pas honte, de très nombreuses personnes l'ont fait avant vous et des tas d'autres le feront encore !

Ensuite, vous pourrez peaufiner cet apprentissage en montrant à votre chien l'endroit exact où vous voulez qu'il se soulage, par exemple, le caniveau. Cela fonctionne pour les chiens qui n'ont pas de problème de santé les empêchant de se retenir. Cela fonctionne également avec les mâles qui font du « marquage de territoire », et au plus fort de la période des chaleurs.

Si aucun problème de santé ou d'anxiété n'est à déplorer, rien ne peut vous empêcher d'éduquer votre chien adulte à faire ses besoins là où vous le voulez.

Pour bien anticiper, les moments cruciaux sont les réveils, que ce soit après une nuit de sommeil ou une courte sieste. Viennent ensuite les fins de repas.

Ainsi, en admettant que le problème n'est pas d'ordre médical ni en lien avec l'alimentation – qui peut modifier le cycle de la digestion et donc donner envie aux chiens de faire leurs besoins aux mauvais moments pour nous –, la cause la plus fréquente de la malpropreté chez le chien adulte est un problème d'apprentissage. **Ce problème est essentiellement dû à un manque d'anticipation.**

Vous pensez que vous n'y arriverez pas ? Voici comment procéder.

### C. Comment cela fonctionne ?

Vous espériez qu'une baguette magique règle le problème de la malpropreté ? Elle est là : l'anticipation ! C'est-à-dire prévoir avant que cela n'arrive. Oui, rien de plus.

Et pourtant, ce n'est pas toujours si facile.

Pour anticiper, il est important de garder un œil sur votre chien en quasi-permanence. Il faut être prêt à sortir dès qu'il manifeste l'envie de se soulager. Avec un peu d'entraînement, vous parviendrez à sortir bien avant. Les chiens s'expriment différemment pour signifier qu'ils ont envie de sortir. Certains vont se placer derrière la porte. D'autres vont tourner en rond. D'autres encore vont venir vous regarder fixement en remuant la queue.

Et certains chiens ne font rien de tout cela.

Certains chiens ont en effet beaucoup plus de difficultés à s'exprimer sur cette question. Ce n'est donc pas forcément de « votre faute » si vous manquez les signaux : il n'est pas toujours évident d'identifier le moment où votre chien a envie de faire ses besoins. Dans ce cas, que faire ? Il ne faut pas hésiter à le sortir plus souvent, même si vous le sortez pour rien ! Vous pourrez ainsi progressivement repérer combien de temps il peut se retenir. Certains chiens tiennent longtemps, d'autres moins. Si vous me le permettez : c'est la vie...

Ce processus, parfois pénible, mais normalement court, est en partie ce qui permet aux nouveaux propriétaires de chiens de mieux connaître leur chiot, de se familiariser avec leur animal et avec le chien en général.

C'est la raison pour laquelle je ne recommande pas la cage.

### D. La cage

De plus en plus de gens utilisent une cage. Comme ils sont souvent absents, et puisque cet apprentissage requiert d'être présent au maximum, la cage est un moyen pour eux d'apprendre à leur chien à tenir plus longtemps.

Pourquoi ?

Parce qu'en faisant en sorte que la cage soit un endroit très apprécié du chien, un endroit où il dort et où il joue, le chien n'y fera pas ses besoins (les chiens préfèrent toujours faire leurs besoins le plus loin possible des lieux où ils mangent, dorment et jouent). Ainsi la cage – ou une pièce fermée dans laquelle les chiens pratiquent toutes ces activités – permet de mieux maîtriser le processus.

Très brièvement : on laisse la cage ouverte quand on est là, on la ferme quand on s'en va (avec le chiot dedans). Petit à petit, au fur et à mesure que l'on apprend au chien à faire ses besoins dehors – car bien sûr, cela ne remplace pas l'anticipation et la récompense à l'extérieur – on augmente le temps que le chien passe dans sa cage. En d'autres termes, on « fractionne » le temps : le temps pendant lequel le chien est obligé de se retenir (le temps passé dans la cage) et le temps pendant lequel il a la possibilité de se soulager (à l'extérieur de la cage).

Je ne développe pas plus. Je pense, personnellement, qu'un chien n'est pas fait pour rester dans une cage ou un endroit confiné et que, quand on a du temps – ce qui est quand même bien l'essentiel à prévoir avec un chien –, l'apprentissage de la propreté s'acquiert assez facilement.

Je reçois de nombreux messages pour ce problème. Et les personnes qui prennent soin de répondre à toutes mes questions – avec un luxe de détails dans lesquels je n'entrerai pas... :)– n'ont bien souvent qu'un seul et même problème : le manque de temps. Ils ne sont jamais là ou presque. Il est bien difficile alors d'obtenir des résultats...

Sincèrement, **prenez une semaine ou deux de congés** et le problème sera tellement plus vite réglé : si vous êtes là, vous pouvez anticiper un maximum ! Sinon, demandez à quelqu'un de confiance de s'en occuper.

Comptez une à deux semaine(s) de répétitions quotidiennes. Il faut être là tout le temps, à surveiller le chien, à apprendre à repérer ses signaux, à anticiper de mieux en mieux, à le sortir et le féliciter... Je connais plusieurs personnes qui ont répété l'exercice avec leur chiot pendant 2 ou 3 semaines uniquement, et la propreté est acquise définitivement.

Avec un chien adulte, l'entrainement sera identique, mais peut-être plus long (mais pas toujours !).

### E. Anxiété

L'anxiété est une cause fréquente de la malpropreté « soudaine » chez le chien adulte. Si un changement est survenu chez vous récemment, il est possible que votre chien s'en trouve stressé. Attention, les changements importants ne sont pas seuls en cause. Parfois, de petites modifications ont un impact fort dont nous ne sommes pas conscients.

Cela concerne souvent les changements d'horaires, les changements d'habitudes ainsi que nos changements de comportement liés à nos changements d'humeur. Ne souriez pas (ou ne soupirez pas !), car ceci est très sérieux : la dépression, un nouveau travail, la perte d'un emploi, le deuil, la naissance d'un enfant, le départ d'une personne du foyer ou l'arrivée d'une nouvelle personne ou d'un nouvel animal, et même une passion amoureuse, un examen ou un projet immobilier (si, si !), sont le genre d'événements qui peuvent impacter fortement le comportement d'un chien. Plus sensible qu'un autre au changement d'humeur brutal de son humain, angoissé ou perdu, le chien se met alors à uriner dedans.

Quand un chien n'est pas propre à cause de l'anxiété, il a tendance à uriner sur les matières textiles qui s'imprègnent fortement de l'odeur de l'urine.

Par ailleurs, quand un chien urine à des endroits bien spécifiques et toujours ou presque aux mêmes endroits, c'est peut-être aussi parce qu'il n'a pas d'autre choix. Ce sont simplement les endroits les plus pratiques pour lui. Cela se produit souvent quand un chien anxieux ne sort pas assez.

### F. Ne jamais gronder

Gronder un chien pour avoir « fait » au mauvais endroit est inefficace et stressant pour lui. Vous savez maintenant que gronder un chien ne vous attire que des ennuis et ne vous apporte rien du tout pour son apprentissage.

Il faut nettoyer. Prenez sur vous.

Pensez que nous sommes des millions d'hommes et de femmes à nettoyer aussi : vous n'êtes pas seul(e) à éponger des flaques en râlant ! Plus sérieusement, si vous grondez votre chien pour avoir uriné à la maison, vous risquez d'avoir de sacrés ennuis : il est fréquent en effet que le chien aille faire ses besoins dans des endroits insoupçonnables ! Vous le découvrez des jours plus tard. Il est alors encore plus difficile de lui apprendre la propreté. Pourquoi ? Parce que vous ne pouvez pas le prendre sur le fait et le gronder ? Non !

C'est encore plus difficile parce que vous manquez les signaux.

Votre chien, grondé, puni, etc. va se cacher pour faire pipi. Vous n'aurez plus alors l'occasion d'entrer dans le cycle de l'anticipation. Vous ne voyez plus quand il a « envie ». Il ne vient plus vous le montrer. C'est un horrible cercle vicieux.

Pensez-y si vous avez adopté votre chien : certains chiens ont l'habitude de se soulager sur le parking, dans le caniveau, sur des graviers, etc. et quand ils foulent cette surface spécifique ailleurs, c'est ce qu'ils font, même si c'est la cour ou la terrasse. Certains chiens sont laissés trop longtemps enfermés et sont obligés de se soulager là où ils sont enfermés. Cela devient une habitude. Ils peuvent venir d'endroits sales. Donc si vous avez adopté votre chien, pensez qu'il a peut-être simplement besoin d'apprendre une nouvelle habitude ; sinon, il a très probablement besoin d'un temps d'adaptation.

Pour conclure : il faut à tout prix éviter que le chien se soulage dedans, le plus possible.

C'est la raison pour laquelle il faut être présent autant que possible pour le surveiller et détecter les signaux. Et s'il est difficile de les détecter, eh bien, il faut sortir, sortir et sortir encore.

Certains vous diront qu'une cage est très utile. Je ne nie pas qu'elle peut aider certaines personnes, mais renseignez-vous bien sur cette technique qui peut avoir des effets indésirables quand bien même vous faites de cette cage un endroit merveilleux.

En ce qui me concerne, je considère que le chien n'est pas un loup. Il n'a pas besoin d'une tanière ni d'un terrier.

Et si vous lisez le discours inverse, alors que vous essayez de vous renseigner sur la technique de la cage, fuyez, car vous serez, encore, abreuvé(e) de fausses informations. Le chien apprécie les endroits confortables. Cela peut être une cage, un coussin, votre canapé.

Vous êtes bien entendu libre de faire comme bon vous semble, mais si vous me faites confiance, alors vous pouvez me croire : le chien n'est pas fait pour rester enfermé dans une cage une partie de la journée ou la nuit.

Malgré les nombreuses insultes que m'ont valu mes propos sur la cage, je persiste à dire que celle ou celui qui veut un animal en cage n'a qu'à prendre un hamster.

## 4. Chien destructeur

Les solutions vous seront présentées selon le profil de chien destructeur. Ne vous inquiétez pas si le profil qui vous semble intéressant ne

correspond pas exactement à votre chien. Ce sont des types généraux de comportements qui peuvent avoir quelques variantes.

Avant cela, il est important, dès maintenant, si vous avez un chien destructeur, de détecter ce que votre chien préfère - parmi les objets que vous acceptez qu'il « grignote », et non, bien entendu, parmi vos meubles ou vos coussins.

Si vous trouvez « le truc » qui lui plaît vraiment, vous vous en sortirez probablement plus vite. **Remplacer les objets qu'il détruit par des objets que vous permettez de détruire est parfois suffisant. Vous pouvez même apprendre à votre chien à s'intéresser à certains objets et pas à d'autres.**

*Si* votre chien ne consomme jamais ce qu'il détruit, testez ce qui l'amuse pour trouver un objet qui peut être détruit. Par exemple un carton un peu déchiré, un vieux torchon déjà troué, une brique de lait vide, etc.

Les objets « inédits » fonctionnent souvent mieux que les jouets. Avant de tester, laissez les objets toute la nuit dans le panier de linge sale : ils sont clairement à vous, grâce à l'odeur. Ensuite, il faut laisser quelque temps ces objets traîner comme s'ils faisaient partie du décor.

Jouez avec votre chien et faites-en un moment extraordinaire. Qu'est-ce qu'on s'amuse avec ce torchon ou ce carton ! N'hésitez pas à le faire aussi souvent que possible, 3 minutes par ci, 3 minutes par là. Dès que votre chien semble s'ennuyer, sortez le torchon ou le carton.

Lorsque votre chien renifle l'objet, récompensez-le immédiatement. S'intéresser à cet objet signifie friandise. Si vous constatez qu'il s'en désintéresse un peu, s'il ne va plus chercher aucun des objets que vous avez disposés chez vous, s'il ne joue plus aussi dynamiquement avec, frottez un peu de viande ou de fromage dessus. Récompensez à chaque fois qu'il s'en approche et continuez à jouer avec.

Faites comme si vous étiez attaché(e) à ces objets : ne les laissez pas simplement traîner par terre, mais mettez-les sur la table où votre chien pose les pattes, sur le lit pour remplacer les coussins qu'il déchire, etc. Traitez-les comme des objets précieux. Ils remplacent ce que vous enlevez.

Petit à petit, quand cela commence à fonctionner, vous pouvez remettre vos objets précieux, tout en laissant quand même les « objets tout pourris » ! Vous ne les enlèverez que très progressivement.

Pour récapituler : votre chien est récompensé pour le simple fait de s'intéresser à des objets qu'il a le droit de détruire. Ces objets sans importance pour vous sont toutefois laissés dans la maison de la même façon que les objets qu'il détruit, c'est-à-dire délicatement posés sur le canapé, le lit, le tapis, etc. Vous jouez avec votre chien en utilisant ces objets destructibles pour l'inviter à les détruire. S'il ne les consomme pas, bien sûr. Vous passez un peu de viande ou de fromage dessus si jamais il commence à s'en désintéresser et à s'intéresser à nouveau à vos affaires.

Son environnement est alors rempli d'objets qui lui valent des récompenses quand il s'y intéresse.

Ces objets sont merveilleux, car ils sont associés à des récompenses. Le fait de jouer avec ces objets et avec vous est gratifiant en soi. Il peut les détruire sans qu'il n'y ait la moindre conséquence néfaste. Au contraire, cela vous satisfait. **Vous sortez du cercle vicieux du tu détruis/je punis** en substituant vos objets précieux par d'autres « destructibles ».

Si votre chien détruit surtout en votre absence, vous pouvez placer des friandises aux endroits stratégiques. Avant de partir, vous disposez de toutes petites friandises dans les endroits à risque. Au lieu de passer son stress sur vos affaires, votre chien peut trouver de quoi se réjouir. Il est alors dans une tout autre dynamique et cela peut fonctionner très rapidement.

Ceci étant dit, que cette astuce ne vous dispense pas de mettre vos affaires précieuses à l'abri. Il ne faut pas tenter votre chien. Vous me direz que s'il veut détruire, il trouvera quelque chose à détruire... Je vous répondrai : **substituez**

**vos affaires par des affaires destructibles (sans valeur pour vous et pour lesquelles votre chien obtient gratification).**

### A. Il ne mange pas ce qu'il détruit

La destruction est le seul comportement qui pose problème : pas de malpropreté, d'aboiements intempestifs, d'agressivité, etc. Le chien creuse la terre ou déterre les plantes du jardin, rapporte dans son panier ce qu'il trouve dehors ou dans une pièce de la maison pour le grignoter, mais peut aussi ronger les pieds des meubles. Il est fréquent de ne pas le voir faire à chaque fois et même de ne jamais parvenir à le prendre sur le fait.

Le chien détruit, déchiquette ou déchire des choses sans toutefois les « consommer ». Il en résulte parfois des « carnages » (plumes de coussin partout, petits bouts de plastique éparpillés, etc.). Sinon, les objets sont bons à jeter.

Si ce portrait vous rappelle « quelqu'un »... sachez que le problème vient souvent d'un manque d'activités (dc distractions et d'apprentissage) et/ou d'exercice physique.

La première chose à faire est de tester de nouveaux jouets d'occupation, un os à ronger ou des balles kong et, surtout, de sortir votre chien plus souvent, de lui apprendre un ordre ou plusieurs, ce qui va le faire travailler des neurones quelques minutes par jour. Ce problème est assez typique chez les chiens dont les humains manquent de temps.

Passer plus de temps avec son chien pour le promener, jouer avec lui ou le faire travailler permet souvent d'atténuer ce comportement. N'oubliez pas la destruction d'autres objets via la **substitution** de ce qu'il ne faut pas détruire par des objets prévus pour être détruits.

Cet exercice, dont je vous parlais plus haut, est vraiment efficace si vous êtes discipliné(e) : on récompense l'intérêt à ces objets et on joue avec tous les jours, plusieurs fois par jour.

Vous encouragez votre chien à s'acharner uniquement sur ce que vous lui donnez.

### B. Il mange ce qu'il détruit

Dans ce cas, la destruction fait fréquemment partie d'un ensemble de problèmes de comportement.

Le trouble (car c'en est un, un vrai !) s'accompagne d'autres manifestations plus ou moins inquiétantes comme le léchage excessif. Certains chiens peuvent aussi se mordiller les pattes. De graves problèmes de santé peuvent en résulter. La plupart du temps, cela se produit quand le propriétaire du chien est présent.

Ce type de chien destructeur peut aussi s'ennuyer et être frustré, mais d'autres causes sont à envisager, notamment des causes médicales, des repas trop irréguliers, un stress important qui n'est pas en rapport avec vos absences puisque vous êtes là.

Les chiens stressés qui veulent excessivement protéger ce qui leur appartient ou ceux qui vont souvent chercher et rapporter des objets, apprécient d'explorer un nouvel environnement mais aussi leur environnement habituel suite à un stress. Ils aiment le tester, notamment en grignotant de nouveaux objets.

Une visite chez le vétérinaire est vivement conseillée pour évaluer l'impact de la consommation des objets sur la santé du chien et éliminer ou détecter une possible cause médicale.

Ce type de chien destructeur doit absolument manger à des heures régulières, sortir à des heures régulières et avoir plus d'opportunités de se distraire avec son humain.

Vous ne devez pas substituer quoi que ce soit.

### C. Anxiété de séparation

Causée par l'anxiété de séparation (chien qui ne supporte absolument pas la solitude), la destruction concerne toutes sortes d'objets, mais surtout des meubles et objets de la maison (tapis, coussins, etc.) ainsi que des « parties » de la maison elle-même, telles que les plinthes, portes, fils électriques… Il est fréquent que le chien détruise des objets appartenant à son propriétaire, par exemple ses chaussures, et qu'il fasse ses besoins dans la maison. Cela ne se produit que lorsque le propriétaire du chien est absent.

Ce sont souvent des chiens qui suivent leur humain partout.

Cette destruction se produit pour le chien qui n'a jamais appris à rester seul. C'est parfois un véritable trouble anxieux et cela nécessite un traitement, mais votre vétérinaire est la seule personne à pouvoir diagnostiquer cela.

Cela peut aussi se présenter lors d'un changement d'habitudes, avec certains chiens adoptés adultes ou éventuellement lors d’un brusque changement d’habitudes comme les déménagements.

Il est important d’habituer son chien à rester tout seul.

C’est ce que nous verrons dans la partie intitulée « aboiements intempestifs ». Assurez-vous aussi que votre chien ait assez d'activités pendant votre absence. Le simple fait d'avoir une vue sur l'extérieur peut être une occupation, tout comme le fait d’avoir plusieurs endroits où dormir ou s’étendre.

Si vous enlevez des objets, remplacez-les par d’autres.

Si ce type de comportement s’accompagne d’automutilation : n’attendez pas et allez consulter le vétérinaire.

### D. Chien peureux

Terminons par un dernier portrait de chien destructeur trop souvent oublié. Le chien peureux peut se cacher quand il a peur ou trembler de peur, mais aussi détruire.

Dans ce cas, les pieds de meuble et certaines parties de la maison, comme le bas des portes, sont souvent concernés.

Un bruit effrayant comme l'orage peut provoquer une destruction tout de suite après. Elle touche bien souvent des chiens qui n'ont pas été correctement socialisés. Parfois, leur cadre de vie est stressant. Vous avez pris toutes les précautions nécessaires, mais leur environnement n'est pas adapté.

L'ennui peut aussi être en cause, ou être un facteur aggravant. Cela peut se produire quand vous êtes là, ou pas.

Le chien peureux qui détruit peut se mettre en danger. Il peut, par exemple, finir par se blesser pour essayer de s'enfuir quand détruire ne lui suffit plus à passer son stress.

Des causes médicales sont aussi à envisager pour ce type de chien destructeur : un chien très peureux, même chez lui, souffre peut-être d'un problème médical qui accentue son stress. C'est pour ce type de chien destructeur que les vétérinaires prescrivent des calmants en général.

C'est dans le but d'avoir un chien plus coopératif pour le rendre plus sociable et le désensibiliser à ce qui lui fait peur car aucun calmant ne règle, de lui-même, les problèmes.

# 5. Aboiements intempestifs

J'ai choisi de vous présenter la technique que j'applique moi-même, dérivée des méthodes modernes les plus efficaces. Je ne vous cache pas que c'est laborieux parfois, et plus facile avec un chiot. Si ce problème a déjà généré des plaintes ou menaces, je vous recommande d'appeler un bon éducateur sans attendre.

Je vous encourage quand même à essayer la technique.

Alors que ma chienne ne supportait même pas que je sorte pour aller chercher le courrier dans la boîte aux lettres, la première fois que j'ai appliqué cette technique, l'aboiement a cessé au bout d'une semaine. Par la suite, j'ai pu rester 5, 10 puis 15 minutes dehors sans entendre un seul « ouaf ».

Alors que ma chienne aboyait pendant toute la durée de mes absences, après cet apprentissage, l'aboiement durait de moins en moins longtemps (j'enregistrais !) pour finir par ne durer que quelques minutes après mon départ.

Je suis toutefois toujours en train de travailler ce problème, car j'ai mis de côté cet apprentissage pour l'instant. Travaillant à mon domicile, je suis avec ma chienne presque 24/24h… Il n'est pas simple de l'habituer à la solitude, mais nous sommes la preuve que cela peut fonctionner.

Notez que la technique a montré son efficacité sur mon chien qui n'a pas l'habitude d'être seul mais qui ne souffre PAS réellement d'« anxiété de séparation » (elle arrête d'aboyer au bout d'un moment, ne détruit pas, ne fait pas ses besoins dedans, etc.).

On parle d'anxiété de séparation lorsque le chien ne supporte absolument pas d'être tout seul et que la solitude/le départ de son humain crée une suite de comportements excessifs. Le problème ne se manifeste pas par l'aboiement uniquement. Il s'agit d'un ensemble de comportements qui comprend presque toujours la destruction, très souvent la malpropreté, ainsi que la fugue parfois et parfois aussi, des actes d'automutilation. Un chien qui souffre d'anxiété de séparation détruit, aboie pendant plusieurs heures d'affilée ou hurle à la mort, se soulage n'importe où, ou s'arrache des poils... Il suit son humain partout dans la maison ou alors, le suit du regard quand il change de pièce. Il ne supporte vraiment pas de rester seul.

Il en est presque « malade » si je puis dire.

Votre chien ne supporte peut-être pas de rester seul, mais n'est pas, pour autant, atteint de ce trouble du comportement.

Sachez qu'habituer un chien adulte à supporter la solitude n'est pas impossible – en étant réaliste, c'est-à-dire en ne le laissant pas seul toute la journée, sept jours sur sept sans jamais rien lui proposer d'intéressant à faire, bien entendu !

### A. Pourquoi votre chien ne reste-t-il pas tout seul ?

**Ce n'est pas parce qu'il est trop « attaché » à vous. C'est parce qu'il n'a pas appris que vous finissez toujours par revenir.**

C'est ce que cette technique va vous permettre de lui apprendre. En parallèle, si la vie quotidienne de votre chien est réglée comme une horloge, il se peut que vous ayez du mal à lui apprendre à rester seul parce que le moindre changement génère un stress.

C'est pourquoi je conseille souvent de casser les rituels de la vie quotidienne.

Par exemple, tous les matins, le réveil sonne, vous vous levez, vous ouvrez les volets, vous allumez la cafetière, vous prenez votre douche. Essayez de faire ces choses dans un ordre différent. Je prends l'exemple du matin, mais cela s'applique à tous les rituels.

Certains d'entre nous ont des vies très ritualisées. C'est mon cas à certaines périodes de l'année. Pour ne pas y habituer ma chienne et afin d'éviter qu'elle devienne folle lorsque je change de rythme ou que je fais d'autres choses, j'essaie toujours de faire varier l'ordre de mes petites habitudes du quotidien.

Je casse les signaux.

Sortir de la salle de bains ne signifie pas forcément que l'on va partir en promenade.

Prendre mon sac ne signifie pas forcément que je vais partir sans elle.

Ainsi, je sors ma chienne parfois avant d'aller à la salle de bains (je n'en ai que faire : il n'y a personne à 6 h du matin !), parfois en prenant mon sac à main. Ce genre d'exercice peut être extrêmement utile avec des chiens stressés.

### B. Comment fait-on avec les chiots ?

Pour habituer un chiot à son absence, l'une des méthodes les plus simples et populaires consiste à :

1. sortir quelques secondes de la pièce où se trouve le chiot en fermant la porte derrière soi
2. récompenser le chiot pour ne pas aboyer
3. sortir de la maison en fermant la porte derrière soi
4. récompenser le chiot pour ne pas aboyer
5. peu à peu, on sort de plus en plus longtemps...

Tout en faisant cet exercice (chaque jour), on sort (chaque jour aussi) à n'importe quel moment sans prévenir, comme ça, tout à coup, et on alterne avec un autre « subterfuge » (pour casser les habitudes ou éviter d'en prendre sinon le chien comprend qu'il y a des signaux signifiant que vous partez) : **on donne tous les signes de quelqu'un qui s'apprête à partir** (mettre les chaussures, la veste, prendre les clés…) **pour finalement s'installer, par exemple, devant la télévision.**

On ne fait pas la fête à son chiot quand on rentre : on attend qu'il se calme.

C'est facile avec le chiot. Vraiment. Il n'a pas eu le temps de prendre de mauvaises habitudes et s'habitue rapidement aux nouveaux rituels. La nouveauté s'imprègne vite dans son cerveau prêt à recevoir de toutes nouvelles informations comme étant « la norme ».

Pour le chien adulte qui ne supporte pas de rester seul, tout cela n'est pas dans la normalité des choses. Partir sans lui (et revenir) n'a jamais été un événement « normal ». Comprenez-le bien avant d'entamer l'apprentissage de la solitude.

Imaginez votre conjoint sortir de la maison en pleine nuit et revenir trois heures plus tard. Il y a de fortes chances que vous ressentiez une forme de panique. C'est un peu ce qui se passe pour un chien qui n'a pas appris à rester seul.

### C. Méthode avec le chien adulte

Le processus est plus compliqué. Il demande de découper chaque étape en plusieurs sous-étapes et de fournir plus d'efforts. Deux mots d'ordre : patience et créativité.

En effet, c'est parfois long. Et si vous êtes bloqué(e) lors de l'une ou l'autre étape, c'est qu'il faut vous y prendre un peu différemment avec votre chien.

### *a) Sortir...*

... de la pièce en fermant la porte derrière vous - mais parfois, il faut la laisser entrouverte pour commencer.

Avec un chien adulte qui vous suit partout, vous devez commencer cette étape en sortant d'abord une seconde seulement, puis deux, puis trois, etc. Vous devez également débuter en laissant la porte entrouverte si votre chien devient « fou » en vous voyant sortir. Il faut le faire jusqu'à ce que vous ayez le temps (une seconde suffit au départ) de récompenser... le silence ou le calme.

Entraînement : votre chien vous suit dès que vous approchez la porte d'entrée ou que vous tournez la clé dans la serrure ? Revenez vous assoir dans le salon ou la cuisine et faites mine d'être occupé(e). Ne lui prêtez aucune attention. Répétez aussi souvent que possible.

Ressortez de la pièce quelques minutes plus tard. Il sort de la pièce en même temps que vous ? Recommencez en l'ignorant totalement (vous retournez à votre pseudo-occupation sans prêter aucune attention à votre chien). Ressortez de la pièce, revenez en ignorant le chien. Faites cela de plus en plus longtemps très progressivement (une minute, deux, trois...) et tous les jours.

Votre chien va s'habituer à vous voir sortir de la pièce où il est avec vous et à ne pas vous suivre parce que vous revenez - dans 3, 5, 10 ou 20 minutes : vous revenez toujours.

### *b) Récompenser…*

Avec le chien adulte, pour pouvoir récompenser le comportement que vous souhaitez favoriser, il faut parfois agir extrêmement vite. Une seconde de trop et le « ouaf » se produit ! De plus, le chien est parfois tellement stressé qu'il ne prend même pas la récompense…

N'utilisez aucune des friandises que vous donnez d'habitude à votre chien. Utilisez une gourmandise qu'il a rarement l'occasion de déguster. Cela peut être du thon en boîte, un peu de pâtée pour chien si vous n'en donnez jamais, des petits morceaux de fromage, un super biscuit fourré pour chiens… Vous avez besoin de quelque chose d'absolument irrésistible. Vous pourriez même essayer la viande. Repérez ce qui illumine son regard.

Vous pouvez aussi dire « bon chien », mais restez modéré(e) : pas de fête, de longues caresses ou de ouiiiii supeeeeeeer ! Juste un « bon chien » à ce stade.

Restez détendu(e), mais concentré(e). Vous récompensez le silence, le calme : ne faites rien qui puisse exciter le chien.

### *c) Sortir de la maison…*

Cette étape doit aussi être découpée en plusieurs étapes pour le chien adulte très stressé, notamment en commençant par la porte entrouverte, si nécessaire. Vous ne pouvez PAS passer à cette étape si votre chien ne supporte pas que vous quittiez une pièce sans lui. Cette fois, vous allez « quitter » la maison.

S’il vous suit, se précipite quand vous ouvrez la porte, ignorez-le et faites comme à l’entraînement : vaquez à vos occupations sans vous occuper de lui. Recommencez. Attention pour commencer, vous faites un pas à l'extérieur et un pas pour revenir. C’est très rapide.

Vous devez pratiquer cet exercice tous les jours, plusieurs fois par jour : sortir et rentrer immédiatement, encore et encore. Au bout de quelques jours, votre chien progressera peut-être ainsi :

- ne plus aboyer tout de suite ;
- ne plus courir, mais simplement marcher vers la porte pour vous suivre ;
- ne plus gratter la porte.

À vous de repérer des signes de progrès, même mineurs.

Vous devez récompenser le moindre petit signe de progrès.

#### *d) Récompenser stratégiquement...*

Je vous conseille d’augmenter la taille de la friandise au fur et à mesure que le temps sans aboiement augmente. Cela peut vous aider à rallonger ce temps encore plus. Entraînez-vous jusqu’à ce vous disposiez du laps de temps qui vous permet de montrer que vous êtes satisfait(e). Quand le laps de temps a significativement augmenté : grosse friandise !

Rappelez-vous qu’une « super » récompense est méritée quand une grande étape est franchie, mais qu'une seule fois n'est pas suffisante pour que le chien comprenne.

### *e) Peu à peu…*

Si la progression est essentielle, elle est toutefois plus lente avec le chien adulte. N'hésitez pas à utiliser un chronomètre : il s'avère très efficace pour bien maîtriser sa progression.

Vous pouvez reprendre la séance suivante à partir du laps de temps exact que vous aviez atteint la fois précédente.

### *f) Rien de plus banal…*

Pour faire de votre départ quelque chose de complètement banal, vous devez peut-être faire de nombreuses répétitions dans le but de casser les signaux.

Entraînement : Ouvrez la porte d'entrée à un moment totalement inattendu c'est-à-dire que ce n'est pas l'heure de partir en promenade ni celle d'aller au travail. Il n'y a AUCUN signe qui indique à votre chien que vous allez partir. Par exemple, d'habitude, vous mettez probablement vos chaussures, votre manteau... Ne faites rien qui puisse indiquer à votre chien que vous allez partir. Vous êtes en train de lire un livre, faire la vaisselle, surfer sur Internet… Tout à coup, sortez !

Ne courez pas, mais arrêtez simplement ce que vous êtes en train de faire et ouvrez la porte d'entrée. Vous avez l'air d'un(e) illuminé(e), mais tant pis. Il faut répéter de nombreuses fois, tous les jours, parfois pendant au moins deux ou trois semaines.

Vous devrez aussi faire l'inverse : tout ce que vous faites d'habitude quand vous vous apprêtez à sortir (chaussures, coup de peigne, chapeau, etc.) sauf que... vous allez lire un livre ou faire le ménage.

### *g) Le retour du Messie*

Il n'est pas forcément facile d'ignorer votre chien fou de joie quand vous rentrez chez vous.

Mais dites-vous bien qu'il ne vous aimera pas moins pour autant et que cela peut beaucoup l'aider à gérer son stress et à se sentir mieux dans ses pattes. Vous allez l'encourager à vous accueillir plus calmement si vous lui accordez votre attention seulement quand il s'est calmé.

N'oubliez pas ce que signifie ignorer un chien !

Il ne s'agit pas de le repousser, de le regarder en souriant, de dire « oui, oui, je sais, moi aussi je t'aime... », etc. !

## 6. Chien qui n'aime pas les enfants

Pour régler ce problème, il faut être très attentif aux circonstances exactes dans lesquelles le chien montre qu'il « n'aime pas les enfants ». En dépit des apparences, c'est de la peur et pas du désamour. Il faut savoir de quoi votre chien a peur exactement et parfois, les apparences sont trompeuses.

**Il est assez courant qu'un chien qui semble ne pas apprécier les enfants les aient associés à des choses négatives.**

Souvent, c'est parce qu'un enfant l'embête régulièrement. Et il peut s'agir de très bonnes intentions, pas forcément lui tirer les oreilles ! C'est pour cela qu'on ne repère pas le problème. Le simple fait de le prendre dans ses bras et de le serrer peut être une souffrance pour un chien. Par ailleurs, laisser faire peut s'avérer très dangereux, mais j'y reviendrai.

Très fréquent également, le chien n'a pas peur de l'enfant lui-même mais de ce qui se passe à chaque fois en présence de l'enfant. Par exemple, cela se produit quand quelqu'un repousse systématiquement et un peu trop rudement le chien qui s'approche, le chien « jaloux ».

Enfin, le phénomène suivant est fréquent aussi : un chien est encouragé à mal se comporter avec un enfant parce qu'on le gronde quand il est brusque, insistant, voire agressif, alors qu'il vaudrait mieux l'encourager à s'éloigner – à vous rejoindre ou à rejoindre un endroit comme son panier, puis le féliciter pour l'avoir fait.

D'une façon générale, les actions, mouvements, gestes, cris, pleurs... des enfants sont facilement « interprétés » comme des menaces par les chiens.

Tous les chiens « n'aiment » pas les enfants. Et ceux qui les « aiment » ont appris à bien vivre avec. **Mais les enfants ont aussi appris à bien vivre avec le chien.**

Il n'est pas toujours possible de régler définitivement le problème, et le propriétaire du chien devra toujours se montrer prudent, même si les choses s'améliorent. Étudier les circonstances exactes dans lesquelles votre chien montre des signes de peur (et à quel degré) vous aide à être prudent(e).

Si le problème concerne VOS enfants, vous devez ABSOLUMENT leur expliquer ce qu'il ne faut jamais faire avec un chien.

S'ils ne sont PAS en âge de comprendre ou n'ont pas la maturité nécessaire – certains enfants plus jeunes sont plus matures sur certains points que des enfants plus âgés –, vous ne devez, sous aucun prétexte, les laisser seuls avec le chien.

Ne grondez jamais un enfant qui vient vous voir parce que votre chien a grogné après lui. Il ne faut surtout pas que l'enfant ait peur de venir vous voir, ceci pour que vous puissiez être au courant de ce qui fait grogner votre chien et mieux traiter le problème.

### A. Pré-adolescents et adolescents

On peut faire plus de progrès avec les enfants de 11, 12 ans et plus, parce qu'on peut souvent leur demander d'être coopératifs et ils le sont volontiers.

Ne crie pas, ne fais pas de gestes brusques, laisse le chien venir te voir au lieu d'aller le solliciter, ne t'approche pas de lui quand il est occupé avec ses affaires, ne lui prends pas ce qui lui appartient, ne lance pas d'objets sur le chien, préviens-le quand tu t'approches en utilisant toujours le même mot : tout cela, ce sont de bons conseils à donner aux ados et ils peuvent les appliquer, contrairement aux enfants plus jeunes (même si certains en sont tout à fait capables).

Rappelez-vous de la technique mise en place avec le jardinier. Elle est un bon début pour le chien qui a peur des jeunes en âge de comprendre ce que vous faites avec le chien et la friandise.

Vous pouvez également utiliser le renforcement positif au quotidien : une petite récompense est accordée pour chaque comportement meilleur que d'habitude.

Les ados doivent assister aux séances d'apprentissage des ordres. Ils peuvent comprendre les fondamentaux et ajuster ainsi leurs comportements. Ils sont aussi capables de comprendre une partie du langage du chien. On n'insiste pas quand le chien tourne la tête ou baisse les oreilles, par exemple.

### B. Jeunes enfants

Quand un chien réagit de façon excessive en présence d'enfants de moins de 8/10 ans, de nombreuses causes sont possibles. Mais en général, les enfants contrôlent peu leurs gestes et peuvent ne pas vous écouter si vous leur demandez de ne pas faire ceci/cela « à cause du chien ». C'est pourquoi il vaut mieux ne pas compter uniquement là-dessus et les laisser être en contact avec le chien seulement quand vous êtes là.

La plupart du temps, la réaction excessive se produit quand l'enfant s'agite ou quand il court. Certains chiens sont plus sensibles aux très jeunes enfants (2/3 ans). Ils ressemblent à des proies pour les chiens aux forts instincts de prédation ou font des bruits stridents.

Causes les plus fréquentes : manque ou absence de socialisation – mauvaises expériences, car c'est l'âge où l'on jette des pierres sur les chiens et on fait une tonne de choses pas correctes, comme tirer les moustaches, la queue, les babines, etc. – pulsions prédatrices pour certaines races (c'est quand même relativement rare). Avec certains chiens, il suffit d'une ou deux mauvaises expériences avec un enfant pour que tous les enfants deviennent synonymes de menace.

De nombreux chiens semblent ne pas apprécier les enfants en bas âge. Pour la plupart d'entre eux, c'est simplement parce qu'ils n'en ont pas l'habitude. Il suffit de créer une association : enfant = évènements positifs.

Pour les autres, c'est parce qu'ils savent très bien que les enfants leur font subir des choses désagréables. Ils ont fait l'association enfant = moment désagréable. Trop de gens laissent leurs enfants « taquiner » leur chien et disent fièrement « regardez comme il est gentil ». C'est pourtant très dangereux : la patience des chiens a des limites, même celle des chiens les plus braves et les mieux éduqués.

Vous ne pouvez PAS laisser un jeune enfant seul avec un chien sans surveillance, même avec le chien le plus prévisible au monde. Pour rester seul avec un chien, il est indispensable que l'enfant soit en âge de comprendre ce qu'on peut et ne peut pas faire à un chien.

Il faut éduquer l'enfant pour qu'il apprenne à se comporter avec le chien.

Il faut désensibiliser le chien si ce sont vos enfants ou si vous recevez des enfants chez vous régulièrement (nous y reviendrons).

Je vous déconseille d'utiliser la technique du jardinier ou de faire l'exercice de la dame d'en face avec un enfant. Cela peut s'avérer dangereux.

### C. Enfants/bébés en poussette

Le chien réagit de façon excessive à la vue d'une poussette ou d'un landau. Il est fort probable qu'il réagisse de la même façon à la vue d'une personne en fauteuil roulant, des personnes qui font du roller, du skate ou encore des gens qui transportent une valise à roulettes. Son problème n'est probablement pas les enfants.

Causes les plus fréquentes : manque ou absence de socialisation - mauvaises expériences.

Les chiens adultes mal ou pas socialisés ont souvent peur de ce qui fait du bruit. Tout ce qui se déplace en faisant du bruit est susceptible de les stresser.

Vous pouvez commencer près d'un skatepark en restant à l'écart comme dans l'exercice « rollers et trottinettes » et terminer sur un parking de supermarché (plein de caddies/chariots !) quand le chien est prêt.

Choisissez toujours la situation de départ la moins stressante possible et passez à l'étape suivante uniquement lorsque vous avez obtenu des résultats.

### D. Désensibiliser son chien avec les enfants

Il s'agit d'utiliser le renforcement positif pour apprendre à son chien à réagir de façon agréable à des stimuli désagréables, c'est-à-dire à ce que font souvent les enfants qui ne sont pas en âge de comprendre ce que l'on peut faire ou pas à un chien.

Exemples :

- serrer le chien dans ses bras
- lui tirer les babines
- le caresser sur le museau et sur les yeux
- lui tenir la queue

- lui souffler sur la truffe ou dans les oreilles

En pratique...

On commence toujours par toucher différentes parties du corps, pour féliciter le chien qui ne réagit pas. C'est comme des caresses ou des massages : c'est très doux.

S'il n'y a aucune réaction, on appuie un peu plus fort. Sinon, on continue à travailler la première étape.

Ensuite, on tient dans sa main la patte, la queue, l'oreille, etc. en commençant par les parties que le chien accepte que l'on touche, et en terminant par ce qui lui pose le plus problème.

Il est récompensé avec une friandise quand il ne réagit pas. Elle est donnée immédiatement, au moment même où vous lui touchez les oreilles, par exemple. Avec un « bon chien » en prime.

L'étape suivante consiste à tirer légèrement ce que l'on tient dans sa main, oreille, queue, babine etc., et à récompenser tout de suite si le chien ne bouge pas.

Vous augmentez donc progressivement l'intensité de la sensation désagréable. Chaque séance ne doit pas durer plus de quelques minutes.

**Cela fonctionne très bien avec les chiots à partir de deux/trois mois. Vous ne pouvez pas faire cela avec tous les chiens adultes.**

Ce n'est pas tant l'âge du chien, mais surtout ses éventuelles mauvaises expériences qui peuvent rendre votre progression difficile, voire dangereuse.

Si cette technique vous intéresse, mais que vous estimez ne pas pouvoir l'appliquer, un éducateur qui travaille avec une méthode moderne peut vous aider. Cela se fait notamment très bien au clicker.

### E. Mon chien protège mon bébé

Voici l'une des idées reçues sur le chien parmi les plus dangereuses. Votre bébé n'est pas son bébé. Il ne s'agit pas de protection paternelle ou maternelle.

Cette vision anthropomorphique prête des intentions au chien qui font prendre, à certaines personnes, des risques énormes pour la sécurité de leur bébé et de leurs enfants.

Même si on a tous à cœur d'imaginer notre chien veillant sur nos enfants, il s'agit en fait de ce qu'il a compris, à force de vos paroles pour qu'il en prenne soin, de vos comportements pour qu'il se calme avec lui. Il suffit de dire deux ou trois fois « oh qu'il est mignon » en voyant son chien près du bébé pour que le chien comprenne que s'approcher du bébé est bien.

Quand le comportement du chien avec le bébé vous satisfait, il reçoit vos compliments. Du coup, pour en retirer ce qu'il peut avoir de meilleur dans sa vie, il reste collé au bébé – votre attention et votre satisfaction le comblent de bonheur, n'oubliez pas.

Il protège donc la source qui lui vaut récompense et attention. Et cela ne veut pas dire que le chien est dénué d'émotions. Mais ne tombez pas dans le piège. Ne laissez pas votre chien « protéger » le bébé.

Certains chiens peuvent devenir possessifs et ne plus vous laisser approcher. Le problème est différent, mais si vous laissez un chien « s'occuper » d'un bébé, cela peut arriver. Et là, le problème devient sérieux et extrêmement difficile à rectifier.

En effet, l'adulte avec lequel un chien se montre possessif coopère avec vous. Pas le bébé ou le jeune enfant, qui peut crier ou pleurer exactement au mauvais moment de l'apprentissage. Il ne peut rien faire pour vous aider à rendre le chien moins possessif.

C'est très dangereux, tout est très dangereux, qu'il s'agisse de demander à l'enfant de venir vous rejoindre ou de demander au chien de se déplacer.

Il faut alors, si le cas se présente, faire venir un éducateur chez vous... et en choisir un vraiment talentueux.

Voici ce que j'avais écrit à une personne qui avait ce problème.

- Je vais vous donner quelques consignes de sécurité qui peuvent aussi vous servir pour l'apprentissage. Ne laissez pas votre chien entrer dans la chambre du bébé. Fermez la porte.

- Si jamais il entre, rappelez-le et récompensez-le dès qu'il sort. Vous n'avez rien d'autre à faire.
- Ne le laissez pas se coucher à côté du bébé. Si jamais il le fait, appelez-le et récompensez-le pour être venu. Envoyez-le ensuite à sa place. Récompensez-le quand il y est.
- N'approchez jamais votre bébé de la tête du chien. Laissez-le venir de lui-même. Ignorez-le.
- Laissez votre chien manifester de lui-même de bons comportements que vous récompensez. N'essayez pas de faire plus que cela. Exemple : il vient renifler le bébé dans vos bras puis part se coucher : friandise. Cela fonctionne si vous le répétez chaque jour.
- Vous n'associez pas le bébé à quelque chose de « bien » ou « pas bien ». Vous associez juste le fait de ne pas s'y intéresser à « friandise » : vous faites du bébé, « quelque chose » de banal, si vous me permettez cette expression.

## F. Ce que les enfants doivent savoir

Si vous apprenez à vos enfants ce qu'on peut faire ou pas à un chien, vous les protégez efficacement. Les adultes peuvent, toutes proportions gardées, se permettre certaines de ces choses, car ils ont une perception différente du danger par rapport aux enfants. Quand on a un chien ET des enfants, il faut absolument éduquer le chien ET les enfants pour qu'ils apprennent à vivre ensemble.

Il ne faut jamais approcher son visage trop près de la gueule d'un chien : environ 50 % des morsures de chien sur les enfants se font au visage. Donc, on ne serre pas le chien dans ses bras et on ne lui fait pas de bisous. Montrez à vos enfants comment ils peuvent prouver leur amour à leur meilleur copain : en lançant un jouet, en donnant un bonbon (pour chien !), etc.

Il ne faut pas taquiner un chien en lui tirant les oreilles, les babines, la queue ou les moustaches : les enfants de plus de 6 ans peuvent le comprendre. Faites-le, c'est en taquinant le chien que les enfants d'une famille s'en font un ennemi. Jour après jour, le chien « encaisse » sans rien dire alors qu'en réalité, il envoie des signaux. L'enfant ne les perçoit pas jusqu'à ce qu'un jour, le chien envoie un signal plus fort.

Vous vous demandez alors pourquoi ce chien si brave qui ne « disait jamais rien » a « essayé » de mordre.

Il ne faut jamais toucher la gamelle d'un chien qui mange.

Il ne faut jamais pousser le chien pour le faire descendre du canapé ou d'ailleurs (apprenez à votre chien à descendre sur ordre ; à mon avis, l'ordre « descends » est très utile et encore plus quand on a des enfants) : l'enfant qui force un chien à faire quelque chose représente l'une des causes de morsure les plus fréquentes.

Il faut caresser le chien derrière le cou ou sur le dos et pas sur la tête en touchant ses yeux, ses oreilles ou sa truffe. Les enfants trop jeunes ne savent pas caresser les chiens. Montrez-leur l'exemple ! Ils feront comme vous si vous caressez votre chien aux endroits où il apprécie d'être caressé, c'est-à-dire pas sur le museau (hélas, de nombreux enfants ont le réflexe de caresser exactement à cet endroit). Votre chien ne doit pas baisser les oreilles ou la tête quand il est caressé par vos enfants. Si c'est le cas, il faut apprendre à vos enfants les bons endroits.

Chez le chien, la face est très, très sensible, à cause des vibrisses (moustaches). C'est l'endroit où il aime le moins être caressé et je ne vous parle même pas des bisous.

Il ne faut jamais déranger un chien qui dort.

Il ne faut jamais enlever à un chien l'os qu'il est en train de ronger.

Il ne faut jamais surprendre un chien, par exemple, en arrivant par-derrière ou en marchant sur la pointe des pieds et en criant. Toujours prévenir un chien qui dort que l'on s'approche de lui, en lui parlant.

Il ne faut jamais lancer des objets sur le chien. Rien du tout ! Si vous laissez faire, la situation peut, après un début inoffensif, très rapidement dégénérer.

Il ne faut jamais forcer un chien à rester là où il est, ou à rester dans une position, par exemple, à rester couché.

## 7. Chien fugueur

Terrible et triste problème qui finit parfois très mal, le problème du chien fugueur n'est pas facile à régler et demande du travail et du temps. Toutefois, je peux vous assurer qu'il est tout à fait possible de régler ce problème, et cela, sans utiliser de clôture électrifiée.

### A. Causes fréquentes

L'ennui : la fugue concerne assez fréquemment les chiens qui n'ont que peu d'activités possibles ou pas assez d'activités.

Ne culpabilisez pas !

Il est en effet très fréquent de sous-estimer les besoins de certaines races sur ce sujet-là. Il faut toutefois admettre que les chiens ne savent pas bien s'occuper seuls et ont besoin d'être stimulés, notamment par le jeu. Mais le chien peut apprendre à s'occuper plus souvent tout seul, car il peut tout apprendre.

Il suffit parfois d'aménager son terrain – nous en parlerons – et/ou de trouver « LE » truc qui lui plaît vraiment. Parfois il s'agit d'un jouet, parfois d'une nouvelle occupation rendue possible, comme avoir une vue sur la rue, etc. Très, très souvent, proposer au chien davantage d'activités de jeux et d'apprentissages, davantage de promenades permet de régler le problème.

L'envie de batifoler : le comportement sexuel est souvent à l'origine des fugues chez les chiens non stérilisés, les mâles souvent, mais parfois aussi les femelles. La stérilisation n'est jamais à considérer comme une solution en soi, mais comme un « bonus » : une carte supplémentaire visant à régler vos problèmes, que ce soit la fugue ou la socialisation avec les autres chiens.

L'envie d'attraper une proie : certains chiens ont des pulsions de prédation plus affûtées que d'autres. Ils sont prêts à tout, même à se blesser en passant sous des barbelés, pour attraper un chat, un lapin, une poule, un oiseau, voire un lézard. On peut pourtant, dans une certaine mesure, leur apprendre à résister à diverses tentations, en commençant systématiquement par ce qui est le moins « tentant » (voir ordre « pas touche »).

La peur : le chien qui a peur de bruits spécifiques ou de bruits trop intenses peut se réfugier sous un meuble, mais aussi essayer de s'enfuir. S'il est dehors, il est peut-être prêt à creuser un « tunnel » pour s'éloigner de ce qui lui fait peur. Il est courant que les chiens ayant peur du tonnerre, de l'orage et parfois même simplement du mauvais temps soient des chiens fugueurs.

L'anxiété de séparation : certains chiens qui aboient toute la journée quand ils sont enfermés se retrouvent dehors parce que leur humain pense que cela va régler le problème. Se développe alors un autre problème, la fugue. Il se peut que le chien n'ait jamais appris à rester seul et ne supporte pas de rester seul dehors.

La protection du territoire : les « gardiens » peuvent éventuellement avoir envie de pourchasser les personnes qu'ils considèrent comme des intrus, mais aussi certains animaux, dont les chiens et les chats. Ces chiens sont également possessifs avec leurs affaires et parfois « grogneurs ». J'en connais un comme ça, devenu bon gardien grâce à un incroyable travail de socialisation. Malgré les efforts du propriétaire et les bons résultats avec les personnes (le chien distingue les inconnus des amis), il essaie parfois de sortir du terrain.

## B. Méthode avec le chien adulte

Le problème de la fugue peut souvent être réglé en prenant cet ensemble de mesures :

1. Offrir plus d'activités à son chien et, en priorité, des activités qui demandent la participation du propriétaire : promenades, jeux, va chercher/rapporte, tirer sur une corde, etc.
2. Offrir des jouets à son chien pour le jardin (exemple : fontaine, « piscine » pour chien ou petites bassines, « balançoires » pour chien (planche sur un plot), tunnel...) et surtout, tester ce qui l'intéresse le plus.
3. Faire stériliser son chien (utile jusqu'à un certain âge).
4. Certains chiens débordent d'énergie jusqu'à un âge avancé, ont des pulsions de prédation très fortes. La meilleure solution consiste à les emmener dans des endroits où ils

peuvent courir, gratter la terre, renifler toutes sortes d'odeurs, nager…

5. Il existe des activités très intéressantes pour les chiens qui manifestent des signes de frustration face à ce qui passe sous leur nez chaque jour (promeneurs, chiens, chats, etc.) et les chiens qui manquent de divertissement : agility, canicross, ring canin, etc.

Si votre chien est fugueur, l'ennui n'est pas forcément la cause ou la seule cause. Néanmoins, si je vous parle de ces outils, c'est parce qu'il est extrêmement fréquent qu'un chien fugueur s'ennuie, soit « en général », soit au moment où il s'en va. Même si le phénomène est plus complexe, pensez que « rien ne le retient ».

Mais qu'est-ce qui pourrait le retenir ?

Pour un chien, le plus efficace sera le fait de « s'éclater » chez lui ! On peut dire alors qu'il passe tellement de bon temps chez lui qu'il n'a plus « l'idée » d'aller voir ailleurs. Même s'il y a une femelle en chaleur de l'autre côté du pâté de maisons, un chat qui se promène... peu importe ce qui se passe : c'est mieux chez lui.

Ainsi, un maximum d'activités agréables dans le jardin est une excellente technique pour empêcher la fugue avec des récompenses régulières. Vous pouvez même associer certains endroits du jardin à de bonnes choses et pas d'autres : la terrasse est associée aux jeux et aux friandises tandis qu'il ne se passe jamais rien d’intéressant dans toute la zone proche de la clôture.

Observez les terrains d’agility pour trouver des idées d’aménagements. Vous pouvez lui apprendre à s’amuser avec ce que vous avez installé. Récompensez-le pour les actions qu’il accomplit en jouant avec vous dans le jardin.

Faites tout ce que vous pouvez pour que votre chien se sente à l'aise et en confiance dans votre jardin. Privilégiez le temps que vous pouvez y passer avec lui aux divers accessoires et systèmes de sécurité. C'est une façon autrement plus efficace et durable de régler le problème.

Pour cela, vous pouvez simplement vous assoir dans l'herbe ou sur un banc avec un livre, et habituer votre chien à rester près de vous. Ce genre d'activités est du renforcement positif dans le sens où vous apprenez à votre chien à apprécier un endroit en encourageant les comportements acceptables dans cet endroit. Vous devez donc « en profiter » pour féliciter votre chien quand il reste près de vous (choisissez toujours les mêmes endroits) au lieu d’aller voir ce qui se passe derrière la grille ou le portail.

Et bien entendu, il faut boucher les trous de la clôture ou du mur.

Je sais que, parfois, les chiens trouvent des moyens de sortir quand même, mais faire le tour du terrain pour réfléchir à la manière de boucher les échappatoires vaut toujours la peine.

Il existe de nombreuses solutions fiables et pas chères pour sécuriser son jardin ou son terrain (faites-le, cela peut changer la vie !).

Toutefois, si vous vous contentez de sécuriser votre terrain et que vous ne traitez pas le comportement, ce qui cause le comportement peut se manifester d'une autre façon (exemple : destruction, malpropreté, etc.). Le chien peut trouver des subterfuges auxquels vous n'auriez jamais pensé. Il peut alors se blesser s'il veut vraiment s'enfuir.

L'idéal est donc de sécuriser le jardin ET de traiter le problème de comportement.

Attention aux aménagements qui consistent à obstruer la vue : vous privez peut-être votre chien qui s'ennuie de l'une de ses activités favorites. Il faut à tout prix remplacer cette activité d'observation par autre chose.

Je suis totalement contre l'utilisation d'objets et de matériel qui forcent physiquement le chien à se comporter comme on le souhaite. Toutefois, dans les cas extrêmes, les systèmes à ultrasons peuvent vous éviter le pire et représentent « un moindre mal ».

Je vous encourage à prendre vos responsabilités en éduquant votre chien. Soyez-en certain(e), c'est toujours la solution la plus sûre et la plus durable. Néanmoins, s'il faut le protéger d'un malheur, je ne dirais jamais à quelqu'un qui a un chien fugueur et qui n'a pas d'autres solutions matérielles, de ne « surtout pas utiliser les ultrasons ». Mais si cela ne fonctionne pas, n'essayez rien d'autre.

Si vous avez essayé toutes les astuces que vous venez de lire, appelez un professionnel de l'éducation.

## 8. Chien possessif/chien qui grogne

C'est triste et choquant quand cela vous arrive, mais c'est aussi et surtout, le risque de voir son chien devenir vraiment dangereux. Le chien est déjà dangereux quand il grogne sur quelqu'un. Il ne va pas forcément évoluer vers l'attaque avec morsure, mais il s'agit d'une étape possible (après d'autres étapes).

Sachez qu'il n'est jamais vraiment trop tard pour espérer une amélioration mais souvent, on ne peut pas s'en occuper soi-même parce que les émotions qui sont en jeu sont très perturbantes.

Surtout quand votre chien grogne sur vous.

Toutefois, le grognement peut s'éteindre et être remplacé par un autre comportement, car ce qui met le chien mal à l'aise peut devenir quelque chose qu'il adore. Rappelez-vous : une mauvaise habitude n'est pas supprimée, mais remplacée par une autre. On n'apprend pas à un chien qui grogne sur l'autre chien de la maison qui traverse le salon à « ne plus vouloir grogner ». On lui apprend à « vouloir » la présence du chien.

**On modifie son émotion.**

### A. Comment fixer des objectifs réalistes

Voici des exemples qui vous donneront une idée de la façon dont vous pouvez fixer des objectifs.

Le chien est âgé et très grogneur : votre objectif pourrait être de pouvoir rester à 0,5 m de votre chien sans qu'il ne manifeste aucune réaction (ou toute distance qui vous semble raisonnable) – tant qu'il y a une évolution positive, vous êtes en droit d'espérer que cela évolue encore, mais vous devez être prudent(e).

Le chien est relativement âgé et possessif, mais assez peu grogneur : votre objectif pourrait être de pouvoir rester à côté de votre chien sans qu'il ne manifeste aucune réaction – il ne grogne pas, mais il s'éloigne toujours quand vous approchez ou il grogne, mais toujours dans une situation spécifique. Vous pouvez (probablement) aller plus loin par la suite.

Le chien est adulte, mais ce n'est pas un vieux chien et il ne manifeste pas, en général, de réactions trop excessives : votre objectif pourrait être de pouvoir le caresser alors qu'il est en train de ronger un os et de le caresser alors que vous posez la gamelle par terre (pas quand il mange, juste quand vous la posez).

Le chien est adulte, mais il est relativement jeune et grogne de temps en temps : votre objectif pourrait être de pouvoir retirer le jouet/l'os de la gueule de votre chien sans qu'il n'ait aucune réaction et de rester à proximité de sa gamelle sans que cela ne le perturbe. Vous pourriez peut-être même, par la suite, la retirer quand il mange.

C'est à vous de vous fixer un premier objectif selon le chien que vous avez : l'objectif le plus facile possible. Si vous l'atteignez, vous pourrez peut-être aller plus loin. Il faut y aller très progressivement et savoir quand s'arrêter. Ne vous fixez pas d'objectif en partant de principes basés sur des idées fausses : un chien doit accepter qu'on lui prenne sa gamelle alors qu'il mange, un chien doit pouvoir se laisser caresser à tout moment parce que vous l'avez décidé, etc.

Je n'ai jamais exigé qu'un chien me laisse prendre sa gamelle. Je n'en vois pas l'intérêt ou plutôt, je n'en ai jamais eu besoin. Je peux nettoyer le sol avec une éponge quand ma chienne est en train de manger dans sa gamelle. Mais je n'ai pas BESOIN de lui prendre sa gamelle.

J'ai pris soin, en revanche, de faire en sorte que ma présence pendant le repas soit considérée comme tout à fait banale. J'ai agi de la même manière pour mes chats. Vous découvrirez ce que l'on peut faire pour qu'un chien tolère votre présence et la présence d'animaux quand il mange. Attention, cet apprentissage ne doit pas être réalisé avec les enfants : les enfants n'ont pas à s'approcher du chien quand il mange.

**Que le chien « garde » ses affaires, un endroit ou une personne, il est important de toujours commencer avec l'objet, le lieu (et la personne) auquel il est le MOINS attaché.**

N'essayez pas d'apprendre à un chien à accepter votre présence quand il est couché dans son panier que personne ne peut jamais approcher ! Faites-le, par exemple, quand il est dans le jardin parce que, couché sous le peuplier, il ne grogne jamais. Il s'agit (vous le verrez avec les techniques présentées) de faire comprendre au chien que vous n'êtes pas une menace.

Pour ce faire : soit vous avez quelque chose de mieux à lui offrir que ce qu'il garde, soit votre présence devient quelque chose de formidable alors qu'elle était considérée comme menaçante.

### B. Causes possibles

La plupart des chiens qui réagissent mal quand on s'approche de leurs affaires alors qu'ils sont occupés avec elles ont également tendance à grogner quand on s'approche de leur gamelle. Ils ont simplement peur que vous leur preniez ce qu'ils aiment le plus.

Certains chiens, de par leur race, sont plus protecteurs que d'autres envers leurs affaires (et généralement leur territoire) parce qu'un plus gros travail était nécessaire avec eux. En aucun cas, il ne s'agit d'une raison suffisante pour l'accepter et en aucun cas cela ne vous empêche d'utiliser le renforcement positif pour apprendre à votre chien quel comportement avoir dans ce genre de situation. Il s'agit, une fois encore, d'un problème d'éducation, et non d'un problème de race de chien ou de dominance.

Si votre chien grogne alors que quelqu'un s'approche de vous, ce n'est pas parce qu'il est possessif ou qu'il veut vous « protéger ». Sa réaction peut être due au stress ou à la peur. C'est possiblement un problème de socialisation. À l'exception des chiens dressés à la garde, **les chiens ne gardent personne. Ils se protègent d'abord eux-mêmes ou protègent ce qui leur vaut d'être récompensés** (même par un sourire et un mot gentil).

Garder des personnes est un comportement souvent renforcé par la réaction des personnes elles-mêmes (celles qui se font grogner dessus). Le chien grogne et la personne s'éloigne : ça marche.

Et vous savez que le chien fait ce qui fonctionne pour avoir ce qu'il veut. Cela ne signifie pas qu'il faut s'approcher, s'approcher, s'approcher... pour montrer au chien que grogner ne lui permet pas d'avoir ce qu'il veut. C'est extrêmement dangereux.

Il faut trouver autre chose pour modifier ce comportement !

PS : **quand un chien vous a grogné dessus, vous ne le touchez plus sous aucun prétexte tant qu'il ne vient pas de sa propre initiative.**

### C. Méthode avec le chien adulte

#### *a) Ne dites plus non*

Le chien grogne parce qu'il est mal à l'aise. Il vous envoie un message. Si vous dites « non », « tais-toi » ou autre chose, vous l'empêchez d'envoyer son message et vous n'avez rien fait pour qu'il ne soit plus mal à l'aise. À force de dire non sans essayer de le mettre à l'aise, vous obligez votre chien à envoyer son message d'une autre façon. C'est ainsi que les chiens qui grognent et auxquels on dit tout le temps non peuvent finir par mordre.

SUPPRIMER CE SIGNAL CHEZ UN CHIEN VOUS MET EN DANGER ET MET VOS PROCHES EN DANGER. Soit il passe au niveau supérieur plus vite, soit il ne prévient plus.

Les chiens qui ne préviennent plus sont les chiens les plus dangereux de tous.

***b) Monitorez le comportement de vos proches***

Modifier l'environnement d'un chien qui grogne est nécessaire la plupart du temps.

Cela ne suppose pas de lui acheter des tonnes de jouets pour qu'il voie que vous l'aimez ou pour lui faire plus de câlins ! Repérez exactement ce qui est susceptible de le stresser : un lieu, une personne, un geste – une personne qui fait un geste dans un lieu spécifique... Le comportement des personnes avec qui le chien partage sa vie fait partie intégrante de cet « environnement ». Et les enfants ne sont pas les seuls à ne pas savoir ce qu'on doit faire et ne pas faire avec un chien. De nombreux adultes l'ignorent.

Le comportement de vos proches, amis, voisins, visiteurs, etc. n'est peut-être pas du tout condamnable ni répréhensible… Certaines personnes ne représentent aucune menace réelle. Elles n'ont aucune mauvaise intention. Elles n'ont jamais rien fait de mal, de moche, de violent. Mais le chien va quand même les considérer comme des personnes dangereuses pour lui.

Il s'agit d'un problème d'éducation et de socialisation. Un chien grogne sur quelqu'un essentiellement dans l'espoir de le faire s'éloigner.

Un chien grogne pour mettre de la distance entre lui et ce qui le stresse.

Voici trois stratégies simples à mettre en place si votre chien grogne sur quelqu'un avec qui il vit ou qu'il voit régulièrement, sachant que l'exercice fonctionne aussi si votre chien grogne sur vous.

Considérez-les comme le « Triangle d'or » : trois bases excellentes pour pouvoir modifier, par la suite ou en parallèle, le comportement du chien.

### *c) Le Triangle d'or (Roberta)*

***Laisse le chien venir !***

Pour le problème du chien qui grogne, qu'il s'agisse de vous, votre conjoint, ou de quelqu'un qu'il voit souvent, etc. la priorité n° 1 de la Méthode Bon Chien est de renforcer la sécurité de la personne qui se fait grogner dessus.

Différentes techniques peuvent être appliquées selon les situations, mais la base est de voir s'il est possible de modifier le comportement de la personne en question. Certains ont peu d'efforts à faire. D'autres ont du pain sur la planche. Votre chien ne demande qu'à vous aimer et à aimer les personnes qui vivent avec vous et vos amis. Il est dans son intérêt que de vivre dans un climat de confiance. Pour x raisons, il n'a pas appris qu'il n'y avait rien à craindre. Vous devez donc vous assurer que la personne sur qui le chien grogne a un comportement qui n'est pas interprété comme une menace par votre chien.

Appelons cette personne « Roberta ».

Si c'est un homme qui est concerné, vous n'aurez pas de difficulté à « transformer » Roberta en Robert.

Demandez à Roberta de caresser le chien uniquement lorsque ce dernier va voir Roberta de sa propre initiative : le reste du temps, Roberta doit ignorer le chien. Et il s'agit bien de caresser le chien et de rien d'autre.

Les gens comme Roberta, qui n'ont pas conscience de se mettre en danger, prennent trop souvent des risques. C'est un travail simple et efficace sur les émotions de votre chien qui doivent changer : Roberta ne doit générer que des émotions positives. Roberta n'a plus « le droit » de faire autre chose que de caresser (brièvement) le chien qui vient la voir. Il ne vient jamais la voir ? Tant pis ! C'est probablement temporaire. Roberta sera privée (pour sa sécurité) de caresses au toutou jusqu'à ce que le chien soit en confiance avec elle.

**Ni vous, ni Roberta, ni personne n'utilise ses mains, ses bras, ses pieds pour faire obéir le chien. Le seul outil de communication que vous devez utiliser, c'est la voix.**

***Montre au chien que tu es quelqu'un de bien !!***

Pour que votre chien se rende compte que Roberta est quelqu'un de bien, elle peut faire quelque chose que vous ne faites jamais avec votre chien. Et, bien sûr, ce « quelque chose » comble le chien de bonheur. Avec des répétitions régulières, votre chien peut associer Roberta à un nouveau « concept » : Roberta, c'est la personne avec qui je fais un truc super (que personne d'autre ne me laisse faire).

Prenons deux exemples :

La super promenade : elle peut fonctionner s'il ne se passe rien de spécial quand vous sortez votre chien. Il fait son petit ou grand tour, et ses petites affaires, la plupart du temps. La promenade avec Roberta va fortement contraster avec la vôtre. Demandez à Roberta de sortir votre chien et de s'arrêter 5 minutes pour jouer avec lui (une séance trop longue peut mettre le chien mal à l'aise). Roberta aura pris soin d'emporter son jouet préféré et des friandises (PAS les croquettes) qu'elle jettera (sans faire de geste brusque) par terre. Si Roberta n'ose pas jouer avec votre chien, elle peut l'emmener dans un endroit plus sympa que d'habitude, où le chien pourra (par exemple) se rouler dans l'herbe et creuser des trous. Sachez que le simple fait de laisser le chien renifler tous les poteaux de la rue alors que vous ne le laissez pas faire pourrait marquer la différence entre les deux promenades.

Le super bonbon : rien ne calme mieux un chien qui se sent mal à l'aise qu'une friandise de haute qualité. Placez un petit récipient près de la porte d'entrée pour qu'elle en fasse une habitude à chaque fois qu'elle vient chez vous. Remplissez le petit récipient de quelque chose de très bon que votre chien n'a JAMAIS d'habitude. Remplissez-le dès qu'il se vide. Roberta met quelques friandises dans sa poche. Donnez une « mission » à Roberta pendant trois semaines : distribuer trois friandises au cours de sa visite.

Voici des exemples de bons moments pour le faire :

- quand le chien visiblement mal à l'aise s'éloigne de Roberta : au lieu de le gronder, le rappeler ou s'accroupir – ce qui ne fonctionne pas ou met Roberta en danger – elle lance (doucement) une friandise par terre, ne bouge pas puis s'en va.
- quand vous appelez votre chien pour le caresser ou le faire monter sur vos genoux ou pour qu'il se couche à vos pieds dans le salon ou sur la terrasse : Roberta est à côté et le chien ne vient pas. Roberta lance une friandise à au moins 1 mètre devant elle.

Dans tous les cas :

Si votre chien ne se déplace pas pour prendre la friandise : ne faites rien à part recommencer le lendemain.

Si votre chien se déplace pour prendre la friandise : félicitez-le généreusement, montrez que vous êtes extrêmement content qu'il se soit approché alors qu'il n'avait pas envie. Roberta peut montrer qu'elle est contente aussi, mais uniquement avec sa voix.

À vous d'être créatif si les exemples ne correspondent pas à votre vie quotidienne. Qu'est-ce que Roberta ou Robert pourrait faire concrètement pour que votre chien se rende compte (progressivement) que la présence de Roberta/Robert = évènement merveilleux systématique ?

***Arrête de râler !!!***

Roberta a tendance à monter d'un ton pour des petits riens. Elle s'énerve vite, râle, fait des gestes ou dit des grossièretés – non votre chien ne les connaît pas, mais l'intonation l'interpelle. Elle fait peur à votre chien sans le vouloir.

Si Roberta s'appelle Robert, c'est pareil : qu'il ait une voix qui porte plus n'a pas tellement d'importance.

Le moindre comportement interprété comme une menace, de la part d'une personne en qui il n'a déjà pas confiance, peut faire grogner le chien même quand ce comportement n'est pas directement dirigé vers lui.

***d) Je ne te prendrai jamais rien…***

Apprenez à votre chien que vous ne lui prendrez jamais ce qui lui appartient sans lui donner quelque chose d'encore plus génial. Pour cela, je vous conseille d'apprendre l'ordre « lâche » (Section 5). Ensuite, vous pouvez travailler la situation/les situations qui posent problème.

Voici deux techniques qui fonctionnent très bien pour le chien qui grogne alors qu'il est en train de ronger son os et le chien qui grogne quand vous vous approchez de sa gamelle.

***Scrunch Scrunch***

La prochaine fois qu'il ronge son os, approchez-vous de votre chien à la distance qui vous semble sûre, celle qui ne le fait pas grogner, et tant pis si c'est à 2 mètres.

Sortez une friandise de votre poche. Elle doit être irrésistible. Votre chien doit arrêter ce qu'il est en train de faire et se lever pour venir chercher la friandise. Si ce n'est pas le cas, ce n'est pas grave. Il faut trouver un « outil de travail » plus appétissant ! Il grogne fort : jetez-lui la friandise pour commencer. Jetez-en plusieurs et faites-le pendant plusieurs jours. Ne dites rien.

Recommencez en réduisant très progressivement la distance. Soit il se lève, soit vous devez jeter la friandise.

Recommencez jusqu'à ce votre chien n'ait plus à se lever et prenne directement la friandise de votre main ou posée juste à côté de vous. Montrez que vous êtes content(e). Si vous estimez que vous ne pouvez pas le caresser, exprimez votre satisfaction avec un « oui » ou un « bon chien » : cela ne marche que si votre chien a l'habitude de l'entendre quand il vous fait plaisir.

Vous n'osez toujours pas une petite caresse sur la tête ? Donnez-lui quelque chose qui prend du temps à mâcher.

Certains ne se contentent pas de cet objectif et visent plus loin : prendre l'os. Il faut alors impérativement remplacer l'os par un autre encore plus gros ou meilleur (ex : un os pressé remplacé par un os à moelle), et seulement quand vous avez passé toutes les étapes précédentes.

Vous n'êtes pas obligé d'aller jusque-là.

***Miam Miam***

Mettez la nourriture dans la gamelle. Posez la gamelle. Ne dites rien.

Restez à quelques mètres (repérez à quelle distance exactement votre chien grogne ; ne franchissez pas cette limite).

Lancez des petites choses succulentes en visant la gamelle (tant pis si ça tombe à côté). Petits bouts de lardons, poulet, thon ou fromage… il faut que ce soit bien meilleur que les croquettes.

Recommencez le lendemain : pouvez-vous approcher de quelques centimètres supplémentaires ? Si la réponse est non : refaites comme la veille et recommencez jusqu'à ce que vous puissiez réduire un peu la distance.

Restez très attentif(ve) aux signes de progrès : l'objectif est que votre chien arrête de grogner. Mais pour commencer, il pourrait relever la tête (car il attend que vous lanciez la petite douceur) ce qui est bon signe ou, à l'inverse, ne plus lever la tête s'il en avait l'habitude.

Votre chien finit par penser que vous laisser approcher vaut vraiment la peine : cela se fait très progressivement.

Vous pouvez vous arrêter quand il est possible de rester à côté de votre chien qui mange. C'est un but raisonnable. Mais une fois le but atteint, vous devez le refaire de temps en temps en lançant :

- des morceaux de plus en plus petits

- de moins en moins de morceaux
- des friandises de moins en moins succulentes.

Vous pouvez ne pas vous contenter de cet objectif et voir plus grand : pouvoir déposer ces friandises directement dans sa gamelle. Même s'il n'y a aucune raison de vouloir interrompre le repas d'un chien, pouvoir retirer sa gamelle est l'objectif que visent certains, car c'est l'une des preuves indubitables du cadre de confiance.

Vous n'êtes toutefois pas obligé(e) d'aller jusque-là.

Avec certains chiens, la technique « miam miam » est trop difficile quand la gamelle est pleine de croquettes.

**Il vaut mieux alors commencer quand la gamelle est vide.**

### D. Conseils

Débutez toujours avec des objets de moindre importance pour votre chien. Faites de même avec les gens.

Non, je ne vous dis pas de vous entraîner avec des gens qui ne comptent pas pour vous… :) mais de toujours vous entraîner, d'abord, avec la personne qui fait le moins peur à votre chien, si ce dernier grogne sur plusieurs personnes.

Soyez, comme toujours, très attentif(ve) aux signes de progrès qui vous indiquent quand vous pouvez passer à l'étape suivante.

Pour modifier le comportement d'un chien comme dans l'exemple « miam miam », il est toujours préférable de commencer à travailler dans l'endroit où le chien est le plus en confiance.

N'oubliez jamais que le chien grogne pour communiquer. C'est un message de malaise et jamais un message de « méchanceté ». Pour certaines personnes, il n'est pas évident de s'en convaincre, mais si vous y parvenez, vous pourrez appliquer les techniques bien plus facilement.

# 9. Chien agressif/chien mordeur

J'aurais voulu écrire deux fois plus de pages sur l'agressivité du chien que n'en contient ce livre.

J'ai moi-même été mordue par un chien et il n'a pas fait semblant. Toutefois, j'ai concentré la somme d'informations dont je dispose, par expérience ou via mes recherches, en plusieurs parties brèves qui, je l'espère, pourront vous aider et vous orienter vers les bonnes techniques ou les bonnes personnes.

Sachez que, neuf fois sur dix, quand un chien mord quelqu'un, c'est quelqu'un qu'il connaît, soit son humain, soit les proches de son humain, et que près de la moitié des victimes de morsures de chiens (dans quasiment tous les pays où des statistiques ont été publiées) sont des enfants.

Pour nous, humains, l'agressivité est souvent liée à la méchanceté. Pour le chien, l'agressivité trouve essentiellement son origine dans la peur, sinon le stress.

Pour traiter le « chien mordeur », la méthode la plus efficace est donc de savoir ce qui lui fait peur ou le met mal à l'aise, et de le désensibiliser. Ce qui déclenche l'agressivité ne doit plus la déclencher ; le chien n'y est plus sensible. Ce n'est pas trop difficile quand le chien n'est jamais allé très loin dans son agressivité.

Plus un chien a été virulent et a provoqué des blessures graves, et plus c'est difficile.

### A. Préjugés

Plus que pour tout autre problème, celui de l'agressivité chez le chien est entouré d'une multitude de préjugés et de théories sans aucun fondement scientifique. Faisons le point sur ce qui peut éventuellement polluer votre esprit quand vous avez à gérer un chien agressif, que vous l'ayez adopté ou que vous l'ayez élevé depuis tout jeune.

Comme le rappelle, à plusieurs reprises, Alexandra Semyonova dans son livre sur les préjugés à propos du chien, NOUS sommes une espèce vraiment très agressive. Tout comme nous avons du mal à nous empêcher de penser que nos chiens se sentent coupables, nous pouvons penser qu'un chien agressif est un chien méchant. Or, ce n'est jamais le cas puisque la méchanceté est la « volonté de nuire ». Le chien, aussi intelligent soit-il, a la volonté de plein de choses mais surtout la volonté d'assurer sa survie ou son bien-être et quand il paraît « égoïste », il n'en a pas conscience. Quand il « nuit », il ne le fait pas dans le but de faire du mal comme *nous* pouvons parfois en toute conscience et tous autant que nous sommes (certains plus d'autres !) : vexer, humilier, rabaisser, dénigrer, ridiculiser, railler, assouvir nos vices et nos perversions (heureusement, nous faisons aussi des choses bien !).

Donc, enlevez totalement cette idée de votre tête qu'un chien peut être méchant. Un chien montre des comportements x et y qui sont motivés par des buts x et y et jamais par des réflexions maléfiques.

Ensuite, aujourd'hui, il n'existe pas de preuve formelle que la génétique a une influence sur l'agressivité. Actuellement, les grands spécialistes du chien disent que le principal facteur d'agression est la peur et ceci dépend essentiellement des expériences que le chien vit dans ses premiers mois, d'abord chez son éleveur puis chez ses propriétaires. Nous ignorons si l'agressivité peut avoir un lien avec la génétique mais certes, personne n'a jamais démontré formellement le contraire. En revanche, quand vous connaissez bien le chien, vous avez la nette impression que la génétique n'a aucune influence sur l'agressivité et que nous les humains, nous sommes vraiment une espèce de « détraqués ».

Il y a une étude (au moins une) qui a mis en lumière d'autres facteurs de risques d'agression chez le chien, hormis la peur. Le but de cette étude très intéressante était d'analyser les facteurs qui auraient pu permettre d'éviter environ 250 (très graves) morsures de chiens aux États-Unis entre 2000 et 2009, scrutées à la loupe essentiellement à partir de rapports de police et de la fourrière. Les principaux facteurs de risque identifiés étaient notamment l'absence d'une personne capable d'intervenir (les attaques sans la présence du propriétaire du chien sont les moins fréquentes mais les plus graves ; il s'agit notamment de chiens **en état de divagation**) ; aucune relation entre le chien et sa victime (cela confirme ce que l'on lit souvent dans les statistiques anglo-saxonnes : que les attaques les plus graves se produisent sur des personnes inconnues des chiens mais les plus fréquentes se produisent chez le propriétaire ou des proches) ; du fait que les victimes n'étaient pas en mesure d'interagir de façon adéquate avec le chien (je crois qu'il s'agit là d'enfants et/ou de personnes âgées/handicapées car ce sont souvent les victimes les plus sévèrement blessées) ; de chiens jugés peu sociables (par les professionnels qui les récupèrent après les attaques). Les cas de maltraitance avérée de la part du propriétaire (c'est inscrit dans un rapport de police) ne représentaient que 21,1 % des attaques.

Dans 37,5% des cas, des erreurs avérées ont été commises par les propriétaires en termes de gestion du chien (il s'agit essentiellement de laisser son chien errer sur la voie publique ou de le lâcher au mauvais endroit).

La race du chien ne fait pas partie des facteurs identifiés par cette étude. Cette étude, comme beaucoup d'autres, préconise de mieux informer les gens sur la façon dont on s'occupe d'un chien au lieu de passer des lois interdisant race x et y.

Mais oui, c'est certain, si votre chien est un gros paquet de muscles avec une grosse mâchoire puissante, il peut provoquer des blessures plus graves et en cela, il est plus dangereux *s'il est* agressif.

Mordre, pour un chien, représente un outil de communication, comme quand le chien baisse les oreilles ou remue la queue. Mais il ne s'agit pas d'un outil de communication normal. **Si le chien en vient à mordre, c'est qu'il ne lui reste que cela pour se faire comprendre.**

En effet, AUCUN chien ne devient JAMAIS agressif du jour au lendemain.

Des signes précurseurs se manifestent toujours. Et, la plupart du temps, c'est lorsque ces signes sont ignorés (ou renforcés sans le faire exprès) que l'agressivité se développe. Parmi ces signes, beaucoup paraissent bénins. Par exemple, certains n'apprennent pas à leur chiot à ne pas mordre fort pendant le jeu. D'autres interdisent à leur chien de grogner. D'autres encore insistent pour le prendre dans leurs bras alors qu'il tourne la tête et exprime (poliment) un refus de proximité physique. La célèbre RSPCA (équivalent de la SPA en Angleterre) rappelle que les enfants sont ceux qui se font le plus mordre par les chiens et majoritairement au visage, essentiellement parce que les enfants « montrent leur affection via le contact facial » (bisous, câlins…), ce qui est exactement le contraire du comportement naturel du chien.

En agissant ainsi, au quotidien pendant des années ou seulement des mois dans certains cas, il y a des gens qui obligent malgré eux leur chien à s'exprimer avec de plus en plus de virulence.

Les chiens font tout leur possible pour ne pas mordre, en tous cas les chiens relativement équilibrés. Le chien est un animal extrêmement doué pour envoyer des signaux d'alerte, qui disent « je ne veux pas » ou « éloigne-toi », et tant d'autres choses. L'homme a créé le chien pour qu'il soit comme ça, non seulement avec les humains, mais aussi avec les autres animaux. Fréquemment, chez nous, *monsieur et madame tout le monde qui ne maltraitons pas nos animaux*, c'est ainsi que se développe l'agressivité.

Ainsi, il existe différents niveaux d'agressivité.

C'est-à-dire que quand un chien a essayé, par tous les moyens, sociables et polis, de vous faire comprendre que quelque chose ne lui plaît pas, le met mal à l'aise, etc., il essaiera, d'une autre manière, de vous faire passer son message. Et s'il ne parvient toujours pas à se faire comprendre, il enverra des messages de plus en plus forts. Il fait de son mieux pour ne pas mordre, mais, sans vous en rendre compte, vous pouvez le pousser à le faire. Jamais vous n'avez voulu cela. Vous avez tout fait pour ne pas avoir un chien agressif. Malgré tout, trop de messages vous ont échappé au fil des années. C'est le cas le plus courant, bien plus fréquent que la maltraitance. Elle rend les chiens agressifs et on en entend bien trop souvent parler, mais elle reste un problème plus marginal. La grande majorité des chiens ne sont pas des chiens battus, ni même négligés. C'est terrible, mais la plupart des chiens agressifs le sont devenus uniquement parce qu'on ne les a pas « écoutés ».

Je connais des gens très biens qui ont des chiens agressifs. En revanche, quand vous discutez un peu avec eux, il est clair qu'ils n'ont pas tout compris en ce qui concerne le comportement et le langage du chien.

Un certain nombre d'actions peuvent être mises en place si le stade est peu avancé, autrement dit, si le chien n'a jamais mordu personne. Toutefois, il est essentiel de consulter un professionnel si le chien a déjà mordu quelqu'un, même sans perforation de la peau. Plus un chien a mordu, plus il est difficile de le rééduquer. Néanmoins, la majorité des chiens mordeurs reste rééducable. Mais pas par n'importe qui : par un professionnel. Et par un professionnel qui ne travaille pas avec des méthodes traditionnelles, des méthodes de force. Théoriquement, le seul cas où le chien qui mord n'est plus « récupérable » est lorsqu'il doit être euthanasié. Et cela ne devrait se produire que lorsque le chien a provoqué des blessures invalidantes ou a consommé de la chair humaine.

Le niveau de réussite pour rééduquer un chien qui mord dépend donc en grande partie du type de morsure infligée et du nombre de fois où les morsures ont eu lieu. Beaucoup de chiens mordeurs peuvent apprendre à modifier leur comportement. Cependant, il est souvent nécessaire de placer le chien dans une autre famille parce que le comportement du propriétaire qui s'est fait mordre par son chien (ou sa femme, son mari, ses enfants, etc.) n'est pas adapté et ne parvient pas à changer. Ce n'est pas faute d'essayer pour certaines personnes, mais quand votre chien vous mord ou mord l'un de vos proches, le lien est « cassé ».

Il est déjà bien difficile pour beaucoup d'entre nous d'avoir du recul avec un chien qui n'a jamais mordu ni grogné ! Certains y parviennent, mais il me semble difficile d'éduquer soi-même son chien qui a mordu : non seulement à cause du lien cassé (manque de recul), mais aussi parce que **c'est dangereux.**

Connaître les « postures » du chien agressif est important pour pouvoir anticiper ce qui peut se passer après le message envoyé. Mais n'attachez pas une importance démesurée aux postures, sauf si vous envisagez étudier le langage du chien – complexe - car une posture peut envoyer des messages différents selon qu'une seule partie du corps change de position ou d'aspect, et selon le contexte.

Des études tant en France qu'aux États-Unis et en Angleterre (auprès des personnes aux urgences pour une morsure de chien) montrent que plus de la moitié des gens ne s'attendaient pas à être mordus. C'est possiblement, pour certains cas, à cause de la méconnaissance du langage du chien. Mais je pense que, dans de nombreux cas, les morsures concernent des chiens des familles à qui il est interdit de grogner : **ils n'ont pas prévenu.**

La grande majorité des chiens qui mordent agissent ainsi parce qu'ils se sentent menacés. Il existe de très nombreuses raisons pour lesquelles un chien peut devenir agressif, mais on en revient toujours au même : il a pour but de se protéger. Le chien a plusieurs façons de se protéger. Grogner en est une. Partir en courant en est une autre. Paraître très impressionnant est encore une autre possibilité. Un chien peut adopter plusieurs façons de se protéger. Il peut grogner le lundi et baisser la tête le mardi. Il peut même grogner en baissant la tête (signaux ambigus ou contradictoires).

Un chien se sent menacé par différentes choses. Cela dépend essentiellement de sa socialisation et de son éducation. Il peut se sentir menacé par un enfant parce qu'il n'en a jamais vu mais aussi parce que l'enfant qui vit avec lui n'a pas appris comment se comporter avec un chien et que le chien n'a pas appris que l'enfant n'est pas un danger (on a laissé se produire de mauvaises expériences pour le chien et il a associé l'enfant à quelque chose de désagréable).

Le chien qui mord se sent donc menacé à cause du comportement de la personne en face de lui, et même si elle ne constitue pas du tout une menace. **Le chien l'interprète ainsi parce que personne ne lui a appris que ce n'est pas dangereux.**

De mauvaises expériences, très banales pour nous, peuvent apprendre au chien que quelque chose est dangereux. Certains chiens ne seront pas dérangés par certaines mauvaises expériences. D'autres deviendront très perturbés très vite.

Il y a des choses à ne pas faire avec un chien, que l'on soit enfant ou adulte. Il y a un minimum de connaissances à maîtriser. Éduquer un chien ne relève pas d'une science, mais n'est pas non plus instinctif.

Très souvent, c'est en modifiant l'environnement du chien et le comportement des personnes sur lesquelles il grogne que le chien ne grogne plus (à la maison). Il est également possible d'apprendre au chien à ne pas grogner dans certains contextes précis en maîtrisant un élément fondamental : la distance à laquelle le chien peut être approché sans grogner (cf. exercice miam miam).

## B. Les niveaux d'agressivité

Ian Dunbar, l'un des spécialistes du chien dont j'apprécie les méthodes – à quelques détails près – a proposé un classement du développement de l'agressivité du chien. Je le reproduis ici dans les grandes lignes, afin de vous donner une idée de la progression possible du chien agressif. Notez que, selon l'auteur, chaque niveau peut être traité à l'exception du dernier. Notez surtout que, si vous ne faites rien ou si vous réprimandez, le chien finit tôt ou tard par passer au niveau supérieur.

La progression peut survenir à tout moment : une fois qu'un nouveau niveau est atteint, le chien peut passer rapidement au suivant.

- **Le chien mord « dans l'air ».** Il le fait bel et bien volontairement : il ne s'agit pas d'une morsure ratée. Il choisit sciemment de ne pas mordre (la plupart du temps). Il envoie un avertissement. C'est déjà un avertissement très sévère. Il dit qu'il est très mal à l'aise puisqu'il est virulent pour repousser ce qui le dérange. Commencez par trouver ce qui rend votre chien aussi mal à l'aise. Étudiez les contextes dans lesquels cela se produit.
- **Le chien touche la peau avec ses crocs, mais il n'y a pas morsure.** C'est un niveau déjà très élevé d'agressivité, qu'il convient de traiter avec prudence. Il faut vraiment

comprendre ce qui se passe et être prêt(e) à beaucoup travailler avec son chien qu'on ne considère plus une seule seconde comme étant « méchant » : il est grand temps d'être réaliste et de s'intéresser au comportement et au langage du chien. Il peut y avoir un bleu sur la peau, mais il est de couleur claire. Lorsque ce niveau est atteint, je recommande une aide professionnelle même si vous êtes sûr(e) de savoir ce que vous faites. La situation est devenue trop dangereuse.

- **Morsure :** la peau est perforée en une seule prise. Il y a donc saignement. Mais la profondeur des blessures n'est pas importante. Pas aussi profonde que la longueur des crocs. Le chien ne referme pas la mâchoire et ne remue pas la tête. Il se contrôle donc très bien pour ne pas infliger de blessures graves.
- **Un à quatre trous dans la peau provoquant saignements et bleus sombres.** La morsure est profonde comme les crocs du chien. Le chien a donc refermé la mâchoire. Il blesse délibérément.
- Quatre trous ou plus et morsures multiples, à plusieurs endroits du corps avec une ou plusieurs morsures.
- Morsure provoquant la mort ou avec consommation de chair.

## C. Que faire ?

Je vous conseille de faire appel à un bon professionnel sans attendre si votre chien manifeste l'un des comportements précédemment listés. Pour assurer plus de sécurité, vous pouvez essayer de repérer ce qui provoque ce signal envoyé par votre chien (morsure ou « quasi-morsure »). C'est votre priorité absolue.

Le chien qui a mordu est toujours un chien qui s'est senti menacé. Soit vous supprimez la menace, soit vous lui apprenez que ce qu'il considère comme une menace n'est, en fait, pas du tout dangereux.

Pour cela, il est toujours utile de faire la liste par écrit de tout ce que vous, ou la personne qui a été mordue (ou qui a failli l'être) avez/a fait quelques minutes avant. Notez tout ce qui vous passe par la tête à propos du contexte dans lequel la morsure s'est produite. Il est important de repérer le moment exact où le chien a mordu/failli mordre pour identifier le problème et connaître les éléments qui ont pu provoquer le malaise. Prenez votre temps : visualisez la scène. Vous savez que chaque mouvement du chien peut avoir son importance et qu'il est sensible à plus de choses que nous. Essayez, par conséquent, de n'omettre aucun détail. Plus vous listerez avec précision et mieux vous y arriverez.

Pour vous aider, voici trois exemples dans lesquels trois personnes répondent à des questions pour comprendre ce qui a vraiment causé l'attaque.

### *a) Exemple 1 : pousse-toi*

- Qu’est-ce que je fais ? Je range des affaires dans une pièce de la maison. Je déballe des cartons et je pose des affaires sur des étagères.
- Où est le chien et comment est-il ? Il est sur le lit. Il a l’air détendu puis il va dans le couloir devant la porte.
- Que fait le chien ? Je crois qu’il m’observe depuis le couloir.
- Quand a-t-il mordu ? Au moment où je voulais sortir de la pièce pour poser des cartons dehors. Très exactement, au moment où j’ai avancé le pied en dehors de la pièce, il me semble, parce qu’il m’a d’abord attrapé la cuisse.
- Qu’est-ce qui lui a déplu/fait peur ? Que je lui dise (gentiment) de se pousser ? Mes bras chargés de cartons ? Que je m’approche de lui avec les cartons dans les bras ? Que j’essaie d’avancer alors qu’il me barrait le passage ?

Il s’agissait d’un chien qui ne prévenait plus et attaquait à tout moment. Il avait déjà mordu plusieurs personnes dont sa propriétaire. Malgré sa petite taille, il était devenu vraiment dangereux. La solution proposée a été le replacement mais il a été refusé.

### b) *Exemple 2 : en voiture !*

- Qu'est-ce que je fais ? Je monte dans ma voiture ; ensuite je redescends pour aller chercher mon chien.
- Où est le chien et comment est-il ? Il est sur le parking. On dirait qu'il s'amuse.
- Que fait le chien ? Il renifle un parterre de fleurs. Il me lance un regard de temps en temps.
- Quand a-t-il mordu ? En fait, je suis descendu et je l'ai fait s'approcher de la voiture en tapant dans les mains (en courant derrière lui) et ensuite, j'ai pointé la voiture du doigt en disant « en voiture ! ». Comme il ne bougeait pas, j'ai voulu l'attraper par le collier pour le tirer doucement dans la voiture. C'est là qu'il m'a attrapé le bras.
- Qu'est-ce qui lui a déplu/fait peur ? Que je le dérange dans son activité de sentir les fleurs ? Que je le force à s'éloigner des fleurs en tapant dans les mains ? La voiture qu'il prend quasiment tous les jours (mais je sais qu'il déteste ça) ? Que j'insiste en gesticulant bruyamment ? Que je lève la main ? Que je l'attrape par le collier pour l'obliger à monter ?

Si nous devions nous occuper de ce chien, nous commencerions sûrement par l'habituer à la voiture. Il apprendrait que la voiture est un endroit sympa et nous n'aurions pas à lui courir après pour le faire monter. Il devrait – par la suite, une fois qu'il est plus en confiance – apprendre le rappel (au pied). On apprendrait à la personne à éduquer son chien par le renforcement positif pour qu'il n'ait plus jamais à forcer son chien à faire quoi que ce soit.

(Le propriétaire était choqué et très surpris pourtant son chien avait lancé de multiples avertissements par le passé).

### *c) Exemple 3 : laisse-toi faire…*

- Qu'est-ce que je fais ? Je prends ma pince pour couper les griffes de mon chien.
- Où est le chien ? Il est sur le canapé.
- Que fait le chien et comment est-il ? Il somnole. Il est tranquille. Il ouvre les yeux quand il m'entend ouvrir le tiroir dans lequel je range la pince.
- Quand a-t-il mordu ? Au moment où je lui ai pris la patte.
- Qu'est-ce qui lui a déplu/fait peur ? Le bruit du tiroir ? La vision de la pince ? Que je le dérange en train de dormir ? Que je lui prenne la patte ?

Si nous devions nous occuper de ce chien, nous commencerions sans doute par lui apprendre que la pince est un objet sympa. Nous devrions aussi lui apprendre à se laisser prendre la patte (et se laisser toucher en général).

On expliquerait à la personne comment créer un cadre de confiance, ce qui lui permettrait à la fois de redonner confiance à son chien et de reprendre confiance en elle.

## D. Les méthodes préconisées

Quand un chien vous mord ou mord quelqu'un, le plus urgent à faire, hormis s'occuper de la blessure, est d'isoler le chien sans rien dire et de l'oublier. Il est important de se remettre de ses émotions et il est aussi important que le chien, ayant atteint un état émotionnel extrême, puisse faire redescendre la « pression » de son côté. Le gronder, crier ou le taper est TOTALEMENT INUTILE (et souvent extrêmement dangereux).

### *a) Désensibilisation systématique*

Dans l'absolu, les trois exemples sont concernés par les techniques de désensibilisation. Ne plus avoir peur de la voiture, ne plus avoir peur de la pince, ne plus avoir peur du pied ou du geste humain en général.

L'objectif est de rendre le chien insensible à ce qui le met dans tous ses états. Plusieurs exemples de désensibilisation ont été donnés dans ce livre. La désensibilisation est vraiment efficace, mais selon le niveau d'agressivité, il est parfois déconseillé de la réaliser soi-même et il est préférable d'appeler un éducateur.

La règle d'or est « progressivement » = stimulus faible vers stimulus de plus grande intensité (cf. exemple du balai).

### *b) Contre-conditionnement*

Le contre-conditionnement consiste à habituer le chien à réagir différemment – et même à l'opposé de ce qu'il fait d'habitude : en d'autres termes, il s'agit d'obtenir une réponse différente à un stimulus.

Prenons un exemple : votre chien est agressif envers une personne en particulier, qui vient vous rendre visite fréquemment. Il est alors possible d'appliquer une stratégie consistant à rendre cette personne sympathique aux yeux de votre chien, simplement en utilisant des jouets ou des friandises à chaque fois que cette personne vient vous rendre visite. Elle lance une friandise ou un jouet au chien à chaque visite et peu à peu, elle ne représente plus une menace pour le chien.

Elle devient même le contraire de la menace. Elle devient une personne « attendue », quelqu'un que le chien est content de voir.

Le contre-conditionnement, main dans la main avec la désensibilisation, doit toutefois être mis en place de manière progressive. Pour reprendre l'exemple cité plus haut, la personne considérée comme une menace ne va pas donner une friandise directement de la main à votre chien. Elle va d'abord la lancer doucement par terre.

On parle de « conditionnement » parce que le chien est conditionné à réagir d'une façon particulière (on ne l'a pas forcément fait exprès) ; quant au mot « contre », il est utilisé pour signifier que l'on souhaite obtenir le contraire.

Cette méthode est parfois très, très longue mais c'est très efficace pour modifier les émotions d'un chien et donc ses comportements.

### *c) Renforcement positif*

Cela fonctionne de la même manière pour les chiens agressifs : en favorisant les comportements appréciés.

Il s'agit, pour ce faire, de créer les conditions idéales : vous donnez au chien des opportunités de réussir. Il est vivement déconseillé d'utiliser le « non ! » (et la punition), mais le « non ! » est toujours préférable au cri ou à la force physique qui stresse énormément le chien. N'oubliez jamais qu'un chien qui s'est montré agressif est déjà très stressé.

Il est toujours nécessaire, dans un premier temps, et avant d'appliquer une technique ou une autre, ou d'apprendre un ordre, de désensibiliser le chien agressif pour des réactions excessives avec certains types de personnes, certains objets ou les autres chiens. L'obéissance est inutile pour régler le problème : apprendre des ordres à un chien agressif n'est pas une solution en soi !

Vous ne résoudrez rien si vous ne répondez pas aux questions suivantes : de quoi a-t-il peur ? Qu'est-ce qui le stresse ? Qui le stresse ? etc. D'ailleurs, vous le savez, on n'apprend rien à un chien qui n'est pas en confiance.

### *d) Clicker*

Cette méthode de renforcement positif utilise un petit boîtier produisant un son qui fait

« clic ». Il existe de nombreux livres dédiés à l'éducation au clicker. Si elle est accessible à tout un chacun, elle requiert toutefois de bien s'informer au préalable. La méthode Clicker Training est conseillée pour éduquer les chiots, les chiens adultes pour tous les basiques ainsi que ces chiens que l'on dit « difficiles ».

La méthode ne demande pas (déconseille même) de toucher le chien ou d'utiliser sa voix, ce qui présente des avantages évidents avec les chiens agressifs.

Je sais que le clicker est efficace et je conseille souvent aux gens de faire appel à un « professionnel qui travaille au clicker ». Je ne suis néanmoins pas convaincue par une utilisation par les particuliers, les familles. Les pièges sont en effet nombreux, à mon avis, pour qui ne maîtrise pas parfaitement la technique.

Si vous êtes motivée(e) et avez le temps de lire au moins un ouvrage, je vous conseille le clicker pour renforcer les bons comportements d'un chien agressif.

## 10. Chien traumatisé

Sachez que beaucoup, beaucoup, beaucoup... énormément de gens !! pensent que leur chien est « traumatisé » parce qu'il fait « n'importe quoi ». Or la plupart du temps, il s'agit uniquement d'un problème de socialisation et d'éducation.

Un chien adulte qui n'a jamais été socialisé peut montrer des signes s'apparentant fortement à des symptômes de traumatisme pour qui n'a pas l'habitude des chiens : la peur et l'agressivité. Ces symptômes sont toutefois bien plus extrêmes chez le chien qui a subi un vrai traumatisme déclenchant un stress durable. On parle d'ailleurs désormais de stress post-traumatique.

Comme chez l'humain, le chien traumatisé ne peut pas vivre comme les autres chiens. Même si des améliorations sont possibles, il ne sera jamais totalement comme les autres. Les signes habituels de la peur deviennent dramatiques en étant plus intenses. Ce sont des chiens qui, par exemple, urinent de peur ou ne se laissent approcher par personne, y compris la personne qui leur donne à manger chaque jour.

Pour que le chien soit traumatisé, il ne suffit pas d'un seul évènement, mais d'une répétition d'évènements traumatisants.

Le chien traumatisé est un chien qui ne réagit pas au jeu et à la friandise. Certains de ses comportements sont « bizarres », comme s'arracher des poils, et sont en réalité destinés à s'apaiser.

Malgré tout, certaines techniques permettent de modifier les comportements du chien traumatisé. Il n'est pas nécessaire d'être un expert international du chien connaissant des mots compliqués. Car souvent, quand vous avez eu un chien et que vous avez « travaillé » avec lui, vous êtes en mesure de vous occuper d'un chien traumatisé.

C'est en tout cas l'avis de nombreux vétérinaires en Europe et aux États-Unis : ils conseillent d'avoir de l'expérience.

Plus le chien est jeune quand le traumatisme se produit, plus le stress est durable. Pour divers spécialistes, un accident – comme être percuté par une voiture – ou un acte de barbarie tel que se faire enflammer avec de l'essence et un briquet – aussi insoutenables qu'ils puissent paraitre, ne sont pas considérés comme un « traumatisme » à proprement parler : il ne s'agit pas d'actes « répétés », mais d'actes « isolés ».

Il est indéniable que ce genre d'événements est horrible et perturbant pour un chien, mais les pires symptômes de stress post-traumatique chez le chien sont observés chez les spécimens qui ont subi une répétition de mauvaises expériences.

**Ce qui compte, pour le chien, est son comportement aujourd'hui, plus que ce qu'il a vécu. C'est son comportement actuel qui vous indique s'il est ou non traumatisé. Basez-vous sur ce comportement et non sur son histoire, aussi horrible soit-elle, pour évaluer son état de stress.**

Chez l'humain, une seule mauvaise expérience suffit à créer un traumatisme. Par la suite, le problème vient du fait que les occasions d'être exposé à des évènements qui nous rappellent cette mauvaise expérience sont nombreuses, ne serait-ce qu'avec la télé, le cinéma, les rencontres, les lieux que nous fréquentons, etc.

Le chien, lui, n'est pas « exposé » comme nous le sommes ; en revanche, il développe des symptômes de stress post-traumatique comme l'Homme - à savoir :

- fuir / éviter ce qui le stresse
- réagir excessivement à ce qui le stresse (agresser, uriner, etc.)
- développer des problèmes de santé à cause du stress (problèmes de digestion, problèmes de peau et perte de poids sont fréquents)
- s'apaiser en s'automutilant

Comme pour les humains, certains chiens vivront ce genre de traumatisme et ne développeront pas (ou peu) de symptômes de stress post-traumatique. Des études restent à faire sur le sujet, mais les spécialistes indiquent que, comme chez l'humain, le traumatisme affecte les capacités d'apprentissage du chien.

C'est pourquoi ce genre de chiens est généralement difficile à éduquer.

Les éducateurs canins et les vétérinaires comportementalistes les plus éminents semblent être d'avis que le chien traumatisé a souvent besoin d'une aide médicamenteuse. Ce moyen d'apaiser le chien est surtout une façon de le mettre en confiance plus facilement pour pouvoir l'éduquer. Si l'éducation est différente des techniques habituelles, elle se base toutefois sur les mêmes principes.

Le cadre de confiance et l'affection sont essentiels, mais ne suffisent pas : seule une excellente maîtrise du renforcement positif permet d'améliorer les comportements problématiques du chien traumatisé. Il doit, lui aussi, apprendre à bien se comporter, mais le travail est plus long, plus laborieux.

Il faut savoir être très motivant et connaître clairement quels sont ses objectifs. Il ne faut pas céder dans certains contextes pour aider le chien, alors que l'on a envie de choisir la facilité ou de tout arrêter. Dans d'autres contextes, il vaut mieux laisser tomber.

Il ne faut jamais forcer un chien traumatisé à faire quelque chose qu'il a peur de faire. Mais parfois, si vous attendez un peu, il va coopérer. Il est très difficile d'évaluer s'il faut persister ou pas. D'où l'utilité d'avoir de l'expérience avec des chiens « normaux ».

Il n'est pas rare d'avoir à traiter son chien comme un chiot (qui n'a jamais rien appris) et certaines techniques utilisées ressemblent fort à celles conçues pour les chiots, ne serait-ce que pour apprendre la propreté que le chien traumatisé ne connaît parfois plus du tout.

Un chien traumatisé est le plus souvent un chien qui a été maltraité. Il n'est pas systématiquement agressif. Néanmoins, la prudence s'impose parce qu'il s'agit d'un chien très peureux ou très angoissé.

Il est difficile de s'en occuper parce que ses capacités d'apprentissage sont affectées (à cause du stress intense).

**Il est important de toujours s'en souvenir et de traiter d'abord les peurs avant de lui apprendre des ordres.**

## 11. Le vieux chien

J'adore les vieux chiens. J'adore les chiens tout grisonnants, qui marchent moins vite, qui ont pris un peu de poids ou qui sont lents à réagir :)

Voir son chien devenir vieux est une sacrée expérience.

Mais huit, dix, douze, quatorze ans... le mot « vieux » pour un chien est très relatif. Tous les chiens n'ont pas la même espérance de vie.

De nombreux préjugés existent sur le vieux chien.

Sachez qu'un chien qui commence à « grisonner » peut encore apprendre. Il y a même des vieux chiens qui prennent leur premier cours d'obéissance alors qu'ils ont plus de 10 ans. Et cela fonctionne.

Ainsi, si vous avez un problème avec votre vieux chien, il est fort possible que vous soyez en mesure de le régler. Et si vous avez besoin de lui apprendre un ordre, ce sera probablement plus long qu'avec un chien plus jeune, mais rien n'est perdu.

Le vieux chien ne se limite pas à une histoire de poils qui grisonnent. C'est un chien qui n'a plus tout à fait les mêmes capacités physiques qu'auparavant. Il se fatigue plus vite et est souvent plus sensible à la chaleur et au froid. Il ne court plus aussi longtemps ou aussi vite et n'a donc plus les mêmes besoins d'exercice.

**Il est crucial de tenir compte de cette diminution des capacités physiques du chien âgé.**

À part cela, apprendre un nouvel ordre à un vieux chien a fréquemment des avantages, car le chien est, en général, plus calme et moins distrait. Ses capacités d’apprentissage sont moindres seulement si ses capacités physiques deviennent un handicap.

Vous ne pouvez pas lui apprendre à se rouler par terre ou à sauter des obstacles, mais vous pouvez encore lui apprendre des ordres si cela vous semble utile.

Il faudra toutefois s’armer de patience.

Notez que certains vieux chiens ont malgré tout moins de patience que les plus jeunes, en raison souvent d'une capacité physique amoindrie. Certains mouvements ou certains bruits sont plus pénibles pour eux, par exemple. Il est donc indispensable, plus que jamais, d'être réaliste lorsque l'on se fixe des objectifs avec un vieux chien.

# EXERCICES

## 1. La journée à l'envers

Habitudes et rituels sont très rassurants pour le chien, mais peuvent poser problème. En effet, si les journées du chien sont généralement toutes identiques, celui-ci peut être stressé dès que l'organisation de la journée diffère. Nous l'avons vu avec les problématiques en lien avec la socialisation et l'anxiété de séparation. Nous avons eu l'occasion de constater qu'il n'est pas simple de casser les habitudes d'un chien adulte et qu'il est largement préférable de créer de nouvelles bonnes habitudes.

Cet exercice est excellent pour vous obliger à proposer à votre chien un cadre de vie non régi par des habitudes similaires chaque jour.

Quelles sont les trois premières choses que vous faites le matin ? Pendant un mois, à raison de trois fois par semaine, faites trois choses différentes. Vous en prendrez peut-être… l'habitude !

Quand vous vous êtes habitué(e), faites ces choses dans le désordre et/ou faites d'autres choses !! Exemple – J'éteins la sonnerie du réveil à 6 h 30 – je me lève et j'enfile mes pantoufles – j'allume la cafetière ; à remplacer par : j'éteins le réveil qui s'allume avec la radio et que je règle à 6 h 15 – je reste un peu au lit (le chien attend que je me lève, mais bientôt, il n'attendra plus) et je me lève sans mettre mes pantoufles – je vais ouvrir les volets (le chien est dans la cuisine à m'attendre, car d'habitude, je vais allumer la cafetière, mais bientôt, il n'attendra plus).

Quelles sont les trois premières choses que vous faites le soir en rentrant chez vous ? Remplacez-les trois fois par semaine par trois choses différentes et/ou à faire dans le désordre. Exemple – Je pose ma veste et mes chaussures – je vais me laver les mains - je donne à manger à mon chien ; à remplacer par : je pose ma veste - je vide le lave-vaisselle – je donne à manger à mon chien - je pose mes chaussures.

Cela peut vous paraître banal, mais cela ne l'est PAS pour votre chien, très sensible à tous ces rituels, surtout s'il a du mal à rester seul, vous suit partout ou hurle à la mort quand vous vous absentez.

Autres astuces :

- Une fois sur deux, faites le trajet de promenade habituel dans l'autre sens.
- Une fois sur deux, donnez à manger à votre chien avant de le sortir (ou après, si vous lui donnez toujours à manger avant de le sortir).

Cet exercice vous aidera si, comme moi, vous avez des horaires fixes qui vous obligent à faire toujours les mêmes choses chaque jour à la même heure ou presque. Le jour où vous ne faites plus comme d'habitude, votre chien peut montrer des signes de stress intense.

**S'obliger à modifier ses habitudes est excellent pour traiter certains problèmes avec son chien.**

## 2. Friandise Puissance 10 000

La friandise puissance 10 000 que certains appellent la médaille d'or, le trophée, la friandise 5 étoiles ou le Saint Graal, est ce à quoi votre chien ne résiste pas dans 95 %, voire 100 % des contextes. Est-ce du poulet, du thon, de la pomme, de la carotte, de l'emmental, du camembert ou du jambon ? Une friandise du commerce ?

Il va falloir trouver ce que c'est et, pour ce faire, voici comment vous pouvez procéder.

Vous êtes dans une situation critique où votre chien ne vous écoute jamais ou presque, mais pas dans une situation dangereuse. Exemple : il est en train de renifler intensément quelque chose, il est train d'observer derrière une fenêtre, visiblement très tendu, il est en train de déguster le meilleur os à moelle de sa vie, il est train de faire la fête à un invité qu'il adore, etc.

Sortez ce que vous pensez être la friandise puissance 10 000. Faut-il juste la prendre dans votre main pour qu'il vienne ? Faut-il la lui montrer après avoir prononcé son nom ? C'est bien la friandise puissance 10 000.

Si vous devez l'appeler plusieurs fois, lui dire de venir ou faire « miam miam qu'est-ce que j'ai là ? » : ce n'est pas elle, la friandise puissance 10 000.

Vous essaierez autre chose la prochaine fois, dans ce même contexte.

## 3. Je t'aaaaime

Faites cet exercice si vous avez des difficultés à vous séparer de votre chien, s'il est toujours dans la même pièce que vous ou toujours à côté de vous, si tout le temps que vous passez avec lui (ou la majeure partie du temps) est consacré aux câlins. Cet exercice dure une journée.

Il est extrêmement révélateur pour ceux qui veulent traiter les problèmes de l'anxiété de séparation. Aujourd'hui, il est possible que vous ne perceviez pas l'intérêt de cet exercice, voire que vous le trouviez horrible et déprimant. Pourtant, faites-moi confiance : vous ne pouvez pas imaginer combien j'aime mon chien, et cet exercice nous a fait beaucoup, beaucoup de bien !

Notez cette journée spéciale dans votre agenda pour vous y préparer.

Pendant toute une journée, vous allez devoir ignorer votre chien. Courage, c'est un très bon exercice.

Cela ne signifie pas que vous devez vous transformer, du jour au lendemain, en un monstre de cruauté : vous devez simplement ne pas lui « adresser la parole » et, surtout, ne pas le toucher.

Essayez aussi de ne pas trop le regarder surtout quand vous risquez de croiser son regard. La seule et unique raison valable de lui parler ou le toucher, c'est pour renforcer un comportement que vous appréciez en disant « bon chien ».

Cet exercice est différent du premier exercice de ce livre, qui ne vous demandait pas d'ignorer votre chien. Pour réussir, il faut imaginer que vous n'avez pas de chien. En revanche, n'oubliez pas de le sortir et de le nourrir !

Pendant cette journée spéciale, vous allez devoir prendre des notes. Vous noterez, à chaque fois que vous avez envie de parler à votre chien ou de le toucher, pourquoi vous avez cette envie. Les raisons peuvent être diverses et, parfois, toutes simples. N'hésitez pas à les noter, même si elles vous paraissent stupides. Par exemple : il m'a regardé(e) en remuant la queue, il est trop mignon, on dirait qu'il attend que je le caresse, il est tellement gentil, etc.

À la fin de la journée, reprenez vos notes (et faites un gros câlin à votre chien !) et surlignez de deux couleurs différentes, pour séparer en deux catégories, les motivations que vous aviez de caresser votre chien, de le prendre dans vos bras ou de lui parler gentiment :

- Première catégorie : votre chien semblait réclamer votre attention.
- Deuxième catégorie : vous sembliez réclamer son attention.

Si vous obtenez plus de résultats dans la première catégorie, il n'y a, a priori, aucun problème de ce point de vue-là pour commencer à appliquer les différentes techniques étudiées dans cette section.

Si vous avez plus de résultats dans la deuxième catégorie, un petit effort sera nécessaire : un chien sollicité en permanence est très souvent difficile à éduquer. Il est facilement frustré. Il est très demandeur. Il ne reste pas seul. Certains peuvent devenir possessifs avec vous, etc.

# QUIZZ 3

**1. Pour réussir à « capturer » le bon moment afin de récompenser son chien dans une situation délicate et pouvoir l'encourager ainsi à reproduire le comportement que l'on souhaite, il faut d'abord :**

a. lui apprendre à s'assoir
b. éviter tout ce qui le stresse
c. essayer de le déstresser

**2. Parmi ces trois chiens, quel est celui qui a probablement vraiment peur des bébés ?**

a. Max : il aboie sur les poussettes
b. Kiki : il devient tout foufou quand un bébé pleure
c. Jackson : il s'approche tout le temps pour renifler les bébés

**3. Parmi ces 3 personnes, qui prend le plus de risques pour sa propre sécurité ?**

a. Thomas : il tend du jambon à son chien qui grogne pour essayer de le faire venir
b. Didier : il dit « tais-toi » à son chien qui grogne
c. Philippe : il lance du jambon à son chien en train de grogner sur lui

4. **Parmi ces 3 propositions, quelle est la pire chose pour un chien :**
   a. Trop d'ennui
   b. Trop d'affection
   c. Trop d'interdictions

5. **Les méthodes modernes pour éduquer les chiens adultes sont souvent similaires aux méthodes pour éduquer les chiots, mais il existe une différence fondamentale qui peut changer pas mal de choses dans les techniques employées. Quelle est cette différence ?**
   a. Le chien adulte a plus de force physique
   b. Le chien adulte est moins concentré
   c. Le chien adulte a pris des habitudes

**Réponses en fin d'ouvrage.**

# SECTION 4 – Réussir à avoir un bon chien

Ce que nous sommes nombreux à vouloir, aujourd'hui, c'est un bon chien ! Qu'est-ce qu'un bon chien ? Comment fait-on quand on adopte un chien déjà adulte qui n'a peut-être jamais été un bon chien parce que personne n'a voulu qu'il le devienne ? Et que faire quand le gentil chiot qu'on avait est en train de devenir un chien invivable ?

C'est ce que vous apprend cette section avec des solutions beaucoup plus simples que vous ne l'imaginez pour avoir un chien agréable à vivre qui vous fait confiance et dans lequel vous pouvez avoir suffisamment confiance.

Vous avez pris un mauvais départ ? Il n'est pas trop tard pour prendre de toutes nouvelles habitudes et rendre votre chien meilleur. Vous allez très certainement, vous aussi, devenir meilleur(e), car c'est l'un des pouvoirs du chien : il vous pousse à vous dépasser.

Ne faites pas des choses qui ne vous conviennent pas. Si beaucoup d'entre nous doivent faire quelques efforts pour être plus disciplinés, plus attentifs ou moins stressés, il ne s'agit pas toutefois d'aller jusqu'à nous forcer. Soyez-vous-même mais en mieux ! Et gardez à l'esprit que si, par moments, vous avez l'impression de devoir faire des efforts quasi surhumains, par exemple pour ne pas perdre patience ou encore pour faire tous les jours les mêmes séries de répétitions, vous serez bientôt non seulement fier de votre chien, mais aussi fier de vous.

## 1. Pour avoir un bon chien : oubliez (totalement !) le loup

À mon sens, la première condition absolument indispensable pour avoir un bon chien est de totalement oublier le loup. Pour vous y aider, je vous soumets cinq arguments. Si vous l'avez déjà oublié ou que vous n'y avez jamais pensé, vous pouvez passer à la prochaine partie. Néanmoins, sachez qu'il est réellement difficile de parvenir à complètement oublier le loup. Il va falloir plusieurs générations pour que la pléthore d'idées fausses sur le chien provenant du loup (pire encore, provenant surtout d'idées fausses sur le loup) disparaisse enfin.

### A. D'où vient le chien ?

**Personne ne sait vraiment d'où vient le chien.** Il existe différentes théories et cela change sans arrêt, au fur et à mesure des découvertes archéologiques ou génétiques.

Cela commence (vraisemblablement) ainsi... Il y a environ 40 millions d'années, et jusqu'à il y a 6 millions d'années, vivait une espèce de canidé qui est *probablement* l'ancêtre des canidés d'aujourd'hui. Cette espèce (Borophaginae), n'avait rien d'un chien, ni d'un loup. Imaginez plutôt une énorme hyène. De nombreux fossiles ont été trouvés en Amérique du Nord. Ces premiers canidés auraient peu à peu disparu au profit d'une espèce plus intelligente. Celle-ci ressemblait plutôt à des renards. C'est l'apparition de ce qu'on appelle le genre Canis, dans lequel sont classés les coyotes, les chacals, les renards, les loups et l'animal domestique appelé chien, « Canis lupus familiaris » ou, plus pertinemment, « Canis familiaris ».

Cette grande famille s'est répandue sur toute la planète. De nombreux scientifiques pensent que plusieurs « essais » (plus ou moins intentionnels) de domestication d'animaux du genre Canis ont eu lieu, mais sans succès. Ils mentionnent souvent le chacal doré, parce qu'il s'adapte extrêmement bien et qu'il est socialement très élaboré. Mais le loup détenait sans doute plus de caractéristiques pour devenir domestique. Toutefois, aujourd'hui, on sait que pour domestiquer un loup, c'est super difficile et je pèse mes mots ; c'est pourquoi la théorie disant que nos ancêtres ont pris des louveteaux pour les domestiquer est totalement rejetée par une majeure partie des chercheurs (même si cette théorie a longtemps été populaire).

Attention, ce loup d'il y a des dizaines de milliers d'années n'avait rien à voir avec le loup gris d'aujourd'hui. Comme le dit Alexandra Semyonova, *l'ancêtre du chien n'a rien à voir avec le loup que nous voyons dans les documentaires à la télévision*. Ce qui unit le chien et le loup, est *a priori* une espèce qui a disparu il y a très longtemps (je vous rappelle que ceci est une théorie, **comme toutes les autres** explications que vous pourrez trouver sur l'origine du chien). Une étude publiée en 2014 par l'université de Chicago dans la revue scientifique PLOS Genetics[20] suggère d'ailleurs que le chien descend d'une souche de loup, aujourd'hui éteinte.

Alors le chien a-t-il été domestiqué il y a 15 000 ou 20 000 ans, au moment où l'humain a commencé à ne plus être nomade et à fonder des « villages » ? C'est possible. Beaucoup pensent que les chiens sont venus manger les restes des hommes qui se sédentarisaient. Cependant, il y a des scientifiques qui disent que les loups allaient plutôt manger leurs déjections, parce que les « restes » ne devaient pas être très intéressants à l'époque. Une étude génétique de 2013[21] a montré que c'est probablement à cette époque-là que le chien a commencé à pouvoir manger de l'amidon, ce que le loup ne peut pas digérer. C'est le début de l'agriculture. Comme le précise Bradshaw dans son livre Dog Sense, ce n'est *probablement* pas le début de la domestication, mais **la fin d'une première phase** pendant laquelle « le loup et le chien deviennent deux animaux différents ».

Oui, pas mal de scientifiques pensent que les chiens seraient apparus bien plus tôt. Cela vient

---

[20] « Genome Sequencing Highlights the Dynamic Early History of Dogs ». Ils ont étudié le génome de trois loups d'Europe, du Moyen-Orient et d'Asie, et de deux chiens sauvages, le dingo australien (très sauvage) et le basenji (un peu sauvage), ainsi que du fameux chacal doré. Ils pensaient trouver des points communs entre les chiens et les loups, mais l'étude a montré que ces chiens (particulièrement anciens, que ce soit le chien sauvage australien ou le chien d'Afrique, le basenji) descendent plus probablement d'un genre de loup qui n'existe plus.

[21] Université suédoise d'Uppsala.

surtout d'une drôle de découverte[22] faite en 2013. Dans une grotte en Sibérie, en 1975, on avait trouvé un crâne d'animal. Les experts pensaient que c'était un loup. Et puis, en 2011, avec de meilleures technologies, ils ont trouvé que c'était un genre d'animal hybride, un loup sans doute déjà un peu domestiqué. En 2013, ils ont confirmé leur analyse avec des tests ADN[23] : oui, nous affirmons que *ce crâne est plus proche d'un crâne de chien que d'un crâne de loup.*

Or, ce crâne date de 33 000 ans !

Mais attendez, on peut continuer comme ça pendant longtemps :) parce qu'il y a des scientifiques qui suggèrent que le chien était déjà là il y a... 100 000 ans !

Ainsi, mon premier argument pour vous inviter à oublier le loup est celui-ci : oui, sûrement, un loup, un genre de loup, un ancêtre du loup, des loups dans certaines régions du monde... et sans doute à différentes époques de l'Histoire humaine, a « changé » pour « devenir un chien ». **Comment ? On ne sait pas. Quand ? On ne sait pas. Le saura-t-on un jour avec certitude ? Sans doute jamais.**

---

22 Source : smithsonianmag.com.

23 Comparant l'ADN de 70 races de chien, 30 loups différents et 4 coyotes.

### B. Qu’est-ce qu’un loup ?

Le chien et le loup gris partagent 99,96 % d’ADN en commun. Pour beaucoup, c'est suffisant pour nourrir leur chien de viande crue et/ou le faire se retourner sur le dos et que sais-je encore... Cependant, avant de vous faire des idées, sachez que ce pourcentage impressionnant est quasiment le même pour ce qui est de l’ADN de l’homme et du chimpanzé ! **ADN similaire ne signifie pas comportement similaire.**

Beaucoup de bêtises ont été écrites sur le loup. Il a longtemps été considéré comme un « animal agressif » vivant sous la coupe d’un mâle dominant alors qu’une meute de loups est loin de fonctionner de cette façon. Nous le savons principalement grâce à David Mech.

Ce grand spécialiste du loup pense que le mot « alpha » ne convient pas pour décrire la plupart des chefs de meute (ceux qui vivent dans la nature). Je vais le paraphraser d’après l’une de ses interviews[24]. Selon lui, ce terme de loup « alpha » implique que les loups sont en compétition pour prendre la direction d’une meute alors qu’en réalité, la façon dont ils deviennent chefs, c’est par la reproduction (exactement comme nous devenons chefs de famille quand nous avons des enfants). Aujourd’hui, les scientifiques appellent le loup alpha, **le loup reproducteur**. Idem pour la femelle. Ou le papa loup et la maman loup : oui,

---

[24] Facile à trouver sur YouTube.

c'est presque mot pour mot ce que dit David Mech qui a étudié les loups toute sa vie. L'idée du « loup alpha », c'est un peu de sa faute. Il le dit lui-même. En 1970, il a publié un livre qui utilisait ce mot. Depuis, les connaissances ont bien évolué, mais le grand public lui, n'en a pas vraiment été informé...

Et puis le loup a tellement été diabolisé qu'il est difficile d'imaginer autre chose qu'une bête sanguinaire.

Mech, parmi d'autres experts, rejette l'idée que toutes les meutes de loups fonctionnent selon une stricte hiérarchie linéaire (surtout quand ils observent des grandes meutes et surtout dans la nature). Une hiérarchie linéaire, grosso modo, c'est quand le statut d'un membre du groupe dépend du statut des autres membres. Même s'il n'est pas le seul chercheur influent, on peut dire que David Mech a **bouleversé** ce que l'Homme pensait du loup, notamment en 1999, avec sa publication devenue légendaire « Alpha Status, Dominance, and Division of Labor in Wolf Packs » (13 ans d'observations) dans laquelle il écrit : « ici, je décris l'ordre social d'une meute de loups tel qu'il se produit dans la nature (...). Je conclus que **la meute de loups typique est une famille** (...) ». Ce sont des groupes où règne l'harmonie : tout le contraire de ce qu'on nous a fait croire depuis des siècles.

Octroyez-vous une heure ou deux pour voir un documentaire sur les loups sauvages (qui ne date pas des années 70) ; faites-le, sincèrement, et vous allez voir à quel point cet animal n'a **aucune similitude** avec celui qui vit chez vous. Après cela, si vous continuez de comparer cet animal sauvage à votre chien, allez de toute urgence chez l'ophtalmo : vous avez besoin de lunettes ! :) Nos chiens sont des animaux domestiques. Ils ne vivent pas en groupe. Quand ils vivent à plusieurs, ils ne chassent pas pour manger, sur des territoires allant de 250 à 2500 km2, parcourant 80 km par jour et pouvant demeurer des semaines sans manger pour tout à coup se gaver de 10 kg de viande (comme peuvent le faire les loups gris).

Ainsi, mon deuxième argument pour vous proposer d'oublier le loup est celui-ci : la zoologie reconnaît le chien comme une espèce totalement différente du loup (animal qui a longtemps été affublé de préjugés).

### C. Qu'est-ce que la dominance ?

La dominance[25] est notre façon, à nous les humains, d'interpréter une sorte de convention sociale qui sert à des animaux vivant en groupe à résoudre des conflits sociaux d'une façon **pacifique**. Ils font certains trucs et nous les observons et nous concluons : dominant, dominé ! Car nous, les humains, nous sommes une espèce très agressive et **nous attribuons aux animaux des intentions que nous seuls pouvons avoir** (en raison de la complexité de notre raisonnement et de nos émotions, entre

[25] Sources principales : The Social Dog : Behavior and Cognition, Kaminski, Marshall-Pescin, 2014. Wolves : Behavior, Ecology, and Conservation, L. David Mech, Luigi Boitani, 2003. A Fresh Look at the Wolf-Pack Theory of Companion-Animal Dog Social Behavior, Wendy van Kerkhove, 2004.

autres choses). L'expression « chien dominant » n'a **aucun sens**. L'expression « race dominante » non plus.

Les premières études sur les loups, donnaient l'impression que ces animaux se battent souvent et, pendant longtemps, on a pensé que le « loup dominant » était un chef intimidant. De nombreuses personnes pensaient que pour bien éduquer un chien, il fallait surtout lui montrer qu'on était « le chef » (pas mal de gens en sont encore persuadés). De grands experts du loup ont observé l'animal dans la nature et non plus en captivité – ce qui, d'après eux, faussent les observations et conclusions – et ils ont prouvé que ce que nous appelons la « dominance » sert à **éviter les bagarres**.

Un « dominant » ne force jamais un « dominé » à obéir. Qui plus est, un animal qui a souvent (**à nos yeux parfois trompeurs**) le dessus sur un autre, peut ne plus l'avoir la semaine d'après, la minute d'après, ou avec un autre animal. La dominance chez le loup est le fait, pour un loup, d'envoyer un signal à un autre loup pour lui dire de coopérer au lieu de s'opposer. La soumission chez cet animal est le fait, pour un loup, d'envoyer un signal à un autre loup pour lui dire que ce n'est pas la peine de se battre. Dominance et soumission visent à maintenir la paix. Konrad Lorenz psychologue membre du parti nazi pendant les années 1930 (les nazis adoraient le loup et s'identifiaient à lui) a fortement contribué à pervertir cette réalité.

Considéré comme l'un des pères fondateurs de l'éthologie, il a certes été prix Nobel (en 1973) mais c'était quand même quelqu'un qui était persuadé que certaines races chez l'homme sont supérieures à d'autres. Il a indiqué, après la guerre, qu'il ne voulait pas que ses idées soient associées au nazisme ; qu'il ne croyait pas que des individus qui pensaient comme lui pouvaient aller jusqu'à exterminer un groupe ethnique jugé inférieur. Qu'il ait renié ou non le nazisme et ses pratiques (ce n'est apparemment pas très clair), Konrad Lorenz avait des chiens et a publié un livre sur le sujet, devenu une référence même s'il ne se basait sur aucune donnée scientifique. Déjà, à l'époque, après la Seconde Guerre mondiale, des experts du loup s'insurgeaient contre ses écrits.

Pourtant scientifiquement réfutées dans les années 1990, ses idées perdurent encore aujourd'hui.

De grands chercheurs et spécialistes en comportement animal doutent de/réfutent l'idée que la hiérarchie comme celle du loup (fondamentalement mal interprétée par l'humain) ait une quelconque utilité pour éduquer son chien ou gérer des conflits entre chiens. Beaucoup disent simplement que cela n'existe pas. **C'est une façon de voir les choses, due à notre remarquable agressivité.**

Ainsi, mon troisième argument pour vous proposer d'oublier le loup est celui-ci : clairement, aucun animal sur cette planète n'en soumet un autre pour l'obliger à lui obéir (même pas le loup !). **Nous sommes les seuls à le faire.**

### D. Qu'est-ce que la hiérarchie ?

La hiérarchie est la place de chaque spécimen qui indique ce qu'il a le droit ou non de faire au sein d'un groupe. C'est ce qui régit les règles de vie d'un groupe qui a pour particularité d'avoir des individus dépendant les uns des autres **pour leur survie**. Grâce à la hiérarchie, les animaux n'ont pas à se battre. La hiérarchie suppose avant tout la **coopération** entre des spécimens. C'est ce qui compose principalement la vie quotidienne de ces animaux qui vivent en groupe.

Or les éducateurs faisant appel à la hiérarchie ne parlent jamais de coopération, mais toujours de conflits.

La hiérarchie est un concept essentiel pour beaucoup d'espèces animales, de même que pour nous, les humains. Elle fait partie de notre vie. Nous grandissons d'ailleurs avec elle. Elle fait partie de la vie de famille et régit le monde du travail. Certains systèmes hiérarchiques sont très complexes chez l'homme. La hiérarchie dans une meute de loups est très subtile en plus d'être vitale.

**Au contraire, chez le chien, la hiérarchie est inexistante.** Si certains observent une forme de hiérarchie chez leurs chiens, celle-ci est on ne peut plus différente de celle que l'on trouve dans la nature et ne permet pas au chien de survivre. Tous les professionnels qui travaillent avec plusieurs chiens peuvent en témoigner : les chiens ne comptent pas les uns sur les autres pour se nourrir, mais sur l'homme.

Ainsi, mon quatrième argument pour vous proposer d'oublier le loup est celui-ci : si vous pensez que votre chien essaie de vous dominer pour avoir un statut de supérieur hiérarchique (et/ou qu'il le fait avec d'autres chiens), c'est une interprétation de comportements que votre chien manifeste ; ce n'est pas la réalité. On ne peut pas vraiment vous en vouloir ; nous baignons toutes et tous dans la hiérarchie à 3000% depuis le jour de notre naissance.

En revanche, si vous parvenez à réellement **observer** ce que fait votre chien **sans interpréter** ni imaginer qu'il fomente des plans en secret pour être le chef, vous aurez beaucoup à y gagner.

### E. Les avantages à oublier le loup

« If every human desperately wanted to be the chair of the committee or the president of the company, it could get pretty messy, and that general principal is just as true with dogs as it is with people. » Patricia Mc Connell.

*Si tous les humains voulaient désespérément être le PDG ou le directeur de l'entreprise, ce serait le bazar, et ce principe général est aussi vrai pour les chiens que pour les gens.*

Voici pourquoi il est important d'oublier le loup. En oubliant le loup, vous arrêtez de croire mille et une sottises et vous voyez vraiment ce qui se passe sous vos yeux. Vous arrêtez de croire :

- que votre chien vous prend pour sa femelle
- qu'il ne faut surtout pas manger après son chien

- qu'il ne faut jamais dormir avec son chien
- qu'il ne faut même pas le laisser monter sur le canapé
- et surtout pas sur vos genoux
- qu'il ne faut jamais qu'il passe la porte avant vous
- qu'il faut le secouer par la peau du cou quand il a mal agi
- qu'il a un territoire à protéger
- qu'il a besoin d'un terrier (et une cage peut faire l'affaire)
- qu'il se soumet quand il se met sur le dos
- que s'il était livré à lui-même dans la nature, il chasserait pour manger
- qu'il se cache quand il souffre comme les prédateurs dans la nature
- qu'il est un prédateur carnivore qui veut manger de la viande crue
- qu'il est un prédateur carnivore qui veut manger de la viande crue, préfère vivre à la campagne qu'en ville, n'est pas fait pour marcher en laisse, doit se reproduire au moins une fois dans sa vie et je m'arrête ici, sinon ce livre va faire mille pages.

Éduquer son chien en pensant que c'est un genre de loup, amène à commettre de nombreuses erreurs très graves, comme utiliser la force pour tirer, pousser le chien, l'obliger physiquement à obéir ou prendre une position de « prosterne-toi devant ton maître ». **Plus on utilise la coercition avec un chien, moins il est**

**heureux d'obéir, et plus vous risquez de le rendre agressif.**

Ainsi, mon cinquième et dernier argument pour vous proposer d'oublier le loup est celui-ci : hormis les projections anthropomorphiques que je vous ai largement présentées en ouverture de ce livre, ce qui vous empêche de bien éduquer votre chien, c'est le loup.

Son influence, certes omniprésente et tenace, vous pousse à avoir des comportements qui bousillent la confiance que vous porte votre chien ou qui vous détournent des choses importantes à observer en vous faisant faire des choses totalement inutiles et, souvent, vraiment insensées.

## 2. Pour avoir un bon chien : encouragez les comportements que vous voulez voir se reproduire

« Whether your dog inhibits her behavior consciously or unconsciously, never forget to tell her when she is doing a good job, because your feedback will make all the difference » Victoria Stilwell.

« Que votre chien inhibe consciemment ou inconsciemment son comportement, n'oubliez jamais de lui dire quand il se comporte bien, parce que votre réaction va faire toute la différence. »

Victoria Stilwell est une éducatrice britannique extrêmement populaire dans les pays anglo-saxons et elle est un esprit brillant. Il est vraiment dommage que son livre Train your dog positively ne soit pas disponible en français. Même s'il concerne massivement les chiots, comme trop de livres sur l'éducation canine (à mon goût), j'ai choisi de la citer pour introduire cette partie.

Les exemples que je vous donne permettront de libérer votre créativité.

**À la maison, chaque jour, il est très important de pouvoir capturer le moment où votre chien aurait pu mal se comporter, mais ne l'a pas fait.**

Quelle que soit la raison pour laquelle cela se produit, peu importe s'il vous semble que cela est arrivé par hasard, qu'il ne l'a pas vraiment fait « exprès » et peu importe que cela se produise une fois tous les 15 jours : félicitez !

Si vous capturez ce genre de moment régulièrement, alors vous éduquez votre chien « sans en avoir l'air ». C'est facile. Vous n'avez pas beaucoup d'efforts à fournir et cela devient même très vite un réflexe.

Voici cinq exemples concrets :

Il renifle un morceau de viande tombé sur le sol de la cuisine alors que vous êtes en train de préparer le repas, au lieu de se précipiter dessus pour l'avaler tout rond : normal, pensez-vous, le morceau de viande est tout chaud ou enrobé d'épices… félicitez quand même !

Il attend calmement assis derrière la porte de la cuisine que vous terminiez de remplir sa gamelle, au lieu de s'agiter et de vous sauter dessus : facile, pensez-vous, il n'ose pas approcher parce que vous avez oublié de ranger le poêle à pétrole, en plein milieu, dont il ne s'approche jamais… félicitez quand même !

Il n'aboie pas sur la voisine : rien d'étonnant, pensez-vous, aujourd'hui, elle n'a pas mis ses talons hauts qui rendent votre chien tout fou d'habitude… félicitez quand même !

Il se précipite vers le portail, vous l'avez entendu vous aussi, on aurait dit le bruit de la mobylette du facteur, sur qui il aboie toujours d'habitude. Mais en fait, ce n'était qu'un monsieur qui passait par là, alors il n'a pas aboyé : évidemment, pensez-vous, il n'aboie que sur le facteur… félicitez quand même !

Il se couche sur le tapis du salon au lieu de monter sur le canapé : bien sûr, pensez-vous, vous avez oublié de remettre les coussins et le plaid en place alors il ne peut pas monter… félicitez quand même !

En adoptant ce réflexe de féliciter votre chien à la moindre occasion parce qu'il ne fait pas ce qu'il aurait pu faire, il apprend vite à reproduire le comportement qui vous plaît. Il est heureux d'agir ainsi parce que cela vous rend visiblement content(e).

C'est tellement plus simple et plus facile que de passer son temps à essayer de ne pas se faire « dominer » !

## 3. Pour avoir un bon chien : utilisez des mots magiques

Les éducateurs appellent ça des « marqueurs ». Je le précise parce que vous pourriez penser que j'ai des idées saugrenues... :)

Je vais toutefois m'éloigner un peu du concept classique, pour pouvoir introduire d'autres propositions pour votre chien.

D'abord, laissez-moi vous expliquer brièvement ce que sont les fameux marqueurs. Ce sont des mots pour marquer la satisfaction (Bon Chien) et l'interdiction (Non). Il y a aussi des marqueurs d'échec (par exemple, je dis souvent « n'importe quoi ! », quand ma chienne ne réussit pas ce que j'attends) et de permission (comme « tu peux y aller » pour laisser votre chien renifler la pelouse).

Personne ne détient le lexique ultime. Il vaut mieux choisir les mots qui vous viennent le plus naturellement, en général. Cela évite de changer de mots.

Il faut toujours utiliser les mêmes mots et ne pas mélanger mots et gestes. Ne dites pas « ça suffit » le lundi et « arrête » le mardi. Ou « bon chien » le matin et « super » le soir. A moins que « bon chien » soit votre marqueur de satisfaction et que « super » soit votre marqueur de grande satisfaction, ce qui est envisageable mais concrètement difficile à respecter pour nous humains. Il est plus facile de dire « bon chien » (ou super) et, en cas de grande satisfaction, « bon chiiiieeeeen » en appuyant sur l'intonation (ou supeeeeer).

Vous savez que la constance est primordiale et si vous faites de votre mieux pour utiliser toujours les mêmes mots lorsque vous communiquez avec votre chien, la communication sera de bonne qualité. Le chien apprend en nous observant et ajuste ses comportements aux nôtres. Parfois, il n'est pas sûr de savoir quoi faire. Il essaie de vous décrypter mais ce n'est pas clair pour lui.

**Je pense que moins un chien a besoin de vous décrypter, plus il est facile à vivre et à éduquer.**

Les mots magiques incluent des « marqueurs » typiques que les bons éducateurs peuvent vous encourager à utiliser mais aussi des mots pour différentes situations qui m'ont personnellement été très utiles et le sont encore.

Votre chien est capable de les apprendre par habitude, à force de les entendre toujours dans les mêmes situations, les mêmes lieux et pour certains mots, au même moment de la journée. Ils aident votre chien à bien vous connaître. Votre chien aura moins besoin de vous deviner. Il saura mieux ce que vous attendez de lui. Vous améliorerez ainsi beaucoup votre relation et tout ce qui en découle, dont sa réceptivité à vos séances d'apprentissage.

Lorsque vous avez intégré le principe, vous pouvez inventer vos propres mots magiques selon vos besoins.

Par la suite, vous pouvez utiliser certains mots magiques dans des contextes différents de ceux de l'apprentissage.Voici, à titre d'exemple, une liste non exhaustive.

### A. Bon chien

Évidemment ! Usez et abusez du « bon chien » (pour les bonnes raisons, bien sûr). Ce sont deux mots prodigieux.

Pour qu'il comprenne plus vite, donnez-lui une friandise systématiquement pendant 1 ou 2 semaines après « bon chien », puis seulement une fois sur deux, puis sur trois, etc. Dans certains cas, votre chien reproduira très vite les comportements que vous avez encouragés.

Commencez par des choses simples que votre chien fait de lui-même naturellement, si vous n'avez pas du tout l'habitude de féliciter de cette façon.

### B. Et alors

Ce « mot » vous évite de répéter l'ordre que vous venez de donner à votre chien. C'est comme un avertissement : si tu ne fais pas ce que je dis, je serai mécontent(e).

Ce mot est parfois difficile à utiliser parce que vous ne pouvez pas montrer votre mécontentement quand votre chien finit par exécuter un ordre, même s'il ne l'exécute pas immédiatement et que vous êtes énervé(e).

Par exemple, si vous lui dites au pied, que vous devez insister (et alors ?) et qu'il finit par venir, vous devez quand même le féliciter. Il risque de comprendre que venir, c'est mal. Si vous deviez dire ce mot à un être humain, vous auriez probablement envie de montrer que vous n'êtes pas content(e), et peut-être même de râler. Vous ne pouvez pas vous comporter ainsi avec votre chien.

Ce mot ne signifie donc pas que vous allez vous énerver, gronder ou taper. Quand vous avez utilisé ce mot, vous donnez simplement une récompense moins intéressante ou plus petite, si vous devez récompenser avec une friandise. Votre chien comprend que ce mot signifie que vous êtes moins content(e) que d'habitude.

« Et alors » est là uniquement pour remplacer la répétition. Si vous commencez à utiliser ce mot trop souvent, c’est qu’il est temps de réviser !

Notez que le principe est identique lorsque vous encouragez votre chien en disant « allez, allez ! » : on évite de répéter un ordre.

Je propose « et alors » parce qu’il est plus naturel pour beaucoup de personnes... de râler que d’encourager.

### C. Tout va bien

« Tout va bien » (ça va, détends-toi) : ce signal peut vous être utile si votre chien a peur de certains objets/endroits/humains – pour qu’il n’ait plus de réaction excessive et pour que vous ayez le temps de le féliciter. Dans certaines situations, votre chien pourra apprendre à se calmer plus rapidement avec ce signal qui peut signifier pour lui « arrête de gigoter » ou « arrête de grogner », selon la réaction qu'a votre chien quand il est mal à l'aise.

Ce signal ne signifie donc pas réellement « tout va bien », mais plutôt « sois calme ».

Je recommande « tout va bien » aux personnes qui :

Réagissent excessivement bien - Il est plus efficace d'utiliser un mot magique comme « tout va bien » que de parler doucement et gentiment à votre chien en utilisant toutes sortes de mots qu'il ne comprend pas et qui varient à chaque fois.

Réagissent excessivement mal - Ce réflexe facile à prendre peut vous éviter de paniquer pendant la promenade – ce qui stresse encore plus votre chien, qui ne vous écoutera pas.

Toujours le même mot, toujours dans les mêmes circonstances : vous constaterez l'efficacité de cette attitude de constance dans de nombreuses situations, même dehors quand une situation dégénère.

### D. Gâteau

« Gâteau » ou le nom de la friandise préférée de votre chien, représente le signal qu'il va obtenir sa friandise favorite.

Il ne faut jamais le dire sans donner rapidement la friandise après. Il ne faut jamais l'utiliser pour « piéger » le chien. Si vous n'avez pas la friandise sur vous, vous ne pouvez pas utiliser ce signal. Pour apprendre ce mot magique, il suffit de le répéter plusieurs fois par jour et de donner la friandise tout de suite après.

Vous pouvez ensuite utiliser ce mot pour les situations très difficiles :

Attirer l'attention de votre chien quand il est extrêmement stressé et que vous n'arrivez pas à le calmer pour lui apprendre ce que vous voulez (chien agressif avec les autres chiens, chien effrayé par les enfants, etc.).

Faire venir votre chien qui n'a pas bien appris le rappel et qui est en danger.

Ce mot magique ne doit être utilisé qu'en cas d'extrême urgence.

Je vous conseille de l'utiliser uniquement quand il y a un problème de sécurité.

### E. Vilain/Vilaine

Si vous l'utilisez – vous n'y êtes en aucun cas « obligé(e) » –, ce signal représente simplement une astuce pour les personnes qui perdent leur sang-froid. Il remplace le « non ».

C'est un « non » spécial. Vilain, vilain chien, qu'est-ce que c'est, qu'est-ce que tu as fait, pas gentil : ce genre de mots vous évite d'avoir recours à la force physique pour tirer votre chien par le collier ou taper, par exemple.

Votre chien comprend le signal que vous envoyez à chaque fois que vous n'êtes pas du tout content(e) si vous êtes constant(e). Vous n'avez pas besoin d'en dire plus, ni d'élever la voix.

Réservez ce mot aux situations les plus « graves » puis ignorez votre chien 1 ou 2 minutes.

Râler, jurer, menacer, taper : autant d'actes qui, non seulement ne fonctionnent pas, mais qui, en outre, génèrent de la crainte. En revanche, si vous n'utilisez qu'un seul mot, il devient magique.

Cela étant, il est primordial, pour que le mot devienne magique, de vous comporter toujours de la même façon. Mieux encore : utilisez toujours la même intonation.

Ne l'employez jamais si vous ne prenez pas votre chien sur le fait.

NB - L'exercice qui clôture cette section vous aidera à régler votre problème sachant que « vilain/vilaine » n'est qu'une de ces « solutions sur la forme » et pas sur le fond.

### F. Coquin/coquine

Coquin/coquine, petit malin/petite maline, pépère/mémère… Le petit surnom affectueux que vous donnez à votre chien peut aussi devenir un mot magique si vous utilisez toujours le même.

Son utilisation est différente de « bon chien », car le mot est utilisé à tout moment dès lors que votre chien est calme : quand il dort à vos pieds, à côté de vous sur le canapé si vous l'autorisez à monter, etc.

C'est un mot rassurant pour votre chien : il est prononcé systématiquement dans une situation agréable, apaisante.

Il peut donc par exemple, servir à :

- calmer votre chien trop agité alors qu'il est l'heure d'aller dormir
- lui indiquer qu'il est temps de se détendre s'il est stressé alors que vous approchez de sa gamelle (après que vous lui ayez appris à ne pas avoir peur)
- faire office de « tout va bien » que vous utilisez uniquement à l'extérieur alors que vous utilisez « coquin/coquine » à la maison.

Vous pouvez néanmoins utiliser ce type de mot à l'extérieur en guise de « tout va bien ». Cela peut fonctionner si votre chien a entendu ce mot très souvent dans les situations les plus agréables et que vous l'avez félicité pour être calme.

### G. C'est bon

C'est bon, OK, tu peux y aller, vas-y : ce sont des mots dits marqueurs de permission, d'autorisation ou de liberté. Je les utilise beaucoup.

Je dis « OK » quand ma chienne a obéi à l'ordre « attends ». Je dis « tu peux y aller » quand elle a obéi à l'ordre « pas toucher » (si c'est quelque chose qu'elle peut effectivement toucher !). Je dis « vas-y » quand elle est revenue au pied et qu'elle peut repartir.

C'est bon, OK et d'autres possibilités, sont des mots qui indiquent à votre chien qu'il peut reprendre une activité après une interruption. Mais parfois, vous pouvez les utiliser quand vous voyez que votre chien hésite à faire quelque chose.

Il a appris à ne pas le faire. Il attend votre approbation. Ou bien il est dans la crainte.

Enfin, n'oubliez pas qu'avec les mots magiques, comme vous l'avez vu dans ce livre, vous pouvez aussi :

- identifier des personnes – et même des chiens, par exemple, je dis « copain » quand ma chienne a vu un chien, c'est un mot que j'ai d'abord uniquement utilisé quand son vrai (et alors unique !) copain approchait de nous. Maintenant, « copain » lui fait remuer la queue et même si elle est déçue parce que ce n'est pas son meilleur copain qui approche, elle est dans de meilleures dispositions pour rencontrer certains chiens. Je le dis AVANT qu'elle ne se raidisse. Sinon, c'est trop tard. Je ne peux pas modifier une émotion négative avec un simple « copain ».
- prévenir que vous approchez : c'est particulièrement recommandé quand on a des enfants ; on leur apprend à prévenir, et quand on a un chien craintif. Vous pouvez dire « caresse » en tendant la main, ou « je peux venir ? » si vous avez besoin d'approcher un chien craintif. Choisissez des expressions naturelles que tout le monde chez vous pourra facilement reprendre.

Un chien, n'importe quel chien, peut apprendre plusieurs dizaines de mots.

Outre les ordres et les gestes, n'hésitez pas à « parler » de cette façon claire et simple à votre chien.

# EXERCICES

## 1. Stoukrips

Ce mot qui ne veut absolument rien dire peut devenir, comme n'importe quel autre mot, un « mot magique » pour votre chien si vous le répétez très régulièrement et toujours dans les mêmes circonstances. Tentez l'expérience pendant trois jours et vous comprendrez comment utiliser un mot magique. Il est plus facile de commencer avec un mot que vous n'utilisez jamais (donc un mot qui n'existe pas) ou éventuellement, un mot de langue étrangère.

Ne vous inquiétez pas : si vous ne l'utilisez plus jamais, il disparaîtra aussi vite qu'il est apparu... (car il est magique !).

Choisissez les circonstances précises dans lesquelles vous prononcerez ce mot. Voici quelques exemples :

C'est l'hiver, il fait froid, vous souhaitez que votre chien quitte son panier au moment où vous ouvrez la porte-fenêtre pour qu'il aille faire son petit tour dans le jardin. Encouragez d'abord votre chien à se lever en lui donnant une petite friandise. Placez-vous de l'autre côté de la porte et donnez la friandise au moment où les pattes de votre chien ont franchi l'extérieur. Dites « stoukrips » à ce moment-là. Faites-le pendant la première semaine. Ici, « stoukrips » vous évite de dire « dépêche-toi d'aller faire pipi » le lundi, « allez, va dans le jardin » le mardi, « lève-toi vite, j'ai mis le chauffage » le mercredi, etc. Essayez

« stoukrips » comme un ordre dès lors que votre chien se lève sans difficulté.

Il est 23 h, vous tombez de sommeil, vous voulez que votre chien arrête de lancer son jouet dans les airs et de courir partout au moment où vous éteignez la télévision. Encouragez d'abord votre chien à rejoindre son panier avec une petite friandise. Placez-vous de l'autre côté du panier et donnez la friandise et dites « stoukrips » au moment où une patte de votre chien se pose dans le panier. Faites-le pendant trois jours, juste après avoir éteint la télé. Ici, « stoukrips » vous évite de dire « on va se coucher calme-toi » le lundi, « allez on arrête de jouer maintenant » le mardi, « mais tu ne comprends pas que c'est l'heure d'aller dormir ? » le mercredi, etc.

« Stoukrips » ne doit être utilisé que pour une seule situation spécifique qui se reproduit tous les jours.

Si vous pensez en ce moment même à une situation où « stoukrips » pourrait vous venir en aide, alors réfléchissez dès maintenant au mot le plus approprié !

## 2. L'heure du changement a sonné

L'heure du changement approche.

Vous avez peut-être déjà commencé à mettre en pratique certaines techniques. Si vous avez encore des difficultés ou si vous n'êtes pas certain(e) de savoir quoi faire avec votre chien, pour un problème spécifique, cet exercice vous aidera à adapter les techniques à votre chien ou à mettre en place vos propres stratégies. Vous aurez besoin de remplir un tableau avec sept colonnes intitulées comme ci-dessous :

1. Ça me dérange. Exemple : il aboie dans la voiture quand il voit un chien sur le trottoir.
2. Pourquoi ? Exemple : cela me casse les oreilles.
3. Qu'est-ce que je fais ? Exemple : je lui crie de se taire.
4. Pourquoi ? Exemple : parce que je conduis et ne peux rien faire d'autre.
5. Que fait mon chien ? Exemple : il aboie de plus en plus fort.
6. Que devrais-je faire ? Exemple : le rendre moins réactif aux chiens pendant nos promenades.
7. Comment me préparer ? Exemple : acheter des friandises plus appétantes, noter la meilleure situation pour démarrer le travail, prévoir d'aller à tel endroit, etc.

Essayez de ne pas improviser.

Réfléchissez à ces sept points afin de :

- Ça me dérange : faire le point sur ce qui est prioritaire.
- Pourquoi ? savoir si un comportement est simplement agaçant ou dangereux.
- Qu'est-ce que je fais ? analyser votre propre comportement qui peut apprendre des choses à votre chien à votre insu.
- Pourquoi ? savoir si un travail peut être fait en contexte ou s'il faut commencer dans une autre situation.
- Que fait mon chien ? comprendre la réaction de votre chien et savoir par quoi vous voulez la remplacer.
- Que devrais-je faire ? trouver comment vous allez procéder pour régler le problème.
- Comment me préparer ? élaborer une vraie stratégie, tout avoir sous la main, pouvoir suivre une progression.

# QUIZZ 4

**1- Les experts du loup ont fait une découverte majeure à la fin des années 1990 qui a eu des répercussions sur le monde du chien, laquelle ?**

a. Le chef de meute est un tueur sanguinaire
b. Le chef de meute est un chef de famille
c. Le chef de meute est un mâle dominant

**2- Qu'est-ce qui définit le mieux les animaux qui vivent en meute ?**

a. ils se déplacent à plusieurs
b. ils chassent à plusieurs
c. ils ont peur de leur chef

**3- Quel est le lien entre le chien et le loup ?**

a. ils ont un ADN similaire
b. ils ont un comportement similaire

**4- Un propriétaire de chien ne doit surtout pas féliciter son chien quand :**

a. il fait quelque chose de désagréable
b. il fait quelque chose par hasard

c. il obéit après que son humain a répété 10 fois un ordre

**5- Pourquoi le chien peut-il apprendre des mots par habitude ?**

a. parce qu'ils sont faciles à retenir
b. parce qu'ils sont répétés au bon moment
c. parce qu'ils sont accompagnés de gestes

**6- Parmi ces 3 propositions, qu'est-ce qui est totalement inefficace avec un chien ?**

a. le faire manger après vous
b. lui dire je t'aime
c. l'empêcher de faire des choses naturelles pour lui

**Réponses en fin d'ouvrage.**

# SECTION 5 – Apprendre des ordres

Il n'est pas très difficile d'apprendre un ordre à un chien devenu plus sociable et prévisible. Parfois, il est préférable d'établir, au préalable, un rapport de confiance. C'est ce que préconisent systématiquement plusieurs éducateurs, comme Joel Silverman, éducateur canin américain connu sur les plateaux de cinéma et qui a éduqué de nombreux chiens à réaliser des tours incroyables :) Dans son livre[26], Silverman présente plusieurs concepts importants de l'éducation canine moderne. Je vous les expose brièvement, car ils constituent une bonne préparation à l'apprentissage des ordres.

Sa méthode est basée sur la personnalité du chien. Les personnalités sont classées selon des couleurs : rouge, orange, jaune, vert, bleu. Le but final est d'amener le chien, qu'il soit rouge ou bleu, vers « le milieu du spectre ». Cela peut paraître un peu excentrique, mais le principe est essentiel : tous les chiens ne peuvent pas être éduqués de la même façon. Voici un très bon exemple : le chien « rouge » (énergique, difficile à contrôler) peut devenir « orange », mais avec

[26] Joel Silverman, What Color Is Your Dog ?

certains de ces chiens, la friandise peut les exciter encore plus. Il faut alors essayer avec autre chose.

Les fameuses couleurs sont les personnalités des chiens. Elles sont globalement déterminées à partir d'un concept : **la peur**. La méthode commence d'ailleurs par proposer une évaluation pour découvrir la personnalité de son chien. Il s'agit d'étudier des comportements, mais nullement de se baser sur la race du chien. Quand vous apprenez des ordres à votre chien, et même si leur utilité dans la vie quotidienne est évidente, l'objectif ultime est de donner à votre chien confiance en lui. Faire travailler votre chien vous rend la vie plus facile et le rend, de son côté, plus équilibré. Tout apprentissage est utile. La méthode basée sur la « couleur » des chiens a pour fondement le lien de confiance. Selon Silverman, ses trente ans d'expérience lui ont montré que le fondement de l'éducation canine est **la relation de confiance entre l'humain et son chien.**

Il insiste sur l'importance de bien connaître son chien et de développer une relation saine avec lui, et ce avant même d'entreprendre une quelconque éducation ! Ainsi, si vous avez de nombreux problèmes de comportements, prenez le temps de mieux connaître votre chien au travers de jeux ou de promenades, avant de vouloir à tout prix lui apprendre des ordres. Joel Silverman apprend à l'humain à modifier son comportement lorsque nécessaire pour mieux se faire comprendre, comme j'ai essayé de le faire dans les premières pages de ce livre. Pour régler un problème, il ne suffit pas toujours d'apprendre des ordres. Il est également indispensable de ne plus faire certaines choses ou de les faire différemment. Par exemple, plus un chien est agité, plus il faut être calme soi-même.

Certains ordres sont impressionnants et il arrive que l'on trépigne d'impatience pour les apprendre à son chien. Pourtant, vous ne pourrez vraiment être fier(e) de vous et de votre chien que lorsqu'il sera devenu plus sociable et prévisible. En agissant ainsi, vous le rendez déjà obéissant.

Bref, ne considérez pas que les ordres puissent tout régler et n'espérez pas apprendre un ordre à un chien qui n'a pas confiance en vous.

## 1. Apprendre à apprendre

Voici les bases essentielles dont vous avez besoin avant de vous lancer dans l'apprentissage d'un ordre. Si vous voulez que votre chien fasse quelque chose de précis, à endroits x et y, quand vous lui dites quelque chose de précis, il faut prendre le temps de le lui apprendre. Vous ne pouvez pas tout à coup dire *attends, tais-toi* ou *reviens* à un chien qui n'a pas suivi d'apprentissage. Encore une fois, ne comptez pas sur des réflexes mais sur de véritables acquis.

### A. Trois temps

Lorsque votre chien doit apprendre à exécuter un comportement en écoutant votre voix et/ou en voyant un geste que vous faites, il y a trois temps distincts. Je vais prendre deux exemples pour traiter les comportements qui se produisent d'eux-mêmes et les comportements que vous devez provoquer, lorsque ce que votre chien fait ne convient pas.

#### *a) Un comportement qui se produit naturellement*

Ma chienne s'étire les pattes avant à chaque fois qu'elle se lève de son coussin, le midi après la sieste de la matinée, et à chaque fois qu'elle descend du canapé le soir avant de sortir pour un dernier pipi. Elle le fait sans doute à d'autres moments que je n'ai pas aussi bien remarqués.

1-Pendant 3 jours, je lui ai donné un petit bonbon pour chien à chaque fois que je la voyais faire, *pile au moment où* elle le faisait. Pour cela, j'ai anticipé les moments où elle s'étire.

2-Pendant les 3 jours suivants, j'ai dit « saluuuut » systématiquement *en lui donnant le bonbon.*

3-Au bout d'environ 6 jours, j'ai anticipé le moment où elle allait s'étirer, j'ai dit « saluuuut » à la fraction de seconde avant qu'elle s'étire et elle s'est étirée. Je lui donné le bonbon. Puis j'ai redit quelques secondes plus tard « saluuuut » et elle s'est étirée. Il était clair que « saluuuut » était devenu, pour elle, un signal signifiant « étire-toi les pattes avant ».

Pour des comportements amusants comme faire la révérence mais aussi pour des comportements importants, vous pouvez procéder ainsi en trois temps :

1) Vous marquez le comportement désiré pile au moment où il se produit avec une friandise (il arrive déjà que des chiens se mettent à le faire beaucoup plus, puisqu'ils comprennent que *faire ça = récompense*).
2) Vous ajoutez le signal vocal (le mot qui donnera l'ordre) en donnant la friandise (vous pouvez parfois le faire directement mais c'est souvent bien plus efficace de découper en trois temps) et vous répétez, répétez autant que possible.
3) Vous anticipez le meilleur moment pour donner l'ordre pour la première fois et vous faites d'autres répétitions.

Votre chien associe le signal vocal au comportement qu'il manifeste. Laissez-moi vous préciser que ce n'est pas une science exacte et qu'il est important de pratiquer pour trouver la dynamique qui fonctionne le mieux entre votre chien et vous.

### b) Un comportement qu'il faut provoquer

L'exemple de l'ordre « bonjour » est idéal pour illustrer ceci (*cf. Section I-C-c-Exemple 1*) afin d'apprendre à un chien à toucher la main d'une personne avec sa truffe au lieu de lui sauter dessus.

1) Vous faites l'apprentissage en trois temps mais dans un contexte bien spécifique, au calme- **jamais** dans la situation où le comportement de votre chien pose problème !
2) Vous choisissez le meilleur contexte possible pour mettre votre chien en situation de réussite. Pour l'ordre « bonjour », vous évitez par exemple, le jour où la famille au grand complet arrive pour le déjeuner du dimanche !!!
3) Dans ces conditions les plus idéales possibles, vous demandez à votre chien d'avoir le comportement qu'il a appris sur signal vocal et/ou geste et vous en faites un maximum au quotidien. A vous d'être créatif et d'avoir de la suite dans les idées. Votre fils ou fille qui sort de sa chambre tous les matins peut-il/elle dire « bonjour » ? Votre conjoint qui

rentre du travail ? Votre ami(e) qui passe prendre un café ? A vous de déterminer dans quelles conditions votre chien peut réussir pour faire des répétitions. Vous augmentez progressivement la difficulté jusqu'au jour où le comportement s'avère réellement nécessaire parce que, par exemple, vous recevez vos beaux-parents qui eux, sont vraiment mal à l'aise si votre chien leur saute dessus.

Si vous avez suffisamment entraîné votre chien, il fera ce que vous attendez de lui, même quand c'est dans une situation difficile pour lui parce qu'il est sous l'emprise de ses émotions-**mais n'oubliez pas que parfois, rien ne fonctionne parce qu'il faut désensibiliser un chien trop « émotionné » !**

### B. La régularité

Quand vous apprenez un ordre spécifique à votre chien, il est essentiel que les séances et entraînements soient très réguliers. Si c'est trop espacé, vous aurez du mal à progresser. Une séance ou un entraînement (minimum) **tous les jours ou tous les deux jours** représente un rythme raisonnable pour qu'un chien fasse l'acquisition d'un nouveau comportement. C'est à vous de voir ce qui convient à votre chien (et à vous-même). Un rythme d'une série de répétitions chaque week-end s'avère peu efficace ; il vous faudra bien plus de temps pour atteindre votre objectif.

Si vous souhaitez mettre toutes les chances de votre côté, voici ma prescription, comme le médecin : 3 fois par jour, tous les jours.

C'est très sérieux : matin, midi et soir, à raison d'au moins une séance à chaque fois, tous les jours. Vous obtiendrez vite des résultats. Sachant que pour certains ordres, et quand votre chien a pris l'habitude de travailler, l'ordre est acquis en trois, deux, voire un seul jour !

## C. Des étapes

### *a) Un découpage indispensable*

Les ordres s'enseignent grâce à des étapes distinctes. Pour tout apprentissage, qu'il soit de quelques minutes ou de plusieurs semaines, commencez toujours par le plus facile pour terminer par le plus difficile. Ce découpage est primordial. Il peut concerner :

Le lieu – exemple : on commence par apprendre à marcher en laisse dans un lieu calme pour aller progressivement vers des lieux de plus en plus bruyants.

Les accessoires/objets – exemple : on commence par apprendre à rapporter un objet avec des jouets pour, éventuellement, plus tard, apprendre à son chien à rapporter d'autres objets dont il n'a pas l'habitude comme la télécommande de la télévision.

Les mouvements du chien – exemple : on commence par apprendre « pas bouger » avec un chien qui reste immobile pendant 1 seconde, puis on passe à 2 secondes, etc.

Les ordres eux-mêmes – exemple : pour apprendre certains ordres, il faut en avoir appris un ou plusieurs au préalable.

### *b) Une récompense en conséquence*

Plus l'action à accomplir s'éloigne de ce que votre chien peut naturellement faire, plus il y a d'étapes. « Assis » s'apprend vite. « Range tes jouets » demande plusieurs étapes. Il n'y a pas de nombre défini. Cela dépend de chaque chien. Rappelez-vous que vous pouvez ajouter autant d'étapes que nécessaire, comme pour rendre votre chien plus sociable.

Chaque étape possède son propre objectif.

Vous y arrivez mieux si vous :

- « découpez » distinctement vos étapes/objectifs ;
- récompensez en conséquence de l'action effectuée.

Vous ne pouvez pas espérer que votre chien fasse une pirouette complète du premier coup si vous lui apprenez à exécuter une roulade. Il passera sans doute par une étape où il se couchera sur le côté, une autre étape où il se mettra sur le dos, une autre étape où il fera la roulade complète, mais sans se relever. Cela pourra prendre un jour, trois jours, une semaine, trois semaines...

Se mettre sur le côté, ce n'est pas ce que vous voulez, mais c'est un pas vers l'objectif final, et ce pas doit être récompensé.

Vous devez récompenser chaque petite étape, c'est-à-dire chaque mouvement que fait le chien qui va vers le but final. Mais vous devez réserver la grosse récompense et/ou la meilleure pour le moment où une grande étape est franchie ou pour le moment où votre chien fait enfin ce que vous attendiez après plusieurs minutes.

Il semble que le mouvement que vous attendez arrive par hasard : récompensez !

Ce n'est pas très bien exécuté : récompensez !

Il a fallu répéter plusieurs fois : récompensez !

### D. Un but

Le chien apprend vite, mais si vous ne savez pas précisément ce que vous voulez obtenir, vous risquez de changer d'avis en cours de séance. Vous risquez aussi de ne plus savoir ce que voulez parce que vous êtes très focalisé sur le fait de récompenser immédiatement. Alors vous dites « oui ! euh... non ! enfin, oui... bon chien, c'est pas mal... » Vous vous emmêlez les pinceaux et votre chien est confus.

Gardez donc toujours à l'esprit :

- le but de chaque étape
- le but final

Notez que si vous devez commencer une nouvelle séance en reprenant ce que vous avez travaillé lors de la séance précédente, ce n'est pas grave. Ce n'est pas un signe d'échec. C'est même préférable pour les ordres complexes.

Vous facilitez les choses à votre chien, alors n'hésitez pas si cela vous semble nécessaire.

Tout ce que vous faites pour lui faciliter la tâche est utile. **Apprendre des ordres n’est pas un défi que vous lancez à votre chien. Tout doit être fait pour qu’il comprenne le plus vite possible.**

### E. Le choix des mots

Mal choisir les mots pour faire obéir un chien peut pousser au laisser-aller (du propriétaire et du chien) ou porter à confusion pour le chien.

Exemple typique : vous enseignez à votre chien à revenir près de vous en utilisant le mot « viens ». Vous pourriez avoir tendance à utiliser ce mot dans plusieurs situations qui ne sont pas très différentes pour vous, mais complètement différentes pour votre chien. « Viens » peut se transformer en « approche » ou « arrête de faire ce que tu es en train de faire ». « Au pied », cela signifie au pied !

Autre exemple : « dépêche » pour dépêche-toi, quand vous attendez que votre chien fasse son pipi du soir alors que « pipi » serait tellement plus facile parce que vous dites « dépêche » aussi pour qu’il revienne au pied, descende du canapé ou monte dans la voiture...

N’oubliez jamais que vous n’êtes pas obligé(e) d’utiliser les mots préconisés par une méthode, y compris celles proposées dans ce livre. Vous pouvez parfaitement choisir d’utiliser :

- « reste là » au lieu de « pas bouger » ;
- « pirouette » au lieu de « roule » ;
- « top là » au lieu de « donne la patte » ;
- etc.

Toutefois, ces mots un peu excentriques ou décalés ne doivent pas être utilisés pour les ordres essentiels. Ils doivent rester simples et naturels pour vous. Essayez de ne pas choisir un trop grand nombre de mots utilisés tous les jours avec vos proches.

Enfin, quand vous ne parvenez pas à trouver un mot court et pas trop généraliste, vous pouvez vous tourner du côté des mots anglais. Pour les ordres, ils sont bien souvent plus courts que les mots français.

### F. Le calme

Il est très important d'être au calme pour que rien ne vienne distraire votre chien, mais aussi pour que rien ne vienne vous distraire.

Aussi, faites sortir les enfants surexcités quand vous apprenez un ordre à votre chien (ils peuvent rester s'ils sont calmes, surtout en fin d'apprentissage, si vous voulez leur montrer comment eux-mêmes peuvent obtenir ceci ou cela du chien). Éteignez la télé et fermez la fenêtre.

Commencez toujours par apprendre à la maison avant d'aller vous entraîner à l'extérieur, où trop de choses pourraient distraire votre chien, même dans votre jardin, truffé d'odeurs irrésistibles.

Agissez de la même manière pour les ordres qui vous seront utiles uniquement à l'extérieur : commencez dedans ou dans le jardin.

### G. Le lieu

Si vous apprenez un ordre à votre chien en étant toujours au même endroit, il est plus que probable que l'animal associe le lieu à l'ordre. Vous aurez beaucoup de mal à lui faire exécuter l'ordre dans un endroit différent. Il faut donc passer rapidement à l'étape supérieure : changer d'endroit.

Le simple fait de s'entraîner dans une autre partie d'une pièce, puis dans une autre pièce de la maison peut vous aider.

En revanche, s'entraîner toujours au même endroit peut vous faciliter la tâche pour certains ordres : les ordres dont vous n'avez pas besoin ailleurs que là où vous vous entraînez (c'est rare, mais possible).

Leur apprentissage aura lieu plus vite.

### H. Les révisions

Même les chiens d'utilité et les super chiens de la police font des sessions de « formation continue » ! Votre chien doit, de temps en temps, « réviser ses classiques » afin de ne pas oublier comment bien exécuter ce qu'il a appris.

Lorsque vous constatez un certain laisser-aller, ne laissez surtout pas les choses s'envenimer ! Refaites une ou deux petites séances, agrémentées de friandises, tout en vous remémorant votre objectif de départ.

Entraînez-vous à nouveau à la maison si l'ordre qui se dégrade est donné à l'extérieur. Entraînez-vous dans le salon si l'ordre qui se dégrade est donné dans la cuisine.

Ainsi, évitez de faire des révisions dans le(s) contexte(s) où vous avez besoin de l'ordre : on retourne à l'école.

## I. La créativité

L'éducation du chien n'est pas une science exacte. Les chiens, tout comme les humains, ne sont pas tous pareils. Lorsque vous suivez une méthode, vous devez régulièrement vous adapter. Vous pourriez par exemple avoir à :

- ajouter ou enlever une étape pourtant préconisée dans la technique qui vous intéresse
- utiliser une récompense différente de celle préconisée
- ne pas utiliser de friandise, car cela déconcentre votre chien
- faire un plus grand nombre de répétitions que celui qui est conseillé
- etc.

Nul besoin d'avoir une imagination débordante : il suffit d'être attentif à votre chien.

### J. Le bon moment

Évitez de commencer une séance d'éducation quand :

- votre chien va bientôt manger
- votre chien vient de manger
- c'est bientôt l'heure d'aller dormir
- c'est bientôt l'heure de partir en promenade

Vous devez, vous aussi, être dans de bonnes dispositions. C'est primordial.

Ne vous lancez pas dans l'apprentissage d'un nouvel ordre alors que vous êtes fatigué(e) ou énervé(e) pour l'une ou l'autre raison.

Vous courez droit vers l'échec.

### K. Les limites

Le chien adulte peut faire des séances d'éducation plus longues que le chiot, sans toutefois qu'elles soient trop longues. C'est à vous de voir à quel moment votre chien montre des signes de fatigue, c'est-à-dire à quel moment il ne parvient plus à se concentrer. Bailler, se gratter, éternuer... font partie des signes de lassitude typiques. C'est comme si le chien disait « je ne veux plus ».

Cela peut se produire au bout de 5 minutes ou au bout de 10 minutes. Cela peut aussi dépendre des ordres que vous apprenez. Ma chienne a adoré apprendre « secoue » (la tête) et « miam miam » (se lécher les babines). Elle pouvait rester avec moi 15 minutes à répéter. Par contre, elle a détesté « fais la belle » et les séances ne pouvaient durer plus de 3 minutes – et je n'ai jamais réussi à le lui apprendre vraiment.

Vous pouvez mettre en place plusieurs séances par jour, mais chaque séance doit être relativement courte et assez espacées les unes des autres. Repérez le seuil de déconcentration de votre chien. Certains sont très studieux tandis que d'autres ont besoin de plus de récréations !

## 2. Que faut-il apprendre ?

Les techniques présentées sont adaptées au chien adulte. Je les ai toutes appliquées, peaufinées ou ajustées moi-même afin d'être en mesure de les présenter le plus simplement et clairement possible. J'en ai abandonné certains, car je n'ai pas besoin de tous ces ordres avec ma chienne.

Certains ordres (que j'ai pourtant facilement appris à d'autres chiens) ont également été difficiles à apprendre pour elle.

Si cela vous arrive, pensez à compenser avec d'autres ordres. Par exemple : quand « au pied » est trop laborieux, il est possible d'essayer d'apprendre « pas bouger » et d'aller vers son chien au lieu de le faire revenir.

Avant de commencer, soyez attentif aux « prérequis » : pour certains ordres, il est nécessaire d'avoir appris autre chose au préalable.

C'est impératif et cela explique pourquoi certains, pourtant motivés, finissent par abandonner.

### A. ORDRES FACILES

#### *a) Assis*

C'est le grand classique et souvent le tout premier ordre que l'on apprend à son chien. Indispensable, il permet d'apprendre de nombreux autres ordres par la suite.

Prérequis : aucun.

Vous pouvez, à chaque fois que votre chien s'assoit de lui-même, lui donner une petite friandise et ce, pendant 3 à 5 jours, sans rien dire. Il s'assoit : friandise. Ensuite, vous continuez en ajoutant le mot « assis » au moment même où il s'assoit. En une semaine, l'ordre assis peut être acquis de cette façon. C'est envisageable avec les chiens qui ne connaissent pas l'ordre assis, mais qui s'assoient pour vous demander quelque chose. Et précisément, quand vous détenez un jouet ou un bonbon dans la main, vous pouvez obtenir de certains chiens – ceux qui désirent, plus que tout, avoir ce que vous tenez – qu'ils s'assoient.

Ils peuvent vous sauter dessus, aboyer et que sais-je encore. Mais quand ils ont tout essayé, ils peuvent aussi s'assoir.

Levez la main si votre chien saute haut, pour qu'il n'attrape pas ce que vous avez en main. Ne dites rien et ne faites rien d'autre. Même les chiens adultes qui n'ont jamais rien appris de spécifique sont capables d'apprendre facilement l'ordre « assis ». C'est en effet l'une des premières choses que fait le chien qui comprend que vous attendez quelque chose de lui. Et quand bien même cela arriverait par hasard, il n'y a pas 10 000 solutions pour un chien, en face de vous, quand vous avez une friandise dans la main. Il finit toujours par s'assoir. Il suffit d'être patient(e) et de dire « assis » quand cela se produit. Il faut alors récompenser immédiatement.

Votre chien ne comprendra peut-être pas tout de suite qu'il obtient une récompense parce qu'il s'est assis. Si une seule fois ne suffit pas à comprendre, l'ordre « assis » est toutefois rapidement compris par la plupart des chiens.

N'hésitez pas à donner une plus grosse friandise au moment où vous pensez que votre chien a vraiment compris et qu'il ne s'assoit plus par hasard. Il a associé le mouvement au mot. Vous pourrez dire « assis » et il va s'assoir.

### *b) Couché*

« Couché » est la suite logique de l'ordre « assis ». Il est, lui aussi, un ordre très utile et une base indispensable à l'apprentissage de nombreux ordres et petits tours. De très nombreuses personnes n'apprennent pas cet ordre. J'ignore pourquoi. Il vous rendra service. Je vous encourage à prendre le temps d'apprendre correctement à votre chien à se coucher.

Prérequis : « assis ».

Lorsque votre chien connaît parfaitement l'ordre « assis », faites-le s'assoir par terre. Il est assis. Vous tenez dans votre main une friandise et vous la passez sous le nez du chien pour ensuite la baisser jusqu'au sol (vous attirez le chien) puis vous dites « couché ».

L'exercice est plus facile si vous êtes à genoux plutôt que debout (pour vous baisser jusqu'au sol). Si la friandise perturbe trop votre chien, gardez des friandises dans votre poche ou faites cet exercice avec votre main préalablement plongée dans le paquet de croquettes.

Vous dites le mot « couché » au moment où votre chien est en position couchée. Donnez-lui une friandise.

Entraînez-vous tous les jours pendant une semaine puis refaites l'exercice, mais dites

« couché » comme un ordre quand le chien est debout : il doit pouvoir se coucher depuis la position debout. Tentez cela quand votre chien se couche bien depuis la position assise.

Attention, nombreux sont ceux qui apprennent cet ordre à leur chien alors qu'il est sur une couverture, le lit, la moquette ou le tapis. Il arrive alors que le chien refuse de se coucher s'il n'y a rien au-dessous de lui. Pensez bien à vous entraîner à différents endroits à la maison, et ensuite, n'oubliez pas de vous entraîner dehors si besoin.

Personnellement, je n'utilise jamais « couché » à l'extérieur, mais cela peut rendre service.

Si vous avez un peu de mal, et si vous permettez que le chien monte sur le lit, le canapé, etc. vous pouvez tenter cet exercice quand il est sur un meuble : vous vous mettez au bout et vous l'attirez.

Il va alors se pencher pour voir ce qui se passe en dessous et peut-être bien se coucher pour s'approcher plus près.

### *c) À ta place*

Quand votre chien est agité, quand vous recevez des invités qui n'aiment pas les chiens, pour pouvoir vous occuper de vos enfants, préparer à manger tranquillement, etc. cet ordre facile à apprendre vous rendra de nombreux services.

Attention, n'utilisez pas « à ta place » ou « ta place » comme punition quand votre chien se comporte mal. Cela ne sert à rien sauf à transformer la « place » en un endroit désagréable.

Or il est ESSENTIEL que votre chien soit toujours content d'aller à sa place. **Aller à sa place n'est pas une punition comme aller au coin.** Utilisez un mot pour marquer votre mécontentement comme « vilain/vilaine » en posant les mains sur les hanches, si vous avez besoin d'exprimer votre irritation. Mais n'envoyez pas votre chien à sa place pour un oui ou pour un non.

Prérequis : aucun.

Votre objectif est d'abord d'attirer votre chien sur son panier ou sur son coussin. Le simple fait de poser une patte dessus sera suffisant pour une première étape.

La place de votre chien est probablement contre un mur, alors déplacez la place ! Déplacez le panier ou le coussin de sorte que vous puissiez vous mettre d'un côté et que votre chien soit de l'autre côté. Faites venir votre chien avec une friandise.

Dites « ta place » ou ce que vous voulez dire (panier, coussin, à ta place...) au moment où il pose la patte sur le coussin, la couverture, etc. Exclamez-vous joyeusement avec un « bon chien ». Donnez immédiatement la friandise.

Recommencez jusqu'à ce que le chien pose les deux pattes sur le coussin. À ce moment-là, laissez exploser votre joie en donnant une friandise encore plus grosse accompagnée d'un « bon chien » encore plus réjoui.

Recommencez jusqu'à ce que votre chien soit complètement « sur sa place ». N'oubliez pas de dire à chaque fois le mot choisi.

Entraînez-vous à donner l'ordre en restant d'abord à proximité de la place du chien.

Éloignez-vous progressivement de la place, de séance en séance : vous donnez l'ordre en étant de plus en plus loin. Ceci est très important, ne sautez pas cette étape sinon, votre chien n'ira à sa place que si vous êtes à proximité.

Continuez à récompenser, mais une fois sur deux, dès lors que votre chien commence à bien connaître l'ordre.

### *d) Descends*

Ordre basique du savoir-vivre à la maison, « descends » vous servira dans de nombreuses circonstances, notamment pour faire descendre votre chien du canapé ou du lit. Il est extrêmement utile. À mon avis, il est essentiel.

Prérequis : aucun.

Dès que votre chien pose les pattes sur la table ou ailleurs, ordonnez « descends ». S'il ne vous accorde aucune attention, attirez son attention avec une super friandise.

Dès que les quatre pattes sont à nouveau sur le sol, dites « bon chien » et n'oubliez pas de donner la friandise tout de suite.

Faites-le à chaque fois que votre chien pose les pattes quelque part et que cela vous dérange ; récompensez à chaque fois au bon moment.

Vous pouvez aussi faire des « séances ». Votre chien est monté sur le canapé. Attirez-le avec une friandise. Quand il descend, dites « descends ». Répétez plusieurs fois (faites-le remonter en tapant sur le canapé) jusqu'à pouvoir dire l'ordre directement sans friandise (faites le geste : pointez le sol du doigt).

Descendre doit être gratifiant. C'est un des ordres que les gens ont tendance à utiliser quand ils sont énervés. Pourtant, comme pour n'importe quel ordre, il doit toujours être plaisant pour votre chien de descendre de n'importe où !

### *e) Lâche*

L'ordre est utile quand votre chien a pris un objet ou un aliment dangereux pour lui ou quand vous souhaitez jouer avec lui (votre chien rapporte et lâche donc vous pouvez lancer à nouveau le jouet, le bâton, etc.). S'il est possessif avec ses affaires, cet ordre vous aidera à lui apprendre que rien n'est jamais perdu…

Prérequis : aucun.

Vous devez vous entraîner en montrant à votre chien que le fait de lâcher ce qu'il a dans sa gueule n'est pas grave, parce qu'il récupère autre chose. Il faut alors jouer avec votre chien et avec un jouet qui l'intéresse, mais, dans votre dos, vous tenez un jouet encore plus intéressant.

Tendez le jouet très intéressant et, au moment même où votre chien lâche l'autre jouet pour le prendre, dites « lâche ». Répétez plusieurs fois et dites « lâche » puis « bon chien » quand il a lâché.

Entraînez-vous plusieurs fois. En cas de difficultés, entraînez-vous avec une friandise à la place du jouet très intéressant.

Si vous n'utilisez pas de friandise, pensez bien à ne pas utiliser toujours les mêmes jouets et augmentez progressivement le niveau de difficulté. Par exemple, n'utilisez pas tout de suite son jouet préféré ou un os à mâcher.

N'oubliez pas de vous entraîner à plusieurs endroits.

Si vous utilisez la friandise à la place du jouet, surtout, rendez-lui son jouet après qu'il ait dégusté sa friandise.

Lorsque l'ordre est bien acquis, entraînez-vous alors que votre chien a de lui-même ramassé un objet pour le rapporter par exemple, dans son panier ou pour jouer.

Quand l'ordre est parfaitement acquis, que ce soit avec un objet que vous lui donnez ou qu'il ramasse, vous pouvez vous entraîner avec de la nourriture. Travaillez par exemple avec un gros morceau de pain, car votre chien ne pourra pas l'avaler en une fraction de seconde !

### *f) Donne la patte*

Voici un premier petit tour facile, idéal à apprendre à son chien. Je le conseille parfois tout de suite après « assis ». Si « assis » a été difficile, ne passez pas tout de suite à « couché », et faites travailler votre chien avec « donne la patte ».

Prérequis : « assis ».

Faites assoir votre chien. Prenez-lui la patte pour la soulever du sol et dites « donne la patte » en lui donnant une friandise.

Répétez une dizaine de fois. Soulevez la patte de moins en moins haut, en utilisant votre doigt comme pour chatouiller, puis éloignez votre main de plus en plus tôt après avoir « chatouillé » la patte.

Essayez l'ordre en approchant, si nécessaire, votre main de la patte comme si vous alliez la soulever, mais sans la soulever.

Récompensez systématiquement même si votre chien lève la patte du sol sans pour autant vous la donner.

S'il se contente de lever la patte du sol sans la donner, c'est une première étape. Il va falloir franchir l'étape suivante. Pour cela, n'approchez pas trop votre main, ou donnez plusieurs friandises au lieu d'une seule dès que la pâte se lève plus haut.

Faites-lui guili-guili « sous le bras » : au même endroit qu'avec les humains ! Une chatouille peut faire lever sa patte.

N'oubliez pas qu'avec les tours, vous pouvez dire ce que vous souhaitez. Si vous estimez que « donne la patte » est trop classique, n'hésitez pas à dire « top-là » ou « salut », etc.

PS : j'utilise « salut » pour faire la révérence, et « bonjour » pour tendre la paume de la main (et ma chienne va la renifler, ce qui est une bonne astuce pour éviter qu'un chien saute sur vos invités) et je vous conseille d'une façon générale, de rester « classique » dans vos choix de mots parce qu'après, vous êtes vite coincé(e) !

### *g) Touche*

S'il y a des mots magiques avec le chien, il existe également des ordres magiques. « Touche » fait partie des ordres magiques, car il est la base de très nombreux autres ordres et tours dont certains sont époustouflants (ouvrir la porte, éteindre la lumière, ranger ses jouets, etc.). C'est par exemple à partir de cet ordre que j'ai appris à ma chienne « donne télécommande ». Elle ne voulait pas la prendre dans la gueule. Il a donc fallu lui apprendre d'abord à la toucher du museau.

Prérequis : aucun.

Plongez votre main dans un sac de croquettes ou alors, préparez le déjeuner en faisant une recette à base de viande ou de poisson. Pendant que votre plat mijote, faites une séance et surtout, ne vous lavez pas tout de suite les mains.

Votre main sent bon : tendez-la pour que votre chien vienne la renifler.

Au moment où il approche son museau (sinon au moment où son museau entre en contact avec votre main, ce qui peut arriver du premier coup) dites « touche ».

Entraînez-vous plusieurs fois. Quand il vous semble que votre chien a compris, entraînez-vous avec une main qui ne sent rien de spécial.

Selon ce que vous souhaitez obtenir par la suite, vous pouvez vous entraîner avec des objets : n'utilisez pas les jouets qu'il pourrait avoir tendance à prendre dans la gueule, mais plutôt des objets qui ne lui sont pas familiers, par exemple du papier, une calculatrice, un dessous de verre, un stylo, etc.

Pour commencer avec les objets, vous pouvez utiliser une feuille de papier imprégnée d'une bonne odeur.

### *h) Prends*

C'est un ordre génial qui vous permet d'apprendre d'autres ordres à votre chien. Parfois, il est utile pour apprendre l'ordre « lâche » encore plus vite.

Prérequis : « touche » (peut grandement faciliter).

Utilisez un jouet que votre chien adore et lancez-le : attendez qu'il le ramasse.

À ce moment-là, dites « bon chien » : si vous avez déjà travaillé avec votre chien, il est fort probable que celui-ci laisse tout en plan et vienne vous voir, car vous avez dit le mot magique qui signifie probablement friandise ! Ce n'est pas grave. L'ordre est « prends », pas « rapporte ».

Entraînez-vous plusieurs fois sans lancer trop loin jusqu'à ce que vous ayez l'impression que votre chien a bel et bien compris. Vous pouvez alors pratiquer « prends » avec des objets posés et non plus lancés.

N'oubliez pas de vous entraîner à des endroits différents, mais aussi avec des objets différents.

Ne confondez pas avec l'ordre « rapporte ». Votre objectif n'est pas que votre chien vous rapporte quoi que ce soit. S'il le fait (certains chiens ont tendance à le faire naturellement), dites alors « rapporte » apprenez « prends » avec votre chien assis.

Vous lui tendez un os et vous dites « prends ». Il le prend. Récompensez. Répétez.

Ensuite, posez l'os par terre et dites « prends ». Puis éloignez progressivement l'os de votre chien quand vous dites « prends ».

### *i) Pipi*

Extrêmement pratique pour celles et ceux qui sortent leur chien très tôt le matin et/ou très tard le soir, qu'il pleuve, qu'il vente ou qu'il neige : les chiens qui tournent et tournent avant d'uriner peuvent se soulager plus vite. C'est aussi utile pour apprendre à un chien à uriner à des endroits spécifiques.

Prérequis : aucun.

À chaque fois que votre chien s'apprête à uriner, dites « pipi » : faites cela pendant une semaine et n'oubliez pas de donner une friandise dès qu'il termine.

Si vous répétez tous les jours pendant au moins une semaine, vous devriez obtenir un résultat, en ordonnant « pipi ».

Mais pour commencer, attention : assurez-vous que votre chien a vraiment envie d'uriner quand vous donnez l'ordre.

### *j) Regarde-moi*

Je vous recommande vivement d'apprendre cet ordre qui vous rend service à de très nombreuses occasions, pour détourner l'attention de votre chien de toutes sortes d'évènements et la refocaliser sur vous. Il n'est pas si difficile qu'il n'y paraît, vous avez ma parole.

Prérequis : « assis ».

Faites assoir votre chien et tendez-lui un jouet ou une friandise pour qu'il relève son museau et que son regard croise le vôtre. À ce moment-là, dites « regarde-moi ». Récompensez.

Entraînez-vous jusqu'à ce que vous puissiez utiliser votre doigt au lieu du jouet ou de la friandise.

Vous pouvez aussi profiter (c'est ce que j'ai fait) de chaque opportunité où le regard de votre chien croise le vôtre pour dire « regarde-moi », tous les jours, plusieurs fois par jour.

Entraînez-vous aussi régulièrement que possible en faisant progressivement durer le temps pendant lequel votre chien vous regarde, jusqu'à atteindre 5 secondes. Puis récompensez.

Entraînez-vous chaque jour, une ou deux fois par jour pendant une semaine avant de pratiquer à l'extérieur.

Entraînez-vous à l'extérieur jusqu'à atteindre les 5 secondes.

Entraînez-vous alors qu'il y a une tentation. Elle est faible pour commencer. Ne commencez pas à ordonner « regarde-moi » quand votre chien a vu un chat s'il adore les chats. Choisissez quelque chose de moins « irrésistible ».

## B. ORDRES MOYENNEMENT FACILES

### *a) Debout*

Cet ordre paraît parfois difficile, mais il n'en est rien. Si vous avez des difficultés, n'hésitez pas à associer l'ordre à un geste. Cela vous aidera pour de nombreux ordres.

Vous pouvez, par exemple, claquer les doigts des deux mains ou alors, faire tourner votre doigt tout en le levant vers le haut. C'est, bien entendu, un geste très différent de tous les autres gestes que vous faites au quotidien ou pour donner d'autres ordres.

Prérequis : « assis » et « couché ».

Vous pouvez vous entraîner en disant « debout » à chaque fois que votre chien se lève pendant une semaine.

Vous pouvez aussi commencer directement par une séance où votre chien est assis (souvent plus facile que s'il est couché). Vous le faites lever en l'attirant avec une croquette. Dans ce cas, ne levez pas la croquette pour qu'il saute : c'est un mouvement qui lui permet de se lever comme il le ferait de façon naturelle.

Dites « debout » au moment où il se lève.

Entraînez-vous autant de fois que nécessaire jusqu'à ce que vous puissiez donner l'ordre et il se lève.

Continuez un peu à récompenser, puis donnez la friandise une fois sur deux pour pouvoir progressivement vous en passer.

### *b) Pas touche*

Cet ordre est différent de l'ordre « lâche », car il s'agit d'empêcher le chien d'attraper un objet ou un aliment. C'est très utile pendant la promenade avec les chiens qui ramassent tout ce qu'ils trouvent (comme ma chienne), mais cela peut aussi vous aider si votre chien a tendance à se précipiter sur les oiseaux, les chats ou les autres chiens, et à renifler les gens. Pas touche signifie « recule le museau ». Alors, n'attendez pas que votre chien s'éloigne pour approuver : éloigner le museau vaut récompense.

Prérequis : aucun. Vous pouvez dire pas touche mais aussi : pas toucher, touche pas, laisse ou tu laisses.

- Etape 1

Tendez la main fermée avec une friandise dedans (pas trop tentante). Votre chien renifle votre main (normal...). Quand il recule le museau, dites « pas touche ». Récompensez aussitôt avec une autre friandise. Répétez jusqu'à ce que votre chien ait compris : vous pouvez tendre la main fermée avec une friandise dedans et dire « pas touche » et votre chien n'avance plus le museau. Si c'est trop difficile, commencez avec des objets ou des jouets.

- Etape 2

Chien assis, posez la friandise par terre, pas trop près de lui et préférablement à côté, pas devant lui. Faites un geste (vous ferez toujours le même) pour accompagner l'ordre pas touche. Dites « pas touche ». N'attendez pas trop longtemps avant de récompenser. Au début, une seconde suffit. Récompensez avec une autre friandise que celle posée près de votre chien.

Augmentez la difficulté en posant la friandise un peu plus près de votre chien en disant « pas touche ». Répétez au calme et dans différents endroits. Apprendre pas touche à son chien pour éviter qu'il prenne des choses dehors nécessite un entraînement rigoureux à la maison.

- Etape 3 (facultative)

Verbalisez votre accord. En disant « tu peux manger », vous pourrez parfois récompenser votre chien en l'autorisant à manger après un « pas touche » réussi. Quand votre chien mange après avoir attendu, dites « tu peux manger ». Procédez comme au début, quand vous dites « pas touche » alors que votre chien recule le museau quand vous tendez le poing fermé.

Ne passez à cette étape QUE quand votre chien fait de beaux « pas touche » pendant au moins 2 secondes. Vous pouvez profiter du fait qu'il attrape la friandise après un moment d'attente ou alors, vous pouvez aussi la lui montrer du doigt en disant « tu peux manger ».

Prenez votre temps. Répétez autant de fois que nécessaire.

- Etape 4

Lancez la friandise, soit loin, soit près de votre chien selon ce qui est le plus facile pour lui. Si le chien est assis face à vous et que vous lancez derrière lui, c'est plus facile que de lancer alors qu'il regarde dans la direction où va partir la friandise.

Pensez à récompenser en alternant avec « tu peux manger » et une autre friandise (meilleure que celle que vous avez lancée).

- Etape 5

Tendez la friandise dans la paume de votre main à votre chien (idéalement assis puis couché) en disant « pas touche » avant d'avancer la main. N'avancez pas trop près et n'attendez pas trop longtemps avant de récompenser.

Eventuellement, vous pouvez apprendre le refus de nourriture en ajoutant une difficulté supplémentaire : tendre la friandise mais cette fois-ci, en la tenant du bout des doigts. C'est difficile. Il faut beaucoup répéter. Il ne faut pas approcher la main trop près de votre chien. Il faut approcher progressivement de plus en plus près. Grâce à ce travail, on peut apprendre pas touche à son chien et quand quelqu'un veut lui donner à manger, il ne prend pas (utile si un de vos proches donne n'importe quoi à votre chien ou, autre exemple, dans le cadre de l'apprentissage de la garde).

- Etape 6

Exercez-vous dans des conditions faciles, chien assis, nourriture posée par terre à côté de lui pas trop près, pour vous exercer avec des tentations de plus en plus grandes. Refaites les étapes avec de la nourriture peu à peu plus tentante : chien assis et friandise posée de plus en plus près, chien couché, friandise lancée, friandise dans la paume de la main, friandise entre les doigts...

Important :

- Ce n'est que lorsque « pas touche » fonctionne très bien à la maison que vous pouvez vous exercer à l'extérieur. Attendez d'avoir obtenu des résultats satisfaisants dans les contextes critiques pour votre chien (caca ? nourriture ? poubelle ?) pour commencer à diminuer la récompense (une fois sur deux, trois, etc.) mais souvenez-vous que le chien adore manger et que certains sont extrêmement stimulés par tout ce qui se consomme (même si c'est dégoûtant pour nous) alors il arrive que nous devions continuer de récompenser certains chiens, dans certains contextes.
- Ce n'est pas à votre chien de suivre votre rythme. C'est à vous d'introduire une nouvelle étape quand il a réussi l'étape en cours. Ne passez

pas au niveau de difficulté supérieur tant que vous n'obtenez pas de bons résultats avec une étape plus facile.

- Gérez l'environnement quotidien de votre chien. Vous ne devez pas le tenter inutilement. Évitez de créer un désir de nourriture (ou de caca...).
- Ne vous énervez jamais. Votre chien ne fait pas la même différence que vous entre les déjections, la poubelle, votre nourriture, des friandises à 1 ou 15 €...
- Ne dites jamais « tu peux manger » avec votre nourriture si vous travaillez aussi avec ce que vous mangez.

Conseils supplémentaires.

Commencez par des objets faciles, des objets sans trop d'intérêt comme un stylo ou du papier, puis évoluez vers des choses plus tentantes pour le chien. Entrainez-vous d'abord à la maison impérativement, et répétez l'exercice autant de fois que nécessaire, jusqu'à ce qu'il fonctionne avec ce que vous considérez comme étant le plus difficile. Le plus difficile, c'est souvent la nourriture. Dès lors que vous commencez à utiliser la nourriture, choisissez une friandise qui ne soit pas trop « tentante », comme un bout de légume, par exemple.

Une fois que cela fonctionne, vous pouvez réitérer l'exercice à l'extérieur avec des choses que votre chien renifle ou de la nourriture qui traîne par terre. Ne procédez pas ainsi systématiquement : laissez-le renfiler des objets inertes, des arbres, etc. Quand vous ordonnez « pas toucher » pour renifler la pelouse, un banc, un poteau, un bout de pain rassis ou autre (= votre chien est modérément intéressé et, si cela se consomme, vous êtes sûr(e) qu'il va renifler sans manger), vous pouvez le laisser reprendre le « reniflage » une fois que vous l'avez récompensé après l'ordre « pas touche ». Vous pouvez même lui « ordonner » de reprendre son reniflage avec « tu peux y aller » (par exemple). **Vous récompensez alors votre chien avec son activité favorite. Renifler est devenu LA récompense pour vous avoir écouté.**

C'est une excellente technique pour les chiens qui reniflent beaucoup en général. « Pas touche » – le chien vous regarde, lève la tête ou recule, etc. –, « tu peux y aller » (montrez ce qu'il renifle du doigt) – le chien reprend son activité. Et de temps en temps, vous l'invitez à vous suivre au lieu de dire « tu peux y aller ».

### *c) Au pied*

Le rappel est un ordre indispensable. Avant de vous décrire une façon d'apprendre que je trouve particulièrement efficace, voici quelques précisions importantes :

- Apparemment « au pied » choque certaines personnes qui trouvent cela trop autoritaire. Personnellement, je vous conseille de dire « au pied » ou « pied » parce que cela permet d'éviter d'utiliser plusieurs mots. Si vous dites « viens », vous risquez de dire un jour : « viens là », « viens ici ». Vous risquez de dériver vers des expressions comme « ici tout de suite »... Idem si vous dites « ici » qui se transforme fréquemment en « tu viens ici » ou « ici, j'ai dit »... C'est peut-être le plus important de tous les ordres. En tout cas, quand vous en avez besoin, mieux vaut qu'il fonctionne ! Ne changez pas de mot. J'ajoute que les chiens ne savent pas si « au pied » est plus autoritaire que « viens-là » ou « par ici pépère ». Vous pouvez très bien effrayer un chien en hurlant « par ici pépère » comme une insulte...

- Ne prenez pas l'habitude d'ignorer votre chien qui revient, sous peine de dégradation rapide... En promenade, devant la voiture, la maison... essayez toujours d'attendre qu'il soit revenu à vos pieds pour continuer d'avancer. Vous l'appelez, vous l'attendez, vous procédez. Vous le faites pour une majorité d'ordres. Par exemple, quand vous dites « ta place », vous attendez de voir votre chien sur son panier pour vaquer à vos occupations ; quand vous dites « pas touche », vous attendez que votre chien ait relevé la tête ou reculé. Alors soyez aussi méticuleux pour le rappel. Il ne faut surtout pas hésiter à féliciter votre chien au moins une fois sur deux ou trois quand c'est acquis.
- Certains chiens ont un rappel médiocre toute leur vie. Ils ont des capacités sensorielles aiguisées

notamment l'odorat et peuvent être extrêmement persévérants. S'ils ont reniflé quelque chose, ils sont faits pour ne pas arrêter de renifler tant que ce n'est pas totalement identifié. Ils peuvent aussi être tentés de façon irrésistible par des animaux en mouvement parce qu'ils sont reproduits de génération en génération pour y être sensibles. Il n'y a rien que vous puissiez faire à part les lâcher dans des endroits sûrs. Insister est contre-productif. Il peut toutefois être utile d'apprendre un bon et solide « pas bouger » au lieu du rappel. Dans ce cas, c'est vous qui rejoignez votre chien.

- Courir après un chien qui s'éloigne de vous peut le pousser à s'éloigner encore plus. Il est vrai que parfois, vous n'avez pas le choix et il vaut mieux aller chercher votre chien mais essayez le plus possible de l'attirer vers vous. Un jour, ma chienne est sortie d'un appartement en plein centre-ville. Paniquée, j'ai eu le réflexe immédiat de courir dans la rue mais je me suis vite ressaisie en la voyant s'éloigner. Je me suis baissée, j'ai fait un bruit de bisou et j'ai tendu la main et heureusement, elle est revenue. Cela aurait pu ne pas fonctionner mais le pire aurait pu se produire si j'avais couru après elle (PS : si votre chien importune quelqu'un ou un chien, etc. allez le chercher, ce n'est pas le moment de travailler le rappel !!).

Prérequis : aucun. Je vous conseille toutefois d'essayer d'apprendre d'abord deux ou trois ordres assez faciles à votre chien s'il n'a jamais rien appris d'autre. Vous apprenez à l'observer, à le connaître ; vous pratiquez et vous découvrez vos propres points forts et points faibles et vous voyez à quoi votre chien est un peu ou très réceptif.

Laissez votre chien venir à vous. Profitez de chaque occasion de le voir venir de lui-même, dedans comme dehors. Attirez-le « discrètement » s'il vient peu : grignotez ou prétendez grignoter quelque chose, baissez-vous pour être accroupi(e) car cela fait souvent s'approcher les chiens, prétendez ramasser quelque chose... Une fois que votre chien est arrivé près de vous, dites « au pied » puis donnez des friandises meilleures que d'habitude. Faites cela chaque jour pendant quelques jours en étant dans la même pièce que le chien ou à proximité puis placez-vous de plus en plus loin. En principe, après quelques répétitions, votre chien devrait venir si vous dites « au pied ».

Il a appris que « au pied » c'est venir vers vous et quand il vient vers vous, il a des bonbons.

Si c'est difficile, montrez-lui que vous avez une friandise. Dites toujours « au pied » une fois qu'il est venu près de vous. Lorsqu'il vient rapidement et systématiquement après « au pied », ne l'attirez plus avec quoi que ce soit. Montrez et donnez la récompense seulement quand il est venu. Faites l'exercice chez vous, à tout moment, autant que possible. Si cela ne fonctionne pas bien, utiliser des jouets et jouer un peu quand il est venu est peut-être préférable.

Attrapez doucement votre chien par son collier ou son harnais pour l'habituer à être attrapé quand il vient, ce qui évitera qu'il revienne et reparte aussitôt quand vous voudrez lui remettre la laisse. Vous pouvez d'ailleurs vous entraîner en mettant la laisse après les premières répétitions.

Entraînez-vous dans des endroits aussi différents que possible en changeant de pièce, puis depuis une pièce différente de celle où se trouve votre chien et enfin, à l'extérieur. Mais restez bien au calme pour commencer. Lorsque l'ordre est bien acquis, vous pourrez aller dans des endroits où il y a davantage de distractions. C'est dans ces endroits plus distrayants que l'on peut avoir besoin d'ajouter un geste au mot. Réfléchissez-y avant. Vous devrez toujours faire le même geste. Mais si vous le pouvez, entraînez-vous dans des endroits clos comme un parc à chiens sinon, dans des endroits où il n'y a personne. Vous devrez peut-être vous lever très tôt le matin...

Je vous recommande également cette excellente technique quand le rappel laisse à désirer.

Ma chienne ne revient pas toujours au pied très rapidement selon ce qui se passe autour de nous mais elle a appris que ses pattes doivent quasiment toucher mes pieds. Cela m'oblige à l'attendre et je la félicite quand elle est vraiment tout près de moi. Je dis toujours « au pied » en montrant mes pieds du doigt et en me penchant un peu. Je montre toujours que je suis contente dès qu'elle est revenue, même si elle m'énerve beaucoup, parfois, parce qu'elle a vu un lapin ou je ne sais quel animal.

### *d) Pas bouger*

Apprendre cet ordre à un chien se révèle utile dans de nombreuses situations différentes à l'intérieur comme à l'extérieur. Je vous le conseille dès que « ta place » sera acquis.

Il est impératif de commencer à l'intérieur. En procédant par étapes, comme avec les autres ordres, vous pouvez obtenir un résultat rapidement. Alors vous pourrez vous exercer dehors.

Prérequis : « assis ».

Au début, vous dites à votre chien de s'assoir ; puis rapidement, vous dites « pas bouger » et vous vous éloignez en faisant juste un petit pas en arrière. S'il ne bouge pas, il faut lui donner la récompense tout de suite.

Tant pis, si ça ne dure pas longtemps, tant pis si vous avez l'impression que c'est « trop facile », et tant pis s'il se lève pour frétiller parce que vous le félicitez ! Ce n'est qu'une première étape.

S'il bouge, il faut le refaire s'assoir au même endroit et recommencer en faisant un petit pas en arrière. N'hésitez pas à reculer moins loin si c'est difficile.

Accompagnez l'ordre « pas bouger » avec un geste de la main. Cela vous aidera beaucoup. Dans la mesure où vous devrez toujours faire le même geste, choisissez quelque chose de naturel pour vous.

Il s'agit maintenant de faire deux pas en arrière. N'oubliez jamais de récompenser très rapidement, 2 ou 3 secondes maximum après avoir donné l'ordre. Vous pouvez continuer à apprendre au même endroit que d'habitude.

Vous allez vous éloigner un peu plus et attendre 1 ou 2 secondes de plus avant de récompenser.

Vous ne reculez plus, vous vous éloignez en tournant le dos à votre chien. Leur tourner le dos invite beaucoup de chiens à vous suivre. Répétez bien les premières étapes si celle-ci est difficile et commencez aussi à changer régulièrement d'endroit dans la maison.

Votre chien assis en face de vous reçoit l'ordre « pas bouger » et vous pouvez faire plusieurs pas qui vous éloignent de lui. Vous pouvez aussi faire l'exercice en lui tournant le dos.

Vous pouvez alors quitter le champ de vision de votre chien. N'attendez pas trop longtemps au début, avant de revenir dans son champ de vision et de le récompenser. Commencez par une seconde, puis deux, puis trois, etc. Pensez à le faire dans des endroits différents.

Augmentez progressivement la difficulté en restant derrière la porte puis en allant dans le couloir, puis dans une autre pièce...

La dernière étape pour apprendre à son chien « pas bouger » a lieu à l'extérieur. Elle devrait être décomposée en plusieurs parties. Dehors, commencez toujours par un endroit calme avant d'aller dans un endroit où les distractions sont peu nombreuses.

Avec un peu d'entraînement, votre chien pourra rester sans bouger de plus en plus longtemps.

Pensez à un signal qui pourrait lui indiquer qu'il peut reprendre le cours normal de sa vie, le fameux marqueur de permission. Il suffit souvent de faire exactement la même chose à chaque fois : dire « c'est bon » ou « ok ».

### *e) Va chercher/rapporte*

Cet ordre est appréciable pour s'amuser avec son chien. Quand il a appris à rapporter, votre chien peut de lui-même vous rapporter le jouet que vous lancez pour que vous le lanciez à nouveau. La facilité avec laquelle vous pouvez l'apprendre dépend en partie de la passion de votre chien pour le jeu et notamment pour la course-poursuite. Mais tous les chiens peuvent potentiellement apprendre le rapport.

Prérequis : aucun, sinon avoir appris les ordres « prends » et « lâche » peut aider, même si vous ne les utiliserez pas à proprement parler dans cet apprentissage.

Utilisez un jouet que votre chien adore. Généralement, une balle est le plus efficace car cela incite les chiens à se lancer à sa poursuite puisque c'est en mouvement. Si votre chien est faiblement intéressé, prenez le temps de jouer avec lui à plusieurs reprises : à chaque fois qu'il attrape la balle, exprimez votre joie. Il est possible que votre chien ne montre pas d'intérêt pour les balles. Dans ce cas, essayez plusieurs jouets jusqu'à trouver celui qui, manifestement, le réjouit le plus.

Si votre chien connaît « prends » et « lâche », faites plusieurs répétitions mais sans donner les ordres. Faites-le s'assoir. Il sait quoi faire quand vous lui tendez tel ou tel jouet en disant « prends » ? Peut-être même qu'il n'est pas nécessaire de dire « prends » ? Il sait quoi faire quand vous posez la main sur l'objet qu'il a dans la gueule ? Il vous rend l'objet ? A ce moment-là, donnez-lui une récompense puis lancez le jouet pas trop loin. Faites-lui signe de venir ou montrez-lui que vous avez des friandises s'il ne revient pas. Récupérez le jouet en disant « rapporte ». Répétez. Il y a plusieurs façons de procéder mais le plus simple est toujours d'apprendre « lâche » sinon de commencer par lui apprendre, au cours d'un jeu, à vous donner le jouet, sans rien dire. Donc il suffit pour cela de récompenser votre chien dès que vous récupérez quelque chose qu'il avait dans la gueule.

Vous pouvez le faire en toute occasion dans la vie quotidienne. Et quand il a compris pourquoi il est récompensé (=il lâche systématiquement quand vous prenez ce qu'il a dans la gueule), vous pouvez apprendre le rapport.

Certains chiens vont vous apporter tout de suite le jouet lancé après une ou deux répétitions de lâcher/récompenser. Ils ont compris que vous avez des bonbons pour eux si vous récupérez le jouet. D'autres vont préférer le garder et jouer avec. Dans ce cas, montrez la friandise de récompense. Vous pouvez aussi appeler votre chien par son nom pour avoir son attention et vous dites « rapporte » (tu te souviens qu'il faut rapporter pour avoir une récompense ?). Si votre chien revient alors vers vous avec le jouet dans la gueule, dites « rapporte » dès qu'il vous le donne. S'il vient vers vous sans le jouet, approchez-vous du jouet, prenez-le, donnez-le à votre chien ou lancez-le à nouveau et montrez à nouveau la friandise en disant « rapporte ». Tendre la main peut aider certains chiens à se rapprocher de vous. Pour les premières répétitions, ne dites rien tant que vous n'avez le jouet dans la main.

Il lâche, dites « rapporte ».

Une fois que votre chien a compris qu'il est récompensé pour vous laisser reprendre le jouet, vous pouvez le lancer. Peu à peu, vous pouvez dire « rapporte » de plus en plus en décalé : quand il attrape dans la gueule le jouet lancé, quand il s'élance à la poursuite du jouet, quand il vous regarde tout excité avec le jouet que vous vous apprêtez à lancer, puis au moment où vous lancez le jouet.

Vous pouvez le faire en laisse. Cela peut aider certains chiens peu motivés si vous tirez (tout doucement !) sur la laisse quand ils ont attrapé le jouet, afin de les inciter à revenir vers vous.

C’est quand le chien a compris que « rapporte » signifie « me donner le jouet dans la main » que vous pouvez lancer en disant rapporte. J’insiste sur ce point car tant qu’il n’a pas bien compris qu’il faut vous laisser le jouet dans la main, c’est trop difficile de lancer en disant rapporte (ou va chercher). Donc prenez bien le temps de travailler cette action primordiale : la dernière action de la séquence consistant à aller chercher est en fait la première à apprendre.

### *f) Pirouette*

Voici un petit tour rigolo à apprendre à son chien.

Prérequis : « touche » et « couché ».

Faites coucher votre chien.

Il faut parvenir à ce qu’il se tourne sur le dos en mettant la friandise sous son nez et en la déplaçant en suivant le mouvement naturel que le chien peut faire pour se mettre sur le dos.

Cela demande du temps, de la patience. Pour le moment, répétez toujours au même endroit.

N'hésitez pas à féliciter et à récompenser à chaque fois qu'il fait le moindre mouvement surtout au début, et même si ce n'est pas ce que vous attendez.

Si votre chien est perturbé par la friandise et fait n'importe quoi, arrêtez tout et reprenez le lendemain, sans friandise (sans friandise dans la main, mais gardez-en dans la poche pour récompenser au bon moment).

Vous pouvez utiliser la feuille de papier comme pour apprendre l'ordre « touche » et inviter votre chien à toucher l'objet que vous faites bouger de sorte qu'il roule sur le dos.

Dites « pirouette » dès que votre chien a fait un tour complet, même s'il ne se relève pas.

### *g) Droite/gauche*

Vous pouvez apprendre à votre chien à « connaître » la droite et la gauche.

Cela vous sera utile dans énormément de circonstances. Quand ma chienne est loin derrière avec la laisse à dérouleur, elle revient parfois du mauvais côté. Je lui dis alors d'aller à « drooooiiiite ». Et quand elle attend derrière la porte à ma droite, je lui dis d'aller à « gaaauuuuche » pour pouvoir ouvrir la porte et la faire sortir.

C'est extrêmement pratique.

Prérequis : « touche » (cela peut vous faciliter les choses).

Utilisez un jouet pour motiver le chien, sinon un objet imprégné d'une bonne odeur. Si vraiment vous n'y arrivez pas, utilisez une friandise.

Votre chien est à votre gauche et vous l'attirez sur votre droite avec l'objet ou avec la friandise. Dites « droite » au moment où il arrive à droite.

Faites la même chose quand votre chien est à votre droite et que vous l'attirez à votre gauche en disant « gauche » au moment où il arrive à gauche.

Vous pouvez, si vous le souhaitez, d'abord apprendre la droite, pendant une semaine, puis la gauche, la semaine suivante. Mais vous pouvez aussi apprendre les deux en même temps.

Entraînez-vous jusqu'à ce que vous n'ayez plus besoin d'utiliser quoi que ce soit pour attirer votre chien, mais utilisez votre doigt pour l'inviter à se déplacer.

### *h) Va dans la chambre*

Apprenez à votre chien à se rendre dans une pièce de la maison. Vous pouvez commencer par la chambre, le salon ou la cuisine...

Et si vous souhaitez approfondir l'exercice, sachez qu'il est possible d'apprendre à votre chien à se rendre dans différentes pièces selon le nom de la pièce.

Cela fonctionne aussi pour la voiture, la terrasse, le jardin...

J'essaie d'apprendre cet ordre à ma chienne pour qu'elle m'aide à ranger les courses :) Le but est de lui donner le carton du tube de dentifrice (pour commencer), et qu'elle le transporte jusque dans la salle de bains. J'y suis presque arrivée !

Prérequis : « touche ».

Prenez une feuille de papier imprégnée d'une bonne odeur de viande.

Au lieu d'utiliser l'ordre « touche », utilisez le nom de la pièce, par exemple « chambre » pour que le chien touche la feuille du museau : cela ne devrait pas poser de problème pour un chien qui a bien appris l'ordre « touche ».

Lors de la prochaine séance, au lieu de tenir la feuille, mettez-la à côté de vous, puis entraînez-vous en posant la feuille de plus en plus loin.

Recommencez autant de fois que nécessaire jusqu'à ce que vous puissiez mettre la feuille dans une pièce différente de celle où vous êtes. Attention toutefois, si vous vous entraînez dans le salon et qu'il faut traverser un long couloir, monter des escaliers pour aller dans la chambre, entraînez-vous d'abord à côté de la chambre, puis éloignez-vous peu à peu !

(Cette technique est également efficace pour apprendre « à ta place »)

### *i) Cherche*

C'est un ordre génial pour jouer avec un chien qui adore renifler.

Prérequis : aucun.

Commencez par jouer un moment avec son jouet préféré puis cachez-le dans votre dos d'abord, et ensuite sous une couverture ou un tapis. Dites « cherche ».

Félicitez modérément quand le museau touche l'objet.

Dites « cherche » jusqu'à ce que votre chien utilise ses pattes pour soulever la couverture ou le tapis. Félicitez vivement quand il a récupéré son jouet.

Entraînez-vous avec le tapis et à tout moment : mettez le jouet soit tout près de vous, soit à un endroit très familier pour votre chien. Faites-lui renifler le jouet juste avant de le cacher.

Exemples de cachettes : asseyez-vous dessus en le laissant dépasser un peu, cachez-le sous son coussin.

Choisissez systématiquement des endroits faciles. S'il le faut, laissez le jouet un peu visible. Récompensez à chaque fois qu'il prend le jouet dans sa gueule. Montrez que vous êtes content(e) quand il s'approche pour l'encourager.

Continuez à vous entraîner de la même façon et avec le même jouet, mais sans le faire renifler. Augmentez progressivement la difficulté.

Utilisez toujours les deux ou trois mêmes cachettes, puis introduisez une toute nouvelle cachette.

Au bout d'un moment, dire « cherche » devrait suffire à ce que votre chien aille chercher le jouet, et ce quel que soit l'endroit où il se trouve.

Vous pouvez associer « cherche » à un nom d'objet. Vous pouvez d'ailleurs commencer en disant cherche nonos si nonos est le premier « jouet » avec lequel vous vous entraînez.

Puis, vous réitérez l'exercice avec un autre jouet, par exemple baballe. Vous direz alors « cherche baballe ». Mais veillez à bien refaire toutes les étapes.

Voici deux excellents jeux de truffe si votre chien adore chercher !

**Dans quelle main ?** Prenez une friandise qui tient dans une main fermée. Montrez les deux mains fermées au chien en demandant « cherche ». Ne dites rien si son museau s'approche de la mauvaise main. Félicitez généreusement quand le museau s'approche de la bonne main. Vous pouvez aussi le faire en plaçant deux seaux par terre et une friandise sous l'un des seaux. Plus tard, vous pourrez cacher des objets dans la maison ou le jardin.

**Il fait tout noir !** Fermez les volets. Prenez une de ses croquettes. Mettez-vous près de l'interrupteur en ayant pris soin auparavant de repérer combien de pas vous devrez faire pour placer la friandise à un endroit bien précis (ne la cachez pas sous n'importe quoi). Passez la croquette sous son nez puis éteignez la lumière. Dites « cherche » et tendez l'oreille pour le féliciter dès que vous l'entendez mâcher.

Par la suite, vous pouvez cacher deux friandises puis éteindre la lumière et dire « cherche ». Il faudra féliciter lorsque vous entendrez la deuxième série de « scrunch scrunch ».

### *j) Range*

Apprendre à votre chien à ranger ses jouets vous semble peut-être utopique. Pourtant, c'est à peine plus difficile que de lui apprendre à s'assoir.

Cela peut demander plusieurs semaines et un entraînement très régulier.

C'est surtout là que se situe la difficulté. Mais si vous êtes méthodique, vous y arriverez. Les petits tours ne servent pas qu'à épater la galerie. C'est aussi et surtout un excellent moyen de jouer avec son chien et de passer plus de temps avec lui ! Alors, envie d'essayer ? Voici la technique que j'ai appliquée pour apprendre à ma chienne à ranger ses jouets.

Prérequis : tenir un objet dans sa gueule, l'ordre « lâche » et « assis ».

Faites assoir votre chien et placez un récipient juste au-dessous de sa gueule. Choisissez quelque chose de rigide pour que, quand un jouet tombe dedans, il fasse un bruit. Choisissez aussi quelque chose de profond pour que votre chien ne pose pas ses pattes dessus/dedans.

Tendez un jouet et dites « prends » (ou ce que vous avez utilisé pour apprendre à tenir un objet). Dites ensuite « lâche ». Au moment même où l'objet est tombé, félicitez généreusement. Pour le moment, n'utilisez qu'un seul jouet.

Déplacez légèrement le récipient et recommencez avec « prends » et « lâche ».

Déplacez encore. Au bout d'un moment, le coffre n'est plus sous la gueule du chien. Il se peut que votre chien lâche, mais, dans ce cas, le bruit n'aura pas lieu. Ne dites rien (vous n'êtes pas satisfait) et replacez le récipient sous la gueule de votre chien. « Prends », « lâche », bruit : félicitez joyeusement.

Entraînez-vous jusqu'à ce que votre chien fasse un mouvement de la tête pour « viser » le récipient. Votre chien a compris que vous êtes content quand le jouet tombe dedans.

Vous pouvez commencer à pousser le récipient un peu plus loin. Cela peut se faire quelques centimètres après quelques centimètres, de séance en séance. Ne le faites plus s'assoir.

« Prends », « lâche », bruit : félicitez. Le fait de s'entrainer debout facilitera l'étape suivante : votre chien doit faire quelques pas pour lâcher le jouet.

Lorsque votre chien doit se déplacer, montrez-lui le récipient en le pointant du doigt. Commencez par l'éloigner juste un peu de vous, pour que votre chien n'ait que deux pas à faire.

Entraînez-vous jusqu'à ce que l'exercice soit bien exécuté. Ensuite, vous pouvez utiliser le mot « range ». Si nécessaire, n'hésitez pas à commencer une nouvelle étape en reprenant ce que vous aviez fait la fois précédente. Remplacez « lâche » par « range ». Cela ne devrait pas poser de problème, car il n'y a qu'une seule chose à faire pour votre chien. « Prends », « range », bruit : félicitez.

Pour que votre chien prenne le jouet de lui-même, tendez-lui le jouet en baissant la main à chaque fois un peu plus jusqu'à poser le jouet par terre. Laissez votre main à côté puis éloignez-la. Ensuite, éloignez-vous.

Vous n'êtes plus à côté du jouet. Vous dites « range ». Votre chien prend le jouet et le fait tomber dans la boîte. C'est gagné : votre chien sait ranger ses jouets !

### C. Quels sont les ordres qu'un chien doit absolument connaître ?

Cela dépend de vous et de votre chien.

D'une manière générale, je pense que les ordres les plus importants sont ceux qui permettent d'assurer une certaine sécurité : marche en laisse et « attends » (avant de traverser la rue si la laisse est longue, ou pour la marche au pied sans laisse), rappel, « pas toucher », « pas bouger »... de nombreux ordres permettent d'améliorer la sécurité de son chien, améliorant parallèlement la sécurité de tout son entourage.

Ensuite, je dirais que les ordres importants sont les suivants :

**Les ordres qui permettent d'éviter de toucher son chien pour le forcer à faire quelque chose.**

En effet, moins vous touchez votre chien pour le contraindre, plus il est en confiance et plus vous parvenez à lui apprendre des ordres et comportements spécifiques. Vraiment, il s'agit de l'un des apprentissages qui m'ont énormément permis d'avancer. Exemples typiques : « descends », « pousse-toi » et « sors ».

Je vois tellement de gens, tous les jours, prendre leur chien par le collier sans arrêt, sinon tirer sur la laisse pour qu'il les suive. Ces chiens pourraient le faire d'eux-mêmes s'ils apprenaient à le faire. Ils seraient beaucoup plus heureux qu'en étant forcés. Leurs humains aussi seraient beaucoup plus heureux, car ils s'énerveraient moins souvent.

**Les ordres pour détourner l'attention de votre chien.**

À mon avis, ils sont importants, car ils peuvent servir dans une multitude de situations. Sachez toutefois que si vous avez appris certains petits tours à votre chien, ils peuvent également vous permettre de détourner son attention.

Par exemple, lorsque vous demandez à votre chien de vous donner la patte, il est obligé de s'assoir et de mettre sa patte dans votre main : il ne peut plus faire quoi que ce soit d'autre, notamment cette chose que vous ne vouliez pas qu'il fasse... Vous avez détourné son attention.

**Les ordres indispensables pour apprendre les autres.**

Je les appelle « prérequis » : réfléchissez-y. Car si vous envisagez de vous lancer dans certains apprentissages, il est beaucoup plus facile d'apprendre certains ordres dans une chronologie précise.

### D. Réviser

Terminons cette section et ce livre par un dernier point très important. Vous savez que laisser tomber, oublier, baisser les bras… peut réduire à néant tous vos efforts.

Si vous laissez un comportement se détériorer, un ordre être exécuté au bout de trois répétitions alors qu'avant, une seule fois suffisait, vous allez tout droit vers le laisser-aller. Vous n'êtes plus aussi exigeant(e) qu'au début. Si vous attendez trop, il faudra tout recommencer.

**C'est une cause importante d'échec dans l'éducation des chiens aujourd'hui.**

Ceux qui ont eu la volonté et la motivation d'éduquer leur chien peuvent se fatiguer après une période de fort enthousiasme. Au début, c'est génial, mais ensuite, c'est la routine…

L'éducation, ce n'est pas seulement l'affaire des chiots. Ce n'est pas non plus l'histoire d'une seule année. Cela concerne toute la vie du chien !

N'oubliez pas : la principale raison pour laquelle le chien n'écoute plus, c'est parce que son humain arrête de le féliciter.

**En d'autres termes, il n'encourage plus le bon comportement. LE CHIEN N'A PLUS AUCUN INTERET A FAIRE CE QUE VOUS VOULEZ QU'IL FASSE !**

C'est terrible, mais sûrement pas irréversible !

### *a) Quand réviser ?*

Une révision est nécessaire quand :

Vous devez **répéter** trois ou quatre fois un ordre appris à votre chien, à chaque fois que vous donnez cet ordre. N'attendez pas, car plus vous attendez, plus ce sera difficile. Il faudra peut-être même reprendre depuis le début avec des étapes à franchir pour établir une progression.

Votre chien commence à **mettre du temps** avant de répondre à votre ordre, par exemple avec l'ordre « au pied » : avant, il venait immédiatement et désormais, il se met à renifler en chemin…

Il recommence à faire **ce qu'il ne faisait plus depuis longtemps**. Par exemple, il ne montait plus sur le canapé et il était content d'aller à sa place. Mais il lui est arrivé plusieurs fois ce mois-ci de monter. Vous n'avez probablement plus félicité votre chien pour être à sa place (ou là où vous appréciez qu'il soit), mais peut-être que le féliciter, à nouveau, sera suffisant.

### *b) Comment réviser ?*

Réagissez rapidement si un ordre laisse à désirer. Recommencer à féliciter peut suffire. Dans le cas contraire, il faudra probablement :

Ressortir les friandises et vous montrer exigeant comme vous l'étiez quand vous avez commencé à apprendre. Ne donnez pas de friandise si vous devez répéter deux fois, et donnez-en quand vous dites l'ordre une fois seulement (ou ajustez la taille/la qualité de la friandise).

Réviser dans un endroit calme si l'ordre qui pose problème – comme c'est souvent le cas – est un ordre que vous donnez à l'extérieur : ne refaites surtout pas l'apprentissage dans les endroits où tout est contre vous (chats, chiens, bruits, bus, enfants, vélos, etc.) et repartez sur de bonnes bases, c'est-à-dire à la maison ou dans le jardin (ou dans une rue tranquille, etc.).

Refaire une progression, en effectuant des séances comme au début, avec des étapes à franchir – cela ira plus vite.

Si une « révision » ne donne pas de très bons résultats, tester une nouvelle technique ou adapter la technique utilisée.

### E. Astuces Obéissance

Voici cinq astuces pour faire obéir votre chien quand un ordre laisse à désirer.

#### *a) Débarrassez-vous des mots parasites*

Quand un chien obéit de moins en moins bien à un ordre, comme « assis », nombreux sont les humains qui ne peuvent pas s'empêcher de dire : *vas-y assieds-toi, bon tu t'assois, assis j'ai dit, alors tu t'assois…* Ces mots sortent naturellement de la bouche humaine et parasitent l'oreille du chien.

**L'ordre lui-même peut devenir un parasite quand il est répété plusieurs fois de suite systématiquement (utilisez « allez ! » ou « et alors »).** Essayez d'utiliser le mot qui donne un ordre une seule fois seulement. N'ajoutez rien d'autre. Attention aux variations comme « assis-toi » alors que vous aviez appris « assis ».

#### *b) Changez d'intonation*

Changer complètement d'intonation pour donner un ordre qui ne fait quasiment plus effet peut fonctionner. Le ton ferme et autoritaire n'est pas le plus efficace.

En revanche, monter dans les aigus et prendre un ton enjoué, un peu comme si vous chantiez, a le don d'attirer l'attention du chien qui s'est habitué à laisser entrer un ordre par une oreille et le laisser ressortir par l'autre.

### c) Changez de geste

Le chien est extrêmement sensible à la gestuelle humaine. Certains gestes sont toutefois plus efficaces que d'autres et malheureusement, il ne s'agit pas toujours des gestes les plus naturels pour nous. Changer de geste donne parfois un tout nouveau souffle à un ordre mal exécuté.

Cette astuce est particulièrement utile pour le rappel, mais vous pouvez tenter l'expérience avec d'autres ordres.

Vous aviez l'habitude de pointer vos pieds du doigt pour faire venir votre chien qui, désormais, ne vient plus vraiment ?

Essayez de tendre le bras et de faire un signe de la main, un peu comme si vous demandiez à quelqu'un de vous passer le sel à table ou comme si vous aidiez quelqu'un à se garer dans un endroit exigu.

### d) Utilisez le jeu

Extrêmement motivant pour un chien, le jeu est capable de débloquer la situation pour plusieurs ordres qui se sont dégradés au fil du temps.

Au lieu de le caresser ou de lui donner une friandise quand il est enfin descendu du canapé, lancez-lui un jouet à attraper. Faites-le systématiquement et descendre du canapé signifiera : « il est temps de s’amuser ».

Au lieu de répéter « au pied » jusqu’à l’épuisement, baissez-vous et commencez à faire mine de partir en courant comme si vous alliez jouer. Couvrez-le de félicitations quand il vous a rejoint.

Parfois, vous n’avez pas envie de vous amuser alors que votre chien n’attend que ça. Vous pouvez transformer la plupart des situations de la vie quotidienne en jeu. C’est très efficace quand le chien n’écoute plus.

Vous entrez dans une toute nouvelle dynamique tout en cassant le cercle vicieux de l’énervement face à un chien qui n’écoute plus.

### *e) Prononcez d’abord son nom*

Rappelez-vous du conseil que je vous proposais au début de ce livre : « comment tu t’appelles ? ».

Appelez votre chien par son nom avant de lui donner un ordre.

Vous captez son attention s'il est trop distrait.

S’il vous arrive de devoir répéter un ordre plusieurs fois de suite et de vous demander si votre chien n’est pas devenu sourd, **obtenez d’abord qu’il vous prête un minimum d’attention** en tournant la tête vers vous (essayez différentes intonations).

Ensuite seulement, donnez l’ordre.

Ne tombez pas dans le piège : ne transformez pas le nom de votre chien en ordre, pour lui dire au pied, arrête, assis et tais-toi et pas toucher... :)

# EXERCICES

## 1. Que font-ils de mal ?

Voici cinq personnes nourries de bonnes intentions. Malheureusement, ils ne parviennent pas à obtenir ce qu'ils veulent. D'après vous, qu'est-ce qui ne va pas ? Sauriez-vous les aider ?

1-Maggy a trois ans et c'est une adorable Golden Retriever. Le seul problème, c'est qu'elle continue de temps en temps à faire ses besoins dans la maison. Pourtant, Stéphanie, sa propriétaire, la sort quatre fois par jour et à chaque fois que Maggy fait pipi dans le salon ou dans la cuisine, elle lui trempe le museau dedans en disant bien toujours la même chose : « c'est quoi ça, vilaine ? »

2-César est un superbe Malinois qui a maintenant cinq ans et son propriétaire, Julien, essaie de lui apprendre l'ordre « lâche » en utilisant ses jouets préférés. Seulement voilà, César s'en va à l'autre bout du jardin à chaque fois que Julien lui donne un jouet…

3-Myriam a un Yorkshire de quatre ans auquel elle apprend le rappel. Gigi avait déjà appris le rappel il y a quelques années, mais comme cela ne « rentrait » pas, Myriam avait laissé tomber. Aujourd'hui, cela fonctionne plutôt bien sauf que, quand Gigi revient au pied et que Myriam essaie de lui remettre sa laisse, il s'enfuit en courant !

4-Kévin et Laura promènent Igor tous les jours et passent devant une école. En chemin, il y a toujours quelques emballages de barres chocolatées et même des gâteaux qui traînent par terre. Voilà trois semaines qu'ils passent devant le même gâteau exactement au même endroit... Igor est en train d'apprendre l'ordre « pas touche ». Il va renifler le gâteau à chaque fois, sans toutefois le manger. Kevin et Laura sont très contents et ne manquent pas de récompenser ce brave Igor. Malheureusement, au bout d'un moment, ils ont la nette impression qu'Igor a très bien acquis cet ordre et qu'il renifle le gâteau exprès pour avoir sa friandise de récompense. D'ailleurs, ce n'est pas qu'une impression, car Igor commence à faire ça avec tout ce qui traîne par terre : il renifle puis regarde ses humains d'un air de dire « Vous avez vu ? Je ne le prends pas ! Alors, où est ma friandise ? » !

5-Frank veut apprendre des petits tours à son chien et celui qui lui tient le plus à cœur, c'est « fais le mort ». Alors il dit « pan, t'es mort » puis il se tient prêt à récompenser son chien dès qu'il se couchera sur le côté et restera immobile. Voilà trois semaines qu'il essaie sans aucun résultat...

Réponses

Stéphanie a oublié un élément fondamental : elle ne félicite pas Maggy quand elle fait ses besoins dehors !!! Elle utilise toujours la même expression pour montrer à Maggy qu'elle n'est pas contente, ce qui en soi, est une bonne idée malheureusement, répéter cette punition ne sert strictement à rien dans ce cas puisque Maggy est uniquement réprimandée et n'est jamais encouragée à faire quoi que ce soit.

En outre, il est plus que probable que Stéphanie dise « c'est quoi ça, vilaine » plusieurs minutes, voire plusieurs heures après que Maggy ait fait pipi. Ainsi, elle ne la prend pas sur le fait, sa réprimande ne sert donc à rien. Pire, elle est en train de casser le lien de confiance avec un geste violent pour le chien !

Pour régler ce problème, Julien devrait apprendre un autre ordre à César, avant d'apprendre l'ordre « lâche ». Normalement, l'ordre « lâche » peut être appris sans rien apprendre avant. Néanmoins, dans ce cas, Julien pourrait essayer d'apprendre à son chien l'ordre « rapporte », ce qui ferait revenir le chien vers son humain.

Peut-être que César est aussi légèrement possessif. Julien pourrait essayer de lui apprendre à lâcher avec une friandise au lieu d'un jouet tout en travaillant sur ce problème de possessivité dans d'autres circonstances.

Myriam a probablement oublié d'apprendre le rappel à Gigi en l'habituant à être attrapé par le collier quand il revient ! Il faut s'y remettre, il n'est pas trop tard.

Le problème que rencontrent Kevin et Laura est assez fréquent. Igor a probablement compris que, pour avoir une friandise, il doit toucher ce qui traîne par terre avec son museau. Kevin et Laura ne devraient peut-être pas arrêter de dire « pas touche ». En revanche, ils pourraient arrêter de récompenser avec une friandise et utiliser un signal vocal.

Ils pourraient aussi ajouter un autre ordre tout de suite après « pas touche » (par exemple « assis ») pour qu'Igor comprenne que poser son museau sur de la nourriture qui traîne dans la rue n'est plus ce qui entraîne automatiquement la friandise.

Frank a négligé l'une des règles essentielles pour apprendre un ordre à son chien : procéder par étapes. Il doit d'abord apprendre à son chien à se coucher, puis à se mettre sur le côté et, enfin, à ne pas bouger pendant quelques secondes ou sinon, jusqu'à ce qu'il lui donne le signal que le petit tour est terminé.

## 2. Câlin

Voici un ordre extrêmement facile à apprendre à un chien et qui pourrait vous aider si vous n'avez jamais appris aucun ordre.

L'objectif est que votre chien pose sa tête sur vos genoux quand vous êtes assis(e) à côté de lui. Vous pouvez le faire au parc, sur votre canapé s'il a le droit de monter, ou assis par terre et vous assis sur le canapé s'il est d'une race de grande taille, dans votre jardin, etc., et ce tous les jours.

Votre chien est calme et vous êtes détendu(e) : les conditions sont idéales.

Il vous suffit d'attirer la tête de votre chien vers votre cuisse. Pour cela, utilisez une petite friandise (pas trop appétissante pour éviter que votre chien tout calme ne devienne tout fou). Faites en sorte que la tête de votre chien se baisse pour attraper la friandise.

Dès que sa tête touche votre cuisse, dites « câlin ».

Répétez autant de fois que possible puis essayez d'utiliser le mot « câlin » en tant qu'ordre en faisant le geste avec le doigt pointé vers vos genoux. Si votre chien pose sa tête, c'est gagné ! Et s'il n'a pas compris, recommencez. Il ne tardera pas à comprendre si vous tentez l'exercice chaque jour.

# QUIZZ 5

**1- Quel mot ne devrait-on surtout pas choisir pour apprendre un nouvel ordre à son chien ?**

a. un mot que l'on invente soi-même
b. un mot anglais
c. un mot trop généraliste

**2- Pourquoi, quand on apprend des ordres à son chien, il faut souvent être un peu créatif ?**

a. pour trouver des mots originaux
b. pour personnaliser la technique utilisée
c. pour aller plus vite

**3- Que faut-il faire avant d'apprendre certains ordres, et qui peut s'avérer assez décourageant ?**

a. changer tout le temps d'endroit
b. apprendre un ordre différent avant
c. préparer ses friandises

**4- Julie n'a jamais rien appris à son chien très pénible à vivre et voudrait s'y mettre. Trois ordres l'intéressent beaucoup. Par quoi devrait-elle commencer ?**

a. au pied
b. couché

c. lâche

**5- Quand le temps est venu de réviser un ordre qui laisse à désirer, il faut souvent tout reprendre depuis le début. Pourquoi ?**

a. parce que quand on doit répéter trois ou quatre fois, ça veut dire que le chien a tout oublié
b. parce qu'il n'y a que la friandise qui le fait obéir
c. parce que ce sont principalement des ordres en extérieur et qu'il y a trop de choses pouvant distraire le chien

**Réponses en fin d'ouvrage.**

# Réponses QUIZZ

## 1. QUIZZ 1

1B- Répéter une interdiction n'est pas efficace pour apprendre, et crier génère du stress chez le chien. Interdire en disant « non » n'est pas inutile si vous prenez votre chien sur le fait. Néanmoins, encourager votre chien à faire ce que vous voulez qu'il fasse est ce qui vous permettra d'obtenir les meilleurs résultats.

2C- La gentillesse, chacun la voit à sa manière. Si c'est traiter votre chien avec respect, c'est sans doute utile pour tout ce que vous voulez obtenir de lui. Mais si vous espérez qu'il vous obéisse PARCE QUE vous êtes gentil(le), le comportement du chien ne fonctionne pas de cette façon ! Etre gentil ne fera pas de votre chien, un chien plus ou moins obéissant. Oui, vous posez les bonnes bases en refusant toute violence. En parallèle, votre chien doit apprendre concrètement quels sont les « bons » comportements.

3B- Les approches modernes de l'éducation canine préconisent, pour la plupart, de n'interdire que ce que l'on voit effectivement se produire, au moment même où cela se produit (sans crier). Mais c'est plus efficace de lui apprendre des comportements spécifiques plutôt que de se contenter de dire « non ».

4A- Les comportements naturels d'un chien sont souvent (pas toujours, bien sûr !) déplaisants pour les êtres humains et le chien doit apprendre à se comporter d'une façon agréable. Pour cela, il est inutile de se priver de montrer son affection à son chien. Le stress, avec l'ennui sont indubitablement les pires ennemis de l'éducation d'un chien.

5B- Bien éduquer un chien demande beaucoup de temps libre. Évidemment, si des friandises sont utilisées pour récompenser, il faut savoir les choisir. Toutefois, les friandises ne sont pas la seule façon de récompenser. Certains éducateurs de la vieille école continuent à promouvoir des méthodes qui placent le « maître » et son chien dans un rapport de force.

6C- Vous êtes libre de montrer à votre chien que vous l'aimez comme bon vous semble et de lui parler pendant des heures pour lui raconter votre vie ou de lui faire des bisous sur la truffe si cela vous chante et qu'il apprécie. Cela n'a AUCUNE incidence sur son éducation. Mais si vous l'aimez vraiment, la meilleure chose que vous puissiez faire, c'est – de loin – faire preuve de constance. Vous « parlez » un langage clair. Gronder son chien a des conséquences très néfastes, à court, moyen ou long terme selon les chiens.

7B- Les chiens sont le plus souvent très gourmands. On a l'impression qu'ils « pensent » qu'il n'y aura plus jamais rien à manger après chaque prise alimentaire. Mais ce n'est pas la raison pour laquelle la friandise de récompense fonctionne. La friandise est un signal, comme le signal vocal « bon chien » et les gestes, qui ne fonctionne que si vous êtes en mesure de correctement l'utiliser : c'est-à-dire au moment crucial. Avoir des lardons en poche ne suffit pas à éduquer un chien !

## 2. QUIZZ 2

1B- Le chien adulte qui n'a pas été bien socialisé réagit de façon excessive à ce qui lui fait peur. Il peut aboyer, grogner, essayer de fuir, etc. Chaque chien est différent. Si la socialisation est différente de l'obéissance, elle consiste tout de même à « apprendre ». Certains apprennent énormément d'ordres à leur chien, mais ne s'occupent pas de les socialiser. La conséquence principale d'une socialisation défaillante, c'est un chien craintif, possiblement dangereux.

2C- Beaucoup de gens sont attendris devant un chien qui tremble de peur tandis que d'autres pensent immédiatement à un chien traumatisé. Or si le traumatisme est une cause possible de la peur chez le chien, elle est, dans la plupart des cas, la conséquence d'un problème de socialisation. Et le chien peureux peut tout à fait « très mal » réagir un jour, quand bien même il a l'habitude d'aller se réfugier dans les jambes de son humain ou sous un meuble. Tout en sachant qu'il existe toujours des personnes qui essaieront d'amadouer un chien qui a peur et des personnes qui ne savent pas interpréter les avertissements du chien.

3A- Rendre son chien « insensible » ou « moins sensible » à ce qui lui fait peur, même en utilisant l'expression « tout va bien », ne consiste pas à prétendre qu'il n'y a pas de problème. Il s'agit de mettre le chien en confiance. Pour cela, il ne faut pas éviter les situations qui lui font peur, mais procéder de façon très progressive, d'abord avec ce qui lui fait le moins peur.

4B- Vos objectifs dépendront de plusieurs choses. L'âge de votre chien peut-être un obstacle, mais surtout son niveau de stress et l'intensité de ses réactions. Il en va de même des situations dans lesquelles vous ne pouvez pas travailler soit parce qu'elles sont dangereuses, soit parce qu'elles ne se reproduisent pas assez souvent. Avec un chien adulte, il est parfois possible d'aller très loin mais il est généralement recommandé de travailler d'abord sur l'environnement quotidien du chien. Pour cela, il ne faut pas éviter systématiquement les situations stressantes (pro-gre-ssi-ve-ment !!!). Il ne faut pas non plus utiliser la friandise en tant qu'appât, mais uniquement pour rassurer son chien pour commencer ou/et lui montrer quand on est satisfait.

5C- Que cette information ne vous décourage pas d'entreprendre la socialisation de votre chien adulte avec les autres chiens. Si vous appliquez les exercices et conseils de ce livre, vous pouvez constater des signes d'amélioration. Il n'est pas trop tard et c'est à vous de modifier la technique utilisée en fonction de votre chien. Oui, il y a des chiens qui ont « leurs têtes ». Si cela fait six mois que vous travaillez scrupuleusement la socialisation de votre chien et que cela ne passe toujours pas avec les gros chiens ou avec Médor, le chien du voisin, à vous de voir s'il y a de l'espoir... ou pas. Et si c'est très important pour vous, alors il est peut-être temps de faire appel à un éducateur (qui n'est toutefois pas un magicien !).

6A- Ce n'est pas systématiquement le cas, mais il est vrai que, souvent, la socialisation du chien avec les humains demande la coopération d'une ou plusieurs autres personnes, ne serait-ce que pour pouvoir répéter le plus souvent possible. Ceux qui évitent d'inviter trop de personnes chez eux font probablement d'autres petits arrangements pour contourner les problèmes : mais quand vous contournez un problème avec votre chien, vous pouvez être quasiment certain(e) qu'il se manifestera sous une autre forme et qu'un nouveau problème fera bientôt son apparition...

## 3. QUIZZ 3

1C - Évidemment 1C ! Si vous n'avez jamais le temps de dire « bon chien », c'est parce que votre chien est encore trop stressé. L'obliger à s'assoir parce qu'il est énervé ne sert à rien. C'est difficile et cela risque de vous énerver encore plus si vous êtes vous-même stressé. Quant à fuir les situations stressantes, c'est probablement ce qu'il y a de pire à faire (pro-gre-ssi-ve-ment !!!).

2B- Max est probablement effrayé par tout ce qui roule. Le fait qu'il aboie sur les poussettes n'est pas une preuve irréfutable qu'il a peur des bébés. Quant à Jackson, s'il s'approche pour renifler le bébé, c'est plutôt bon signe ! Kiki est le chien qui a une réaction excessive, trahissant probablement un malaise, même s'il ne grogne pas ou ne part pas se réfugier quelque part. C'est sûrement à cause du bruit que fait le bébé ou l'odeur, mais nullement parce qu'il « n'aime pas » les bébés.

3B- Si Thomas estime qu'il ne se met pas en danger en essayant de faire venir son chien de cette manière, libre à lui d'essayer. Toutefois, Philippe prend bien moins de risques, car sa façon de faire indique qu'il s'y prend petit à petit. Quant à Didier, il fera peut-être taire son chien, mais il n'aura réglé aucun problème. Son attitude peut même s'avérer très dangereuse puisque le grognement que l'on réprime est le début de l'escalade de l'agressivité.

4A- Bien sûr, interdire sans arrêt à son chien de faire ceci et cela n'est pas conseillé. Mais vous pouvez dire plusieurs fois « non » dans une journée : si vous le dites au bon moment sans crier et que vous utilisez le renforcement positif en parallèle, ce n'est pas néfaste pour le chien. En revanche, un chien qui s'ennuie est un chien très malheureux. Quant à l'affection, elle n'est jamais vraiment « excessive » si l'on prend en main l'éducation de son chien et qu'on respecte ses codes de communication (les chiens n'aiment pas être étouffés dans les bras, quand ils tournent la tête, ce n'est pas la peine d'insister, etc.).

5C- Que le chien soit puissant ou non ne pose pas de problème pour lui apprendre à bien se comporter. S'il est costaud, cela demande plutôt d'adapter la laisse et le harnais, par exemple, ou de lui apprendre des ordres en priorité, pour ne plus avoir à utiliser la force. Il est vrai que le chien adulte reste concentré moins longtemps en prenant de l'âge, mais il n'est pas moins concentré qu'un chiot pendant une courte séance d'éducation. Au contraire, il a déjà été démontré que le chien adulte peut apprendre plus vite que le chiot. Le vrai problème, ce sont les mauvaises habitudes du chien adulte.

## 4. QUIZZ 4

1A- Le chef de meute est un chef de famille. Les experts du loup ne parlent plus de « mâle alpha » ou « mâle dominant ». Ils utilisent aujourd'hui le terme de « mâle reproducteur ».

2B- La façon de chasser est ce qui caractérise les animaux qui vivent en meute. Un félin, par exemple, chasse tout seul. En tout cas, il ne compte pas sur la coopération des autres membres de son espèce pour attraper de quoi manger. Les meutes, elles, sont très organisées pour la chasse. Chacun connaît parfaitement son rôle et les relations ne sont pas basées sur la peur, mais au contraire, sur la confiance car ils doivent coopérer.

3C- Le chien et le loup sont des animaux extrêmement différents dans leurs comportements mais ils ont un ADN proche. Autant que l'ADN de l'homme est proche de l'ADN du chimpanzé. Ce qui permet de comprendre qu'ADN similaire n'est pas synonyme de comportement similaire.

4A- Bien sûr, vous ne féliciterez pas votre chien s'il a un comportement qui ne vous plaît pas. Mais vous pouvez tout à fait le féliciter s'il fait quelque chose par hasard, car c'est un encouragement à recommencer. Et si votre chien obéit, mais que vous êtes très énervé(e) parce que vous avez dû répéter dix fois votre ordre, vous ne pouvez pas lui montrer votre mécontentement. Vous êtes littéralement obligé(e) d'être satisfait(e). Dans le cas contraire, vous feriez passer le message contraire à votre chien : je ne veux pas que tu fasses cela.

5B- Vous pouvez apprendre beaucoup de choses à votre chien par habitude. Les mots que vous utilisez doivent être courts, mais si votre chien les apprend, c'est surtout parce que vous les dites exactement au bon moment. Les gestes peuvent énormément vous aider, à condition qu'un geste soit le même pour un mot donné.

6A- Nombreux sont ceux qui pensent ne pas pouvoir régler certains problèmes parce que ce sont des choses que le chien fait naturellement. Or ce sont les pires choses à laisser faire. Vous pouvez dire 500 fois par jour à votre chien que vous l'aimez. Si vous vous occupez de son éducation, cela ne perturbera en rien votre travail. Ne vous en privez pas et laissez faire les choses les plus ridicules, comme manger avant son chien, à ceux qui ont oublié qu'au 21e siècle, la recherche sur le comportement canin a connu quelques avancées...

# 5. QUIZZ 5

1C- Un mot trop généraliste, c'est un mot que l'on a rapidement tendance à utiliser dans toutes sortes de circonstances. Ce type de mots perturbe beaucoup le chien. Vous pouvez tout à fait inventer des mots en ayant bien pesé le « pour » et le « contre » (car c'est parfois risqué). Et si vous ne trouvez pas le mot qui vous convient, vous pouvez alors utiliser un mot anglais, car ils sont souvent plus courts.

2B- Les techniques modernes et positives d'éducation canine sont très efficaces, mais c'est la quintessence de ces techniques que de pouvoir être adaptées à différents chiens qui ne réagissent pas toujours tous de la même façon. Avoir de l’imagination ne signifie pas faire preuve d'originalité et ne vise pas forcément à accélérer le processus. Il s’agit simplement d’être capable de s’adapter à son chien (et à son environnement).

3B- C'est un problème très fréquent. Vous voulez apprendre un ordre important à votre chien et vous réalisez qu'il faut d'abord lui apprendre autre chose avant. L'ordre que vous souhaitiez apprendre à l'origine risque de nécessiter plusieurs semaines d’entrainement. Celui qu'il faut apprendre préalablement demande aussi plusieurs semaines. Vous pourriez alors vous sentir découragé(e). Mais la progression sera bien plus rapide si vous effectuez les apprentissages requis avant certains autres apprentissages.

4C- « Au pied » (le rappel) est un ordre très important, mais si Julie n'a jamais rien appris à son chien, il peut être judicieux d'apprendre autre chose avant. L'ordre « lâche » ne demande pas de connaître autre chose tandis que l'ordre « couché » demande de connaître l'ordre assis. Ainsi, pour Julie, il sera probablement plus facile de commencer par l'ordre « lâche ».

5C- Ce n'est pas systématiquement le cas, mais très souvent, les ordres qui ne sont plus aussi bien exécutés qu'au début sont les ordres que l'on donne à l'extérieur. En effet, à l'extérieur, les sources de distraction sont très nombreuses pour votre chien. C'est pourquoi il est conseillé de réviser à la maison, c'est-à-dire comme au tout début. Votre chien n'a pas tout oublié et ce sera très probablement beaucoup plus facile que la première fois. Vous pourriez même en profiter pour essayer autre chose que la friandise si vous avez du mal à vous en passer.

# Conclusion

Merci d'avoir lu La Méthode Bon Chien. Si mon livre vous a aidé, n'hésitez pas à laisser votre commentaire pour qu'il aide d'autres personnes !

Pour le chien, apprendre est un jeu et une façon d'être heureux. Pour nous, c'est une nécessité. Nous avons tendance à oublier que notre animal est dans une autre dynamique que la nôtre.

Les chiens adorent apprendre. Ils sont doués pour cela et c'est ce qui les rend si fascinants. En adoptant une approche ludique, vous obtenez beaucoup de votre chien. Et même quand vous n'avez pas envie de vous amuser, rappelez-vous que c'est un mode de communication, pas seulement une activité plaisir. C'est formidable de jouer avec son chien, mais le jeu lui-même est aussi utile pour mieux communiquer avec lui. « Jouer » peut également être utilisé en tant que récompense en soi.

Vous n'éduquez pas votre chien pour être respecté(e). Vous l'éduquez pour que la vie soit agréable avec lui. Utiliser son envie de s'amuser est le meilleur moyen d'y parvenir.

Chaque chien est différent et il est important d'adapter vos décisions à votre chien, qu'il s'agisse de résoudre les problèmes de comportement, d'apprendre des ordres et même des petits tours. Avec la constance, la créativité est un élément clé de votre réussite.

Résoudre des problèmes de comportement demande d'abord de repérer quel comportement exactement ne convient pas, et de savoir ce qui le déclenche, dans un ou plusieurs contextes. Nul besoin d'être un savant qui maîtrise une multitude de mots complexes.

Il faut alors garder la tête froide pour se demander tout d'abord : « quel est son but ? » et non pas se poser mille questions inutiles comme « est-il dominant ? ». Dès lors que vous ne vous posez plus jamais cette question, des miracles peuvent se produire.

Ensuite, il y a lieu d'identifier votre but à vous : quel comportement souhaitez-vous obtenir à la place du comportement gênant ? Comment le remplacer ? Si ce n'est pas envisageable, sans doute est-il possible de modifier les émotions du chien ?

En motivant votre chien à apprendre un comportement, vous n'avez plus besoin d'essayer d'interdire le comportement gênant – ce qui ne fonctionne pas. Ce dernier s'éteindra à force de répéter le bon comportement jusqu'à ce qu'il soit acquis. Souvent, changer un petit détail, comme le lieu ou la friandise, suffit quand les résultats ne viennent pas.

Je ne suis pas parfaite et ma chienne non plus. Mais je suis révoltée de lire des conseils néfastes, sur Internet et dans des livres, qui incitent à montrer qui est le chef, d'une façon ou d'une autre. Révoltée de lire des articles qui commencent systématiquement par utiliser le mot « meute » ou le mot « dominant ». C'est inadmissible et scandaleux de voir cela de nos jours.

Et révoltée que les gens me demandent si ma chienne est dominante, si elle mange avant ou après moi. Et révoltée d'entendre que je suis trop gentille parce que je ne la punis jamais !

En réalité, je suis plus stricte et moins tolérante qu'un certain nombre de personnes qui me disent que je suis trop gentille ! Ils ne veulent simplement pas comprendre où se situe l'intérêt du chien. Les mêmes critiques reviennent sans cesse : je manque de discipline, je n'ai aucune fermeté... Pourtant, ma chienne fait ce que je lui demande 95 % du temps et surtout, surtout, elle le fait parce qu'elle en a envie, parce qu'elle y trouve son intérêt, sans jamais me craindre.

Je suis triste pour ces gens qui sont dépassés par leur chien. Je voudrais qu'on arrête de les culpabiliser et qu'au lieu de cela, on leur explique pourquoi ce qu'ils font ne fonctionnent pas. Parce que même si nous ne connaissons pas tout sur le chien, nous savons que certaines choses fonctionnent très bien et que d'autres ne donnent aucun bon résultat.

Je suis profondément triste que certains finissent par abandonner leur chien.

Je pense que le chien est mis sur un piédestal par trop de gens. Ils le surestiment. Quand je dis cela, il est fréquent que ce soit mal interprété. Pourtant, quand le chien est estimé à sa juste valeur, les problèmes se débloquent comme par magie et la relation homme-animal est plus forte. Parfois, je m'amuse à parler à ma chienne comme à un enfant. Ce n'est pas pour cela que je la considère comme un ersatz d'enfant. Ce sont des moments de tendresse et il ne faut pas confondre ces instants avec l'éducation.

Le chien n'est pas un animal simple. Il n'est pas, non plus, plus intelligent que les autres animaux. Tous les animaux sont intelligents en s'adaptant à leur environnement. Parce que l'environnement du chien, c'est nous, il nous semble être un « génie ». Mais votre chien a besoin de votre aide pour comprendre, apprendre, évoluer. Ne sous-estimons plus cet animal fabuleux et ne le surestimons pas non plus.

Être exigeant ne nécessite pas d'être ferme ou autoritaire. Je n'aime pas du tout ces mots qui veulent à la fois tout et rien dire ! Il faut seulement garder un certain recul, être attentif. Ce n'est pas toujours facile, mais traiter son chien « comme un chien », c'est le traiter avec respect.

Ma chienne apprend une série de comportements précis. Quand quelque chose m'agace, je réfléchis à la façon dont je pourrais le modifier, demain, le week-end prochain, la semaine prochaine... Je fais des compromis régulièrement. J'attends qu'elle obéisse à ce que je lui ai appris, mais je suis consciente que, parfois, des obstacles existent.

Parfois aussi, l'obstacle... c'est elle : un chien qui avait déjà un an. J'ignore son histoire et ce qui a pu se passer avant que nos chemins se croisent... mais apparemment pas grand-chose, puisqu'elle était complètement brute de décoffrage. La meilleure période pour la rendre sociable était terminée depuis bien longtemps quand je l'ai adoptée.

Lui montrer que quelque chose m'agace est inutile et pourrait la stresser. Je mets tout en œuvre pour qu'elle ait pleinement confiance. Selon moi, c'est essentiel et cela ne peut se mettre en place autrement qu'en respectant des habitudes et en adoptant, soi-même, certains comportements qui participeront directement à l'équilibre du chien.

Être gentil ou généreux n'est pas très efficace. Évidemment, je suis gentille et généreuse. Cette chienne a beaucoup de caresses, de sorties, de jeux et de jouets. Cela participe à rendre son cadre de vie agréable.

Mais ce n'est pas cela qui m'a permis directement de régler nos problèmes. Et quand je dis que je suis exigeante, c'est parce que je sais ce que je veux. Mais parfois, je me rends aussi à l'évidence : cette chienne n'apprendra jamais certaines choses et elle n'apprendra pas certaines choses comme je l'ai fait avec d'autres chiens. Il faut procéder autrement ou faire des compromis.

Il faut aussi, parfois, abandonner certains rêves.

Moi, j'ai abandonné deux rêves : marcher sans laisse avec mon chien et avoir un chien pot de colle ! Pour le premier rêve, c'était trop tard quand elle est arrivée chez moi et mon environnement de vie ne s'y prête pas du tout. Pour le second rêve, ce n'est pas dans son tempérament que de passer tout son temps collée à moi. Un jour, peut-être, j'aurai un chien de compagnie qui viendra tout le temps près de moi dès que je suis disponible. Ma chienne est très affectueuse, mais quand je vois comment peuvent être certains chiens de compagnie, il est clair qu'elle est plutôt distante. Certains diraient indépendante.

C'est difficile de faire la part des choses : qu'est-ce qu'on peut exiger et qu'est-ce qu'on ne peut pas exiger de son chien ? Mais il vaut la peine de mener la réflexion.

En général, j'ai tendance à conseiller d'exiger la sécurité. Pour le chien, pour son humain, pour la société toute entière.

Le reste est du « bonus ».

Il est important de tenir compte de « l'individualité » du chien et du fait qu'un chien adulte a acquis certaines peurs difficiles à faire disparaître complètement.

Soyons exigeants, mais réalistes aussi. Après tout, ce sont des êtres vivants doués d'émotions, et non des robots.

Avec ce livre, j'ai souhaité développer une « méthode » ou un « système » qui va à l'encontre des préjugés et qui démontre pourquoi il est très mauvais, pour l'animal comme pour l'homme, d'utiliser des techniques dépassées et basées sur du vent. Il existe tellement de préjugés que j'en ai la tête qui tourne. Plus j'écris sur le sujet et plus je découvre des préjugés… quasiment une nouvelle idée reçue tous les mois ! J'ai voulu partager mon expérience, mes erreurs, mes découvertes et mes idées.

Éduquer un chien demande du temps et de la patience, mais n'est pas compliqué en soi.

Les professionnels d'un autre âge vous compliquent la vie en vous polluant l'esprit. Soyez prudent(e) également vis-à-vis de ce filtre des concepts humains qui déforment votre perception. L'anthropomorphisme peut vous empêcher d'atteindre vos objectifs.

Votre chien n'est pas comme vous. C'est plaisant de le penser et parfois, il semble très, très proche de nous. Mais il est foncièrement différent dans sa façon de fonctionner.

Selon moi, l'anthropomorphisme devrait être déclaré officiellement « gros problème de société » au même titre que la « dominance » !

J'espère avoir un peu « dépollué » votre esprit ou, du moins, vous avoir aidé à prendre du recul.

Vous avez désormais de nombreux outils à votre disposition pour éduquer votre chien et le rendre plus sociable. À vous d'en faire bon usage !

J'espère vous avoir prouvé qu'il ne tient qu'à vous d'avoir le chien que vous voulez, s'il est heureux de vous obéir.

Laetitia.

# Bibliographie

Je ne peux pas citer tous les livres qui m'ont aidée à évoluer et à mieux comprendre le chien ni ceux qui m'ont évité d'écrire trop de bêtises dans la Méthode Bon Chien, en me faisant comprendre que mes points de vue sont parfois subjectifs et ne correspondent pas forcément à la réalité.

Toutefois, je pense que la liste ci-dessous présente les ouvrages qui m'ont été les plus utiles :


- The other end of the leash, Why we do what we do around dogs – Patricia McConnell
- The Culture Clash, A Revolutionary New Way to Understanding the Relationship Between Humans and Domestic Dogs – Jean Donaldson
- Positively – Victoria Stilwell
- How to teach a new dog old tricks – Ian Dunbar
- What color is your dog ? - Joel Silverman
- Dog Sense – John Bradshaw
- Don't shoot the dog – Karen Pryor
- Dog Aggression Workbook - James O'Heare
- The 100 silliest things People Say About Dogs, Alexandra Semyonova

# Du même auteur

*Trouver, Choisir et Adopter Un Chien Dans Un Refuge*, 2014.

*Tais-Toi, Les Solutions Les Plus Efficaces Contre l'Aboiement Excessif*, 2014.

*Vivre En Paix Avec Plusieurs Chiens*, 2015.

*Guide Pratique de l'Entente Entre Chiens et Chats*, 2015, en collaboration avec Morgan de LaVieDesChats.com.

# Remerciements

Je dédie la Méthode Bon Chien à ma fidèle et loyale Lila.

Je remercie toutes les personnes qui ont participé de près ou de loin à l'élaboration de ce livre et celles et ceux qui soutiennent mes projets.

Je remercie les professionnels de l'éducation du chien qui m'ont encouragée à persévérer et les clients du Suivi Personnalisé de la Méthode Bon Chien qui m'ont fait beaucoup avancer.

Merci à mes correcteurs et, pour la dernière correction complète de la Méthode Bon Chien, merci à Joël et Christophe ainsi qu'à Séverine de neoplume.fr.

# Clause de non-responsabilité

Les informations contenues dans le présent ouvrage et sur le site Internet OuafMag.com sont soumises à une clause de non-responsabilité.

L'auteur a pris toutes les précautions nécessaires pour fournir des informations de haute qualité via des recherches approfondies, des entretiens avec des professionnels et des propriétaires d'animaux et en ayant soumis le présent ouvrage à la relecture auprès de plusieurs personnes.

Toutefois, les informations, techniques, conseils et autres types de contenus figurant dans le présent ouvrage :

- ont un caractère général et peuvent ne pas convenir à certaines situations spécifiques
- n'ont pas valeur de conseil professionnel
- sont sans garantie de résultat, car il appartient au lecteur d'utiliser le contenu de cet ouvrage en fonction de sa situation personnelle, de ses propres choix, objectifs et aptitudes

La responsabilité de l'auteur ne pourra en aucun cas être engagée en ce qui concerne les conséquences pouvant résulter de l'application des informations, techniques, conseils et autres types de contenu figurant dans le présent ouvrage.

L'auteur ne pourra en aucun cas être tenu responsable d'un résultat insatisfaisant ou d'un incident, quelle qu'en soit sa nature. L'auteur ne pourra en aucun cas être passible de dommages et intérêts ou tout autre type de réclamations et indemnités en ce qui concerne les conséquences pouvant résulter de l'application des conseils, techniques et autres types de contenus du présent ouvrage.

Toute erreur signalée fera l'objet d'une correction immédiate, et l'ouvrage sera mis à jour et disponible pour un nouveau téléchargement.

# Droits d'auteur